理财是资产保值增值的**唯一出路**

How to protect
our Property

资产

一生受用的
投资理财计划

刘忠岭 ◎ 编著

保卫战

通货膨胀，CPI上涨，财富转移，
如何不让自己的资产贬值？
三十岁以后，
如何通过理财，达到财务自由？
过上我们想要的生活？

中国发展出版社

图书在版编目（CIP）数据

资产保卫战：一生受用的投资理财计划/刘忠岭编著. —北京：
中国发展出版社，2011.7
ISBN 978 - 7 - 80234 - 680 - 2

Ⅰ. 资… Ⅱ. 刘… Ⅲ. 私人投资—基本知识 Ⅳ. F830.59

中国版本图书馆 CIP 数据核字（2011）第 112626 号

书　　　名：资产保卫战：一生受用的投资理财计划
著作责任者：刘忠岭
出 版 发 行：中国发展出版社
　　　　　　（北京市西城区百万庄大街 16 号 8 层　100037）
标 准 书 号：ISBN 978 - 7 - 80234 - 680 - 2
经 销 者：各地新华书店
印 刷 者：北京科信印刷有限公司
开　　　本：720 × 1000mm　1/16
印　　　张：23.25
字　　　数：375 千字
版　　　次：2011 年 7 月第 1 版
印　　　次：2011 年 7 月第 1 次印刷
定　　　价：39.00 元

咨 询 电 话：（010）68990642　68990692
购 书 热 线：（010）68990682　68990686
网　　　址：http://www.develpress.com.cn
电 子 邮 件：fazhanreader@163.com
　　　　　　fazhan02@drc.gov.cn

现在股市已经跌成这样，可以买入吗？

这要看你的资金量、风险偏好、风险承受能力等因素。如果是做短线、资金量不大的散户，建议还是观望。如果是资金量大、是价值投资者，则可以分批建仓。

我是散户，但我水平还可以，去年我收益蛮高的。

台风来时，猪都会飞。

你觉得一年后股市能涨到多少点啊？

我不是算命的，请另问高明。最好找那些会算命的大师。

为什么小散户总是在股市赚不到钱？

因为小散户太自信了，认为自己太聪明了，所以频繁交易。股市傻瓜的表现就是总是认为自己很聪明。

有个朋友说，某某股票要涨，他认识某某，有内幕消息。

巴菲特说过："就算联储主席偷偷告诉我未来两年的货币政策，我也不会改变我的任何一个作为。"

有个大师说，根据他的预测，股市 8 月能涨到×××× 点。

股市里只有盈利的、不盈利的，没有什么大师。现在的市道，处在大幅跌后的多空平衡状态，是下跌后的短期盘整走势，可继续盘整、可向上、可向下，没有什么可预测性。

纽约大学金融学教授恩格尔（Robert Engle）警告说，股市在盘整时在方向上没有什么可预测性，尽管市况不佳时波动性较高，但这不意味着市场将继续下跌——它只意味着市场过去一段时间在下跌。恩格尔由于对波动性的研究，和别人分享了 2003 年诺贝尔经济学奖。

盲目预测股市，画这图画那图的所谓的专家，其实和小散户一样，都是：事前猪一样，事后诸葛亮。

在市场上最蠢的人是谁，谁是股市傻瓜？

在市场上最蠢的人永远是急于赚钱、喜欢做短线而频繁交易的散户。

他们为什么蠢？

不做总体的理财规划，没有投资规划，频繁交易、情绪化，太想赚钱，不看大势。

小散户怎样做才能避免损失？

做好总体的理财规划，看大势，该休息时休息，会止损。

散户不懂得股市的普遍表现是什么？

急于赚钱、对股市收益抱着过高的期望；不懂得看大势，逆势操作，老想着抄底。结果总被套；不懂得风险控制，不会止损，持有的股票小涨即止盈，大跌后才割肉。

散户赚钱就那么难吗？

不懂得风险控制，不会止损，持有的股票小涨即止盈，大跌后才割肉。这样能赚钱才怪呢！

散户怎样才能赚到钱？

如果做趋势交易者，那么就要看大势，知道顺势而为，懂得止损，知道什么时候要休息。

如果做价值投资者，那么就要选好公司的股票，死捂着至少几年不动。但散户能做到这点的太少了，几周不动手就会痒。

看着上面这段我过去发在博客上的苦口婆心的文字，又不由得想起近几年开始泛滥的投资理财热。

随着收入水平的提高，老百姓理财意识的觉醒，谁也不能抵挡财富的诱惑。股市、楼市的各种官方、小道消息漫天飞，人们怀着满腔热情投入资本市场，拿出老本投身证券及房地产行业，变身股民、基民、炒房客。一切能让钱生钱的方法都成为人们热议的焦点，全民投身投资，急功近利日盛，炒股软件、股市楼市投资指南书籍和网站也跟着火了一把。

因为工作关系，曾经看到过很多投资者在没做理财规划的前提下，将大量资金投入股市，甚至在股市疯狂时将房产抵押贷款投入股市，结果可想而知；经常见到，在熊市时很多散户还在频繁操作，乐此不疲，最后被市场消灭；也见过不少投资者黄金热时炒黄金、外汇热时炒外汇，最后大都是竹篮打水一场空。这些都是缺乏理财常识的表现。如果有基本的理财知识，就不至于在理财上犯如此低级的错误；就不会不进行全面的理财规划，不知道自己适合不适合投资，就去投资高风险的投资标的，以致产生不可挽回的损失。

另外，十年来，我们的"荷包"胀了一点，但青菜、猪肉价格可不止涨了一点点；十年来，我们接受了"你不理财，财不理你"的投资理念，但现实是"你想理财，财却不理你"，存款缩水、股市太险、房价太高、黄金太玄……投资渠道有限，在通胀高企的情况下，老百姓那点小钱要保值增值，敢问路在何方？应该怎样理财投资？应该怎样抵御通胀对自己资产的侵蚀，打响自己资产的保卫战？

因此萌生了写一本小书，来普及理财基本知识的想法。

本书主要从理财者的视角出发，结合我在工作中的实际经验，为读者提供基本的理财知识，来做好全面的理财规划，更好地理财投资，保卫自己的资产免受通胀的侵蚀，用正确的方法实现自己的理财目标。

本书第1章、第2章主要讲为什么要理财以及理财前要做的功课；第3章主要讲现金规划；第4章主要讲消费支出规划；第5章主要讲保险规划；第6章主要讲投资规划中如何进行资产配置；第7章主要讲股票、基金、房产、债券、银行理财产品、信托产品、阳光私募基金、黄金、外汇、期货、收藏、民间借贷等各种投资标的简述；第8章主要讲教育规划；第9章主要讲退休养老规划；第10章主要讲财产分配与传承规划。书的最后，附上了我2009年做的一个理财规划案例。

本书尽量以通俗的语言来写，讲述的是理财中的常识，力求让初学理财者很容易就能懂。如果读者有不懂的，可以通过我的博客（网址：http：//xiaokan. honglv. blog. 163. com/或百度"笑看红绿的博客"）留言交流。

是为序。

刘忠岭

2011 年 6 月 14 日于深圳

第1篇

理财前的准备及现金、消费支出、保险规划

第 1 篇

理财前的准备及现金、消费支出、保险规划

第 1 章

我们为什么要理财

通胀汹涌而来

网上流传的两则笑话。

之一：

有一天，格莱斯潘去见上帝了，一脸忧郁。

上帝慈祥地笑了："艾伦，不要悲伤，天堂很需要你，这里的收支不平衡很久了……"

格林斯潘："上帝，您误会了，我来不是求职，而是有三个问题让我百思不得其解。"

上帝宽容地笑了："说吧，孩子。"

格林斯潘："上帝，我的第一个问题是，我想提高油价，但是不想出现通货膨胀，我知道我不能。您能帮我实现吗？"

上帝和蔼地笑了："我也不能。"

格林斯潘："我的第二个问题是，我想提高电价，但必须避免通货膨胀。您能帮我实现吗？上帝。"

上帝皱了皱眉头，心想这孩子是怎么了，当初经济学原理学得不是挺好的吗。于是摆了摆手："孩子，我想这个问题不应该出自你的口中，可我还是愿意回答你，不能。"

格林斯潘忐忑了片刻，还是开口了："我的上帝，有办法提高水价而通货不膨胀吗？"

上帝有些后悔：当初应该让撒旦来接待艾伦这孩子。上帝失望地看了看格林斯潘："孩子，我现在就给你天堂的回程票，直接送你回哥大经济系，你需要重修当年的课程。"

格林斯潘急了："等等，上帝，我知道有人能。"

上帝目瞪口呆："谁？"

格林斯潘："发改委。"

上帝头晕目眩。一夜过后，上帝精神抖擞地出现在天堂门口，天使们迎上去："神……"

上帝手一挥："从今天起，别再喊我神，叫我发改委，备车，我九点半要赶到月坛南街开会。"

之二：《微型小说：2020》

老李："这个月你领了多少工资？"

老王："税后800万。听说你这个月奖金不少啊？"

老李："什么不少，就200万，昨晚一宿麻将全输了。"

这时老王的手机突然响起，接通电话不到5秒钟，他就十分惊恐地把嘴凑到老李耳边说："家乐福，白菜特价，5万元一斤！赶紧的，别声张！"

这些关于通胀的小段子，虽搞笑但有一定合理的基础，反映了人们对一些基本生活产品涨价的不满，同时也反映出了人们对通胀的预期。

当今世界物价涨声连连，"涨"已经成为普通人无法回避的话题。全球性的物价上涨，正在以不尽相同的方式影响着人们的日常生活。

根据日常经验，大家有没有觉得消费品越来越贵？

10多年前，雪糕一两毛钱，现在已经一两元钱了；10年前，在加工工艺没有任何变化之下的豆腐产品大约只有0.12元/斤，但今天变成了1.80元/斤或更多。像这样的例子无处不在，它反映出通货膨胀是非常厉害的。假如10年前有1万元，放到现在，则只能买相当于当时的1000元左右的东西。

媒体近期报道过一件真实的事件：33年前，四川成都汤阿婆将400元存入了银行，如今连本带息拿出来仅有835元整。

1977年，当时的汤女士省吃俭用攒下了400元钱，这点钱在那个年代算得上是巨款了，要知道在当时400元钱可以买下一套房子。记者查询了一下1978年的物价情况：面粉0.185~0.22元/斤，猪肉0.85~1元/斤，北京地铁票价0.1元，水费0.12元/吨，中华香烟0.55元/盒，茅台酒8元/瓶……换言之，当年这400元钱可以买下400斤猪肉，1818斤面粉，727盒中华香烟或者50瓶茅台酒。但按现在的物价来计算，835.82元仅可买420斤面粉，69斤猪肉，40盒中华香烟或者1瓶茅台酒。

2007年初现金100000元到2008年底还剩多少？

现金：100000 元

2007 年底实际购买力（2007 年 CPI 4.8%）：100000 元 − 100000 元 × 4.8% =95200 元

损失：100000 元 −95200 元 =4800 元

2008 年底实际购买力（2008 年 CPI 5.9%）：95200 元 −95200 元 ×5.9% =89583.2 元

损失：95200 元 −89583.2 元 =5616.8 元

两年总损失：4800 元 +5616.8 元 =10416.8 元

这还是按统计局公布的 CPI 算的，实际的损失会大于这个数字。

通胀情况下剩余购买力与原始购买力的比率见表 1−1。

表1−1		通胀情况下剩余购买力与原始购买力的比率		单位:%
年通胀率	1 年后	5 年后	10 年后	20 年后
1	0.99	0.95	0.90	0.82
2	0.98	0.90	0.82	0.66
3	0.97	0.86	0.74	0.54
4	0.96	0.82	0.66	0.44
5	0.95	0.77	0.60	0.35
6	0.94	0.73	0.54	0.29
7	0.93	0.70	0.48	0.23
8	0.92	0.66	0.43	0.19
9	0.91	0.62	0.39	0.15
10	0.90	0.59	0.35	0.12
12	0.88	0.53	0.28	0.08
15	0.85	0.44	0.20	0.04

资料来源：戴维·M·达斯特：《资产配置的艺术》，上海人民出版社 2005 年版。

通胀实质：财富转移

中国一直以来的 CPI 统计有缺陷，不能反映真实的通胀率。中国的 CPI 成分构成，以食品和制成品为主导。统计局所采用的八大类商品和服务中，食品权重占34%。

近几年来，民众消费所占比重最大、价格上涨最快的支出项目并没有包括在 CPI 中，如教育消费、医疗保险、住房消费等。举个例子，国家统计局公布的 CPI 指数之中，我国居住类人均年支出仅 700 元左右，而这些费用仅够支付每个家庭的水电费，在北京、上海等大城市，这个数字甚至还不够。至于住房消费中的物业管理费、房租、购房消费等项目就更没有包括在其中了。事实上，这几年国内经济持续发展最大的动力是个人住房消费，如果不把它包括到整个社会的总消费中，那么这个数字能反映整个社会真实的消费水平吗？如果这个比重无法反映在 CPI 中，那么 CPI 又如何反映真实的消费价格水平呢？

调查项目的权重不能反映中国家庭的真实需求结构。比如，住房价格的飙涨等因素无法在当下的中国的物价指数中反映。因此，CPI 不能反映实际的通胀率。

比如在 2007 年中国全年的 CPI 为 4.8%，房价暴涨，真实的通胀率远高于这个数字。2009 年 CPI 是负值，与老百姓对物价的感受有较大差异，与 CPI 不能反映真实的通胀率有关。中国自 1980 年以来的 CPI 平均4%左右，如果把房价等因素反映进 CPI，相信 CPI 会有较大的改观。

从 2011 年 1 月份起，我国对 CPI 构成权重进行了调整。统计局此番将食品类价格权重降低、居住类提高，因此，调整后的 CPI 比以前会稍好些，会稍真实地反映实际情况，但仍不能有较大改观。

通货膨胀的产生，实质上是发生了利益的再分配。也就是说，通货膨胀是牺牲一群人的利益，来造福另一群人。

在中国，政府、房产商、国有垄断企业集团是通胀最大的受益者。原因如下：

其一，在通胀时政府税收增加，卖地收入增加。

其二，在通胀时房产商收入增加。金融危机影响下的去杠杆化过程，使房产信贷困难，销售大幅下降，流动性近乎冰点。2009年上半年的天量信贷已经给房产企业及时输送了资金。在通胀预期下，房产成为人们寄以希望的保值资产。房产市场火暴了，房产商、地方政府的财源又开始滚滚而来。

其三，国有垄断企业集团在整个经济结构中掌控的资源往往具有垄断性和稀缺性，在产业格局中占据上游位置。因此，他们的定价能力强，可以转移通货膨胀带来的价格上涨；另外，在信贷发放结构中，他们近水楼台先得月，拥有大量的负债，通货膨胀正好是削减他们债务负担、保持垄断利润的良机。

那么，通货膨胀中受损最大的群体是谁呢？一部分是那些资产结构简单的群体——包含大部分普通工薪阶层，他们辛辛苦苦积累起来一些财富，但由于投资渠道狭窄，又缺乏必要的社会保障，因此大多数以现金形式储蓄在银行中。通货膨胀一来，他们的财富立即缩水，而他们在房贷、教育、医疗等方面的负担则会随着通货膨胀水涨船高。另一个深受通货膨胀打击的是社会底层，他们本来是最脆弱的群体，生存维艰，通货膨胀带来的物价上涨将把他们推向贫困的边缘。

表1－2　　　　　　　　　中国历年CPI指数涨幅　　　　　　　单位:%

年份	CPI 指数	年份	CPI 指数	年份	CPI 指数
1980	6	1991	3.4	2002	-0.8
1981	2.4	1992	6.4	2003	1.2
1982	1.9	1993	14.7	2004	3.9
1983	1.5	1994	24.1	2005	1.8
1984	2.8	1995	17.1	2006	1
1985	9.3	1996	8.3	2007	4.8
1986	6.5	1997	2.8	2008	5.9
1987	7.3	1998	-0.8	2009	-0.7
1988	18.8	1999	-1.4	2010	3.3
1989	18	2000	0.4		
1990	3.1	2001	0.7		

资料来源：编者整理国家统计局的资料。

所以说，不理财会导致自己的财富随着时间的流逝而缩水，俗话说得好，"你不理财，财不理你"，我们必须行动起来，积极理财，打响自己的资产保卫战。

3

理财给我们带来的好处

达到财务目标，平衡一生中的收支差距

每个人都有很多梦想，很多梦想的实现需要经济上的支撑。例如，累积足够的退休基金以安享晚年，建立教育基金为子女的将来考虑，积累一定的资金购车买房，或者积累一笔资金用于到世界各地旅游，有些人还打算创立自己的事业，等等。这些目标的实现都需要你进行财务规划，对收支进行合理的平衡。

实际的收支关系不外乎两种情况：

（1）收入与支出的数量关系有三种：收入－支出＝0、收入－支出＜0和收入－支出＞0。

（2）收入与支出的两个不一致性：收支总量的不一致，收支时间的不一致。

理财规划的核心目的是平衡现在和未来的收支，使人的一生中的收入和支出基本平衡，不会因为某个时期缺乏收入而陷入放弃某项支出的"饥荒"。如果一个人在任何时期都有收入，而且在任何时候赚的钱都等于用的钱，那么就不需要去平衡收支间的差异，理财规划对这个人来说就不是必须的。可是实际上，人的一生中大约只有一半的时间有赚取收入的能力。假如一个人能活80岁，前18年基本是受父母抚养，是没有收入的；65岁以前则必须靠自己工作养活自己和家人；而退休后如果不依赖于子女，而此时又没有工作收入，那么靠什么来养老呢？如果你有理财意识，在65岁退休以前这长达47年的岁月中，每个月挤出200元，购买成长性好的投资品，假设年收益率为12%，那么，47年后会积累多少财富呢？是545374812元，接近550万，这是一笔不小的数目，这样的话，你就可以享受比较富裕的晚年生活了。

追求收入的增加和资产的增值

人们除了辛勤的工作获得回报之外，还可以通过投资理财使自己的资产增值，利用钱生钱的办法做到财富的迅速积累。

让我们看看巴菲特的财富增长经历吧。

1930 年 8 月 30 日，沃伦·巴菲特出生于美国内布拉斯加州的奥马哈市。

1941 年，11 岁的他跃身股海，购买了平生第一张股票。

1962 年，巴菲特与合伙人合开的公司资本达到了 720 万美元，其中有 100 万是属于巴菲特个人的。

1968 年，巴菲特公司的股票取得了它历史上最好的成绩：增长了 59%，而同期道·琼斯指数才增长了 9%。巴菲特掌管的资金上升至 1.04 亿美元。

1994 年底，巴菲特公司已发展成拥有 230 亿美元资产的伯克希尔工业王国，它早已不再是一家纺纱厂，而已变成巴菲特庞大的投资金融集团。

从 1965～1994 年，巴菲特公司的股票平均每年增值 26.77%，高出道·琼斯指数近 17 个百分点。如果谁在 30 年前选择了巴菲特，谁就坐上了发财的火箭。

抵御不测风险和灾害

古人云："天有不测风云，人有旦夕祸福。"一个人在日常生活中经常会遇到一些意料不到的问题，如生病、受伤、致残、亲人死亡、天灾、失窃、失业等，这些都会使个人财产减少。在计划经济年代，国家通过福利政策，几乎承担了城市居民生、老、病、死的一切费用，人们的住房、养老、教育、医疗、失业等费用负担很小。改革开放以后，居民开始越来越多地承担以上的费用和风险。为抵御这些不测与灾害，必须进行科学的理财规划，合理地安排收支，以求做到在遭遇不测与灾害时，有足够的财力支持，顺利渡过难关；在没有出现不测与灾害时，能够建立"风险基金"，并使之增值。

提高信誉度

常言道："好借好还，再借不难。"合理地计划资金的筹措与偿还，可以提升个人的信誉，增强个人资金筹措的能力。当然，科学地规划个人的财务也能保证自己的财务安全和自由，不至于使自己陷入财务危机。

做好理财规划，使我们的生活井井有条，生活质量提高

表 1-3 理财规划与否对各项理财行为影响的比较。

表 1 - 3　　　　　　　　　　　有无理财规划的不同结果

理财规划	有规划的结果	无规划的可能结果
现金规划	有应急备用金，突发事件有资金应急	突发事件需要现金时无资金应急，陷入突然的财务危机
消费支出规划	在既定预算下消费 进行实际与预算间的差异性分析 有前瞻性地置产买房购车 通盘考虑买房购车计划投资	无计划地消费 信用卡刷爆后的信用危机 购房购车规划仅根据短期支付能力来决定购买与否，未考虑长期承担的能力
储蓄规划	逐月改善以达到储蓄目标 储蓄根据长期目标来决定，有持续性	储蓄成为偶然行为，有时有，有时没有 缺乏持续性
养老规划、教育金规划	有退休金与教育准备，退休后生活质量可以保证	无退休金及教育准备，退休后生活质量无法保证
投资规划	以储蓄净值以及风险承受度设计投资组合	缺乏连贯一致性的投资策略，无目标地盲目投资，导致过高的投资风险 忽略借贷投资风险
借贷偿债规划	以未来的收入水平以及储蓄能力决定可贷额度，按计划分摊还贷，减轻压力	未规划还款来源 可能导致违约
风险管理及保险规划	以生活保障需要来投保 出险后能及时获得赔偿	视关系投保 花大钱买小保险 违约投保难获理赔
税收规划	考虑中长期目标 确保退休后财务独立，以过有尊严的晚年生活	未善用免税额度缴了本不用缴的税 未利用节税工具在税法允许的范围内善用基金、保险、信托等避税工具整体面全方位规划，只考虑短期目标，忽略教育基金或退休金等长期项目

能让我们过上我们想要的生活，甚至达到财务自由的美好境界

很久以前，在意大利的一个小村子里，有两位分别叫柏波罗和布鲁诺的年轻人，他们既是堂兄弟，也是最好的朋友，两人都雄心勃勃，渴望有一天能通过某种方式，成为村里最富有的人。

一天，机会来了。村里决定雇两个人把附近河里的水运到村广场的水缸里去。这份工作交给了柏波罗和布鲁诺，两个人都抓起两个水桶奔向河边。一天结束后，他们把整个镇上的水缸都装满了。村里的长辈按每桶水一分钱的价格付钱给他们。

这在当时的确是份好工作，而且收入很高。有一天，柏波罗找到布鲁诺说："我觉得这份工作很好，但是你考虑过没有，当我们老了怎么办？我们病了怎么办？我们干不动了怎么办？我觉得我们应该挖一个管道把水引进村里来。"

布鲁诺听后说："你疯了，我们现在的收入有多好，我算过，我们每天可以提100桶水，每一桶水有一分钱的收入，我们每天有一元钱的收入。"

在当时，这一元钱是很大的数字。

接着他说："我们有这么好的收入，为什么要去冒那个险？我们现在的收入可以让我们隔一两个星期买一双皮靴；我们好好地干，几个月可以买一头牲畜，买我们需要的。为什么要去挖那个该死的管道？那个管道怎么挖？挖成了又会怎么样？挖不成怎么办？我不去冒那个险。"

而柏波罗说："我去做。"

柏波罗除了每天完成他的提水工作之外，利用业余时间，一寸一寸地在挖他的管道。很多年以后，管道终于挖成了，这时的布鲁诺人也老了，背也驼了，水也提不动了；而柏波罗管道里的水却源源不断地流入了这个村庄，也没有人去买布鲁诺的水，布鲁诺又变成了穷人。

这个故事给我们的思考是：虽然现在我们拥有一份工作，就像布鲁诺一样。但是我们老了怎么办？病了怎么办？干不动了怎么办？无论你今天有多么好，我们都要为未来去做打算。只有一个办法，那就是你一定要拥有自己的"被动收入"管道，只有这样，你才不害怕失业、生病，你才会更有安全保障。

被动收入是和薪资等主动收入相区别的一个概念，就是不需要花费多少时间和精力，也不需要照看，就可以自动获得的收入——不需要你主动性工作来赚取的收入。乍看上去有点像"不劳而获"，实际上，在获得"被动收入"之前，往往需要经过长时间的劳动和积累。**被动收入是获得财务自由和提前退休的必要前提。**

财务自由，就是你的被动收入完全覆盖你的开支。当你不工作的时候，也不

必为金钱发愁，因为你有其他投资。当工作不是你养家糊口的唯一手段时，你便自由了，因而你也获得了快乐的基础，也达到了财务自由。因此，财务自由＝被动收入＞开支。

如果你想早早地进入可以享受的生活状态，请尽一切可能增加被动收入。

工资不是被动收入，只要你一停止工作，它就同时停止了。那么，究竟什么是被动收入呢？

举例而言，银行利息就是被动收入。你只需要把钱存在银行里，之后就不必再去关心它，利息就会自动流到你的账户里。当然，不多。

基金的分红也是被动收入。你只需要买入分红基金，它就会每个月定期或者定额地将分红存到你的账户里。当然，有风险。

房租收入也算是被动收入，只要有房客，每个月的某一天你总会收到固定的房租收入。当然，你需要维护和管理。

你还可以依靠贷款投资来增加自己的被动收入，无论是拿来买分红基金，还是拿来投资房产。当然，风险加大。

长期投资股票的收入也是被动收入。

其实，财商高低和年龄无关。如果年轻人从一毕业就开始培养自己的投资意识，开始增加自己的被动收入，经过一定时间，被动收入就可以超过固定支出。那就似乎已经达到了许多人梦寐以求的"财务自由"。这件事情对于年轻人来说并不困难，因为毕竟你每个月的固定支出还不高。然后呢？可能你会跟着增加固定支出，提高生活的水平和享受的质量，买更大的房子，开更高档的车。

可是，由于你已经掌握了投资的方法——增加被动收入的方法，你完全可以靠头脑让每个月的固定收入再次高于固定支出。就这样，周而复始，你的生活水平被一点点地稳步提高，而且是非常扎实的那种，因为你的大部分收入都是被动的，不会由于工作上有任何变故而影响生活质量。而且这个时候的你也很清楚，无论你在哪里、从事什么职业，都可以过上你想要的生活。

1

我们为什么要理财

理财前的准备及现金、
消费支出、保险规划

| 第 2 章 |

做足理财前的功课

理财不是投资，更不是存钱

什么是理财？

生活中，有些人把所有的资金都拿去炒股，也有人把房子抵押给银行贷款炒股，结果亏得倾家荡产。

这是理财吗？当然不是。

在另一些人看来，所谓"理财"等同于"储蓄存款"，即拼命存钱，存更多的钱，这甚至成为一种癖好。尤其是在获得和积累了一定财富后，思想更趋保守，成了守财奴，干脆只满足存折上数字的不断上升，根本不进行任何投资。尽管股市投资者已有数千万之巨，债市、汇市的投资队伍也日渐庞大，但仍有众多的百姓固守着唯一的理财方式：存钱。"聚沙成塔"、"滴水穿石"，是他们所坚持的理财真谛。

这是理财吗？当然也不是。

仔细观察，生活中这样的人还不少。确实，在诸多投资理财方式中，储蓄是风险最小、收益最稳定的一种。存钱确实可以得到利息收入，也算得上是一种"投资"。但是别忘了，目前利率水平较低，加上利息税，在这种情况下，依靠存款实现个人资产增值几乎没有可能；再加上通货膨胀，存钱不仅无利可图，而且导致资金"缩水"。因而此种"投资"最不划算，存在银行里的钱永远只是存折上一个空洞的数字，它不具备股票的投资功能或者保险的保障功能。当我们拥有了一定的财富后，绝不应该死守着它，而应该充分利用其再生能力，去获取更丰厚的收益。

普通百姓应转变只求稳定不看收益的传统理财观念，寻求既稳妥、收益又高的多样化投资渠道，以最大限度地增加家庭的理财收益。

有了一定储蓄，接下来就该考虑如何获得更高的回报。因此，选择一种或几种适合你的投资方式是很重要的。

通常人们会认为，富人之所以能够致富，是因为他们运气好。但你也许不会想到，重要的原因是他们的理财习惯不同。投资致富的先决条件是将资产投资于高收益率的投资标的上，如股票或房产。而存放在银行无异于虚耗光阴、浪费资源。根据年龄、收入状况和预期、风险承受能力合理分流存款，使之以不同形式组成个人或家庭资产，才是理财的最佳方式。对基本的投资工具都要稍有了解，"量力而为"，选择较有兴趣的几种投资方式，搭配组合"以小搏大"。投资组合的分配比重要依据个人能力来转换：个性保守或闲钱不多者，组合不宜过于多样、复杂，短期获利的投资比重要小；若个性积极有冲劲且不怕冒险者，可视能力来增加高获利性的投资比重。

当然，各种投资工具都有投资风险，而且风险性和获利性往往是成正比的。当获利能力衰退，有时甚至赔上本金，你必须评估所能承担的风险有多少，才不会因理财失当而影响生活品质。根据理财专家针对各个年龄层所做的风险承受度的分析结果，得出"可承担风险比重 = 100 - 目前年龄"的公式，作为投资时的参考。也就是说，如果你的年龄是 23 岁，依公式计算你可承担风险比重是 77（100 - 23 = 77），代表你可以将闲置资产中的 77% 投入风险较高的积极型投资（如股票），剩余的 23% 做保守型的投资操作（如定存、货币基金、国债等）。另外，比如 25 岁的白领可以考虑此资产组合：不动产 10%、现金 5%、债券 20%、股票 65%。

"把所有鸡蛋放在同一个篮子里"的做法绝对是不智之举！理财并不等于投资，更不等于储蓄。**理财的核心是合理分配资产和收入，不仅要考虑财富的积累，更要考虑财富的保障。**

2

理财规划的主要内容

理财规划，是指运用科学的方法和特定的程序制定切合实际的、具有可操作性的某方面或综合性的财务方案。个人理财主要包括以下内容。

投资规划

投资是指投资者运用自己拥有的资本，用来购买实物资产或者金融资产，或者取得这些资产的权利。目的是在一定时期内获得资产增值和一定的收入预期。

我们一般把投资分为实物投资和金融投资。实物投资一般包括对有形资产，例如土地、机器、厂房等的投资。金融投资包括对各种金融工具，例如股票、固定收益证券、金融信托、基金产品、黄金、外汇和金融衍生品等的投资。

消费规划

个人理财的首要目的并非个人价值最大化，而是使个人财务状况稳健合理。在实际生活中，减少个人开支有时比寻求高投资收益更容易达到理财目标。通过消费支出规划，使个人消费支出合理，使家庭收支结构大体平衡。

现金规划

个人持有的现金主要是为了满足日常开支需要、预防突发事件需要、投机性需要。个人要保证有足够的资金来支付计划中和计划外的费用，所以在现金规划中既要保证资金的流动性，又要考虑现金的持有成本，通过现金规划使短期需求可用手头现金来满足，预期的现金支出通过各种储蓄活短期投资工具来满足。

教育金规划

教育为人生之本。随着时代发展，人们对受教育程度的要求越来越高。再加上教育费用持续上升，教育开支的比重变得越来越大。你需要及早对教育费用进行规划，通过合理的财务计划，确保将来有能力合理支付自身及子女的教育费用，充分达到个人（家庭）的教育期望。

"一定要对人力资本、对教育进行投资，它带来的回报是强有力的。变化的中国需要增加人力资本投资。" 2000 年，当诺贝尔经济学奖得主詹姆斯·赫克曼在北京大学的一次演讲中爆出教育投资回报率高达 30% 时，很多人开始领略到这项投资的魅力。早在 20 世纪 60 年代，就有经济学家把家庭对子女的培养看做是一种经济行为，即在子女成长初期，家长将财富用在其成长上，使之能够获得良好的教育。当子女成年以后，可获得的收益远大于当年家长投入的财富。1963 年，舒尔茨运用美国 1929 ~ 1957 年的统计资料，计算出各级教育投资的平均收益率为 17.3%，教育对国民经济增长的贡献率为 33%。在一般情况下，受过良好教育者无论在收入或是地位上，确实高于没有受过良好教育的同龄人。从这个角度看，**教育投资是个人财务规划中最具有回报价值的一种，它几乎没有任何负面的效应。**

保险规划

在人的一生中，风险无处不在，理财规划师通过风险管理与保险规划做到适当的财务安排，将意外事件带来的损失降到最低限度，以便更好地规避风险，保障生活。

退休养老规划

人到老年，其获得收入的能力必然有所下降，所以有必要在青壮年时期进行财务规划，达到晚年实现"老有所养，老有所终，老有所乐"的老年生活的目标，安享晚年。

财产分配与传承规划

无论是愿意还是不愿意，人总是要离开这个世界的。怎样才能使你的财产最大限度地留给你的后人呢？又有谁来为你的配偶和子女做好以后的安排呢？遗产规划正好可以帮助你，给你一生的财产规划画上一个圆满的句号。

财产分配与传承是个人理财规划中不可回避的部分，要尽量减少财产分配与传承过程中发生的支出，对财产进行合理分配，以满足家庭成员在家庭发展的不同阶段产生的各种需要；要选择遗产管理工具和制定遗产分配方案，在去世或丧失行为能力时能够实现家庭财产的世代相传。

理财的范围

可以说，理财是围绕着"钱"字做文章，我们用"钱"字来表达理财的范围，可以概括为：赚钱（收入）、用钱（支出）、存钱（资产）、借钱（负债）、省钱（节税）、护钱（信托保险）。

赚钱

收入通常包括两种：工作收入和理财收入，也可以分为主动收入和被动收入。工作收入指运用个人资源所产生的收入，包括薪金、佣金、奖金、自营事业所得等。理财收入指运用货币资源所产生的收入，包括利息、房租、股利、资本利得等。

概念一：多种收入来源是社会发展的必然

在20世纪70年代，一个家庭需要几个收入来源才足以维生？一个就够了。现在，很多家庭都有两个收入来源，如：一份是固定工资，另一份是房屋出租的租金收入。如果没有两个以上的收入来源，很少有家庭还能生活得非常安逸。而未来，即使有两个收入来源，可能也不足以维生了。聪明的你，应该想办法让自己尽量拥有多种收入来源。

富有的人很早就知道这个概念。如果其中一种收入来源出了问题，他们会有其他的收入来源来维持原来的生活水平。

概念二：拥有多次持续性收入

假设你已经决定让自己多拥有一种收入来源，你所想到的第一个方式可能是找一份兼职的工作。但是，这并不是我所说的那种收入来源。我想你一定不愿意再把自己的时间花在帮别人卖命上吧？你要的应该是一种属于你自己的收入来源。

财务收入可以分为两种：单次收入和多次持续性收入。多次持续性收入是一种循环性的收入，是一种不管你在不在场、有没有进行工作都会有金钱持续流进你口袋里的收入来源。

你每个小时的工作能得到几次的金钱给付？如果你的答案是只有一次，那么你的收入来源就属于单次收入。最典型的就是工薪族，工作一天就有一天的收入，不工作就没有。自由职业者也是一样，比如出租车司机，出车就有收入，不出车就没有；演员，听起来不错，但也是演出就有收入，不演就没有；还有很多企业的老板，他们本人必须亲自工作。他们的这些收入都叫单次收入。

多次持续性收入则不然。它是个人在创业初期要努力和付出，但是当事业发展到了一定阶段后，有一天即使你不做了，还会有一套制度来保障你，可以凭借以前的付出而继续获得稳定的经济回报。这有三种方式：第一种方式是投资理财，就是通过购买股票、基金、外汇、房产等项目使你的财富升值。投资到了一定规模，不用上班靠投资收益也能生活。第二种方式是特许经营，就像麦当劳、肯德基的老板，他们即使什么都不做，每个月也能够获得全球所有加盟店营业额的 4% 作为权益金——因为你使用了它的管理模式，它可以重复性地获取管理费用。第三种方式就是版税。

> 富人的秘密，不在于他们拥有较多金钱，而在于他们拥有时间自由。因为他们的收入来源都是属于持续性收入，所以他们有时间可以将金钱花在他们想花的地方上。

富人的秘密，不在于他们拥有较多金钱，而在于他们拥有时间自由。因为他们的收入来源都是属于持续性收入，所以他们有时间可以将金钱花在他们想花的地方上。

用钱

一生的支出包括生活支出和理财支出。生活支出包括衣、食、住、行、育、乐、医疗等家庭开支。理财开支包括贷款利息支出、保障型保险费支出、投资手续费支出等。

存钱

当期收入大于支出产生储蓄。储蓄就是资产，即帮你用钱生钱，产生投资收益。

借钱

当现金收入小于现金支出就会出现借钱的行为。它包括消费负债、投资负债、自用资产负债。

省钱

合法的少缴或延迟纳税，包括所得税、财产税和财产转移的节税规划，可以使你最有效地发挥货币时间价值的作用。

护钱

预先通过保险或信托安排，使人力资源或已有财产获得保护，或者发生损失时可以获得理赔来弥补损失。

4

认 识 自 己

"认识你自己"是刻在希腊德尔斐阿波罗神庙墙壁上的一句铭文,这句话被古希腊哲学家苏格拉底作为自己人生哲学的信条,以此来处理社会生活和日常生活的各种关系。

在理财中,许多人却不知道这个道理。有些人买了股票怕跌,导致寝食难安,夜不能寐,财富本来是可以给人欢乐幸福的东西,而在这些人那里,却成了累赘。这就是因为没有认识自己的缘故,没有认识到自己的心理承受能力、风险承受能力。

还有的人,明明自己上有老、下有小,生活压力较大,每月结余不多,却在股市火热时头脑发热,用房子抵押贷款去炒股,最后导致损失惨重。

不少理财规划师在工作中经常可以接到类似的咨询,客户不介绍自己的具体情况,就直接问:"我有 50 万现金,怎样理财啊?"、"我有 100 万银行存款,怎样理财?"

这些,都是在没理清自己的具体情况的前提下而做的离谱的事,是违背理财常识的。

理财,需要先理清自己的具体情况:风险偏好、风险承受能力、资产状况、结余金额等。

认识自己的风险偏好

风险偏好,是指为了实现理财目标,理财主体(个人、家庭)在承担风险的种类、大小等方面的基本态度。风险就是一种不确定性,理财主体面对这种不确定性所表现出的态度、倾向便是其风险偏好的具体体现。

表 2-1 是一份风险偏好测试问卷。

表 2-1　　　　　　　　　　　　　风险偏好测试问卷

1. 目前您所处的年龄段（　）

A. 大于 60 岁

B. 40 ~ 60 岁

C. 40 岁以下

2. 家庭资产状况（　）

A. 50 万元以下

B. 50 万 ~ 100 万元

C. 100 万元以上

3. 客户家庭年收入状况（　）

A. 10 万元以下

B. 10 万 ~ 30 万元

C. 30 万元以上

4. 根据目前的家庭状况及未来发展，以下答案中哪个更加符合您家庭未来 5 年的支出情况？（　）

A. 预计支出将大幅增加，增速超过收入增速

B. 预计支出将增加，但增速低于收入增速

C. 预计支出将减少或维持现状

5. 以下哪个选项符合您的投资目的？（　）

A. 只想确保资产的安全性，同时希望能够得到固定的收益

B. 希望能够使资产稳步增长，同时获取适度波动的年回报

C. 期望短期（1 年以内）获取高额收益

6. 您以往的投资以什么产品为主？（　）

A. 存款、国债

B. 存款、债券、偏债型基金、偏债型券商集合理财计划等

C. 存款、债券、股票、期货、偏股型基金、偏股型券商集合计划、信托计划等

7. 您对投资产品风险的适应程度是：（　）

A. 只想确保投资产品的安全性，只能承受资产价格的短期小幅波动

B. 希望能够使投资产品价值稳步增长，能够承受资产价格的适度波动

C. 期望短期高额收益，愿意接受短期资产价格的大幅波动

8. 以下哪项描述最符合您对本项投资在未来 3 年内的表现的态度：（　　）

A. 我需要至少获得一定的收益

B. 我几乎不能承受任何亏损

C. 我能够承受一定程度的亏损

9. 根据您以往投资的经验，当有相当的资金被投入到高风险的股票或其他不确定的收益项目中时，下面哪项表述最贴近您当时的心态？（　　）

A. 非常焦虑

B. 有一点焦虑

C. 完全放心

10. 你自己具备的投资知识可以形容为：（　　）

A. 几乎都不懂，一窍不通

B. 懂得一部分，有一定心得

C. 懂得很多，涉猎广博

评分标准：

选 A 项得 2 分，选 B 项得 6 分，选 C 项得 10 分。

得分评判：

20～35 分，保守型投资者：保护本金不受损失和保持资产的流动性是首要目标。对投资的态度是希望投资收益极度稳定，不愿用高风险来换取收益，通常不太在意资金是否有较大增值。

36～55 分，中庸保守型投资者：稳定是重要的考虑因素，希望投资在保证本金安全的基础上能有一些增值收入。希望投资有一定的收益，但常常因回避风险而最终不会采取任何行动。

56～70 分，中庸型投资者：渴望有较高的投资收益，但又不愿承受较大的风险；可以承受一定的投资波动，但是希望自己的投资风险小于市场的整体风险，因此希望投资收益长期、稳步地增长。

71～85 分，中庸进取型投资者：专注于投资的长期增值。常常会为提高投资收益而采取一些行动，并愿意为此承受较大的风险。

86~100分，进取型投资者：高度追求资金的增值，愿意接受可能出现的大幅波动，以换取资金高成长的可能性。为了最大限度地获得资金增值，常常将大部分资金投入风险较高的品种。

认识自己的风险承受能力

风险承受能力是指理财主体（个人、家庭）承担风险的能力。

理财者应明白，风险偏好并不等同于风险承受能力，风险承受能力才是个人理财规划当中一个重要的依据。投资者愿意承受更多的风险只能说明他的风险偏好，但这绝不等同于他实际上具有较高的风险承受能力。如果一个投资者在高收益的诱惑之下，根本不考虑自己的风险承受能力，去投资一些完全不符合自身收益风险特征的理财产品，一旦出现风险损失，那将会带来不良后果。以下是一份风险承受力调查表。

表2－2　　　　　　　　　　　风险承受力调查表

得分项目	10分	8分	6分	4分	2分	得分
年　龄	总分50分，25岁以下者50分，每多1岁少1分，75岁以上者0分					
就业状况	公教人员	上班族	佣金收入者	自营事业者	失　业	
家庭负担	未　婚	双薪、无子女	双薪有子女	单薪有子女	单薪养三代	
置产状况	投资、不动产	自宅、无房贷	房贷＜50%	房贷＞50%	无自宅	
投资经验	10年以上	6～10年	2～5年	1年以内	无	
投资知识	有专业、证照	财经科、系毕业	自修有心得	懂一些	一片空白	
总　分						

认识自己的基本状况、理财目标

在理财前，需要自己静下心来，把一些事情想清楚，理清自己的基本状况和理财目标（见表2－3）。

表 2-3 　　　　　　　　　理财前需要理清的问题

1. 基本情况

性别、年龄、目前状态（如单身、新婚不久或者已退休）。

学历和专业、从事何种工作、工作是否稳定、家庭有收入其他成员上述情况。

家庭负担和供养情况。

保险：

● 目前社会、医疗保险情况。是否购买过商业保险，如果有买过什么？

● 是否有住房公积金，目前公积金账户余额有多少？

理财：

● 消费习惯怎样？

● 理财能力，是否有记账的习惯？

● 投资知识和能力，是否有投资经历，目前有什么投资产品，收益如何？

● 性格特点：可以分为乐观型、主导型、谨慎型、自我型、成就型、协调型等。

● 对待理财的态度。

● 家庭财务管理分工。

2. 财务情况

收入情况：家庭成员目前的工资和其他收入有多少，是否有上升潜力，如果有预计什么时候，上升比例是多少？

所在城市：你的收入水平在你们当地相对来说处于一个什么样的位置：高，中高，中等，中低，低。

支出情况：目前主要支出。

节余情况：基于以上收入支出的每月节余情况。

资产配置：包括金融资产（如银行存款、股票、基金、债券、保险现金价值等）和实物资产（如住房和汽车，以及借款和贷款等负债情况）。

3. 理财目标

确定未来的财务需求，简单地说就是想清楚未来在为了做什么事要在什么时候要用多少钱，可以涉及养老、保险、子女教育、投资、遗产等多方面因素。

按照时间跨度，可以分为短期目标（5 年以内）、中期目标（5~10 年）和长期目标（大于 10 年）。小到一次旅游费用的安排，大到买房买车；近到目前的学习费用，远到退休后的养老金的筹划，都需要作为理财目标加以明确。

4. 存在问题

通过以上自己整理的财务信息，你发现自己在理财上存在哪些问题。

自己也可以编制收支表、资产负债表，以更清楚自己的基本财务状况。收支表反映出了你在一段时间内的财务活动状况，它使得你可以将实际发生的费用和支出与预算的数字对比，从而采取必要的调整措施以消除两者之间的差异。理财不是说你一定要在生活上怎样节俭或者省多少钱，而是要找适合自己的生活，在适合自己的喜好之下，有些费用是必要的，有些是不必要的。

以下是两份收支表案例。

表 2-4 　　　　　　　　　月度收支表 　　　　　　　　单位：元

收入项目	金　额	支出项目		金额
月收入	9000	基本生活开销	水、电、煤	4200
			清洁工	
			医疗费	
			伙食费	
			娱　乐	
其他收入	0		交通费	800
合　计	9000	合　计		5000
月度结余	4000	房贷还款（公积金扣）		900
房贷还款从公积金扣，不占用支出额				

表 2-5 　　　　　　　　　年度收支表 　　　　　　　　单位：元

收入项目	金　额	支出项目	金额
薪资收入	108000	基本生活费用	60000
年终奖金	10000	保险支出	10000
其他收入（公司股票红利）	30000	其他支出（旅游）	20000
合　计	148000	合　计	90000
年度结余	58000	年度结余中有 48000 元作为每月基金定投，余 10000 元作为现金持有	

个人/家庭资产负债，简单地说就是你家有多少资源可用，有多少负债还没有偿还，这是我们理财前起码要搞清楚的。一份个人/家庭的资产负债表或者净资产表是这个人或者家庭在某一时刻的财务状况的反映，它显示个人或家庭所管理的经济资源以及所承担的一切债务。

以下是一份家庭年度收支表案例。

表2-5 家庭资产负债表 单位：元

资 产		负 债	
现 金	10000	个人住房贷款	90000
活期存款			
流动资产小计	10000	贷款小计	90000
定期存款	0		
基 金	140000		
公司原始股	无数据		
金融资产小计	140000		
房屋（自住）	600000		
实物资产	600000		
总资产	740000	总负债	90000
净资产（总资产—总负债）	650000		

认识自己财务存在的问题

你的财务状况健康吗？有什么大的问题吗？处于亚健康状态的财务状况会是你迈向财务自由之路上的隐患，如果不能及早发现其中的问题，它甚至会让你多年奋斗的成果毁于一旦。

根据自己的收支表和资产负债表，一般可以用以下几个简单的财务量化指标来分析自己的财务状况。

1. 节余比例 = 当期节余/净收入

该比例应在60%左右比较合适。

如何提升结余比例呢？方法有两种，一种是节流，还有一种是开源。后者比前者来得更有意义。学会扩大收入，盈余比例也会增高。开源又有两种基本的模式：一是努力工作，获得工资或者奖金收入的提升，但是这个收入扩大是有限的；

另一种是进行让资本增值的金融投资。金融投资的方式方法在后面的章节会详细讲解。

2. 流动性比率 = 流动性资产/每月支出

流动性比率反映你的流动性资产能满足几个月的开支。一般流动性比率应控制在3~6个月比较适宜，即应安排3~6个月的日常支出资金作为应急金。如果你的月收入较为稳定，该比率提高到3~4即可；如果收入不稳定或者月度消费水平较高，则要保留4个月以上开支额的应急流动资金，这部分资金可以现金、储蓄或现金等价物等方式存放。

3. 净资产流动比率 = 流动资产/净资产

该指标的理想值一般为15%。

4. 偿付比率：净资产/资产

偿付比率一般标准为50%以上，偿付比率越高，表明你偿还债务的能力越强。

5. 财务偿还率 = 每月债务偿还额/每月税后收入额

该比率越低，表明你偿还债务的能力越强。

6. 投资与净资产比率 = 投资资产/净资产

一般认为投资与净资产的比率应保持在50%以上，才能保证其净资产有较为合理的增长率。如果这个财务指标偏低，应适当增加投资。

7. 财务自由度 = 投资性收入/消费支出

财务自由度的理想值在20%~100%之间。越高越好，达到或者大于100%，那么恭喜你，你就达到财务自由了。

通过这几个财务量化指标，你能了解到自己的财务在哪些方面存在着问题，需要注意和改变。"知己知彼，百战不殆"，这是你理财、打响资产保卫战的基础。

理财前的准备及现金、
消费支出、保险规划

| 第 3 章 |

如何进行现金规划

我们经常会在银行卡里、钱包里留一些钱，这样做，其实就是现金规划的一部分。我们为什么要持有现金？一般是因为我们日常开支的需要、预防突发事件的需要，或者是投机（比如申购新股）的需要。

现金规划的一般工具（即投资对象）主要包括现金、储蓄、货币市场基金。

一般来讲，在你的资产配置中，需要保持 3~6 个月支出的额度在现金规划的一般工具中配置，即投资到现金、储蓄、货币市场基金上去，作为应急准备金，防止因失业、疾病、意外或其他突发事件使家庭财务出现剧烈的变动。

上一章提到的流动性比率是和现金规划相关的一个指标。

流动性比率 = 流动性资产/每月支出

流动性比率反映你的流动性资产能满足其几个月的开支。一般流动性比率应控制在 3~6 左右比较适宜，即应安排 3~6 个月的日常支出资金作为应急金，如果你的月收入较为稳定，该比率提高到 3~4 个月即可。如果收入不稳定或者月度消费水平较高，则要保留 4 个月以上最高 6 个月开支额的应急流动资金，这部分资金可以现金、储蓄或者现金等价物等方式存放。

储蓄一般包括活期储蓄、定活两便、零存整取、整存整取、整存零取、存本取息、个人通知存款等品种。

货币基金是聚集社会闲散资金，由基金管理人运作，基金托管人保管资金的一种开放式基金，专门投向无风险的货币市场工具，区别于其他类型的开放式基金，具有高安全性、高流动性、稳定收益性，具有"准储蓄"的特征。基金资产主要投资于短期货币工具（一般期限在一年以内，平均期限 120 天），如国债、央行票据、商业票据、银行定期存单、政府短期债券、企业债券（信用等级较高）、同业存款等短期有价证券。

货币基金多为 1000 元起投，流动性好，随时可以申购、赎回。货币基金一般要拿上身份证去银行柜台办理购买赎回手续。但值得一提的是，部分货币基金支持网络交易服务，回家后，可在网上进行交易。

如果你有突然的未预料到的支出，但是现金或者现金等价物又不够，那怎么办？那就要融资。通常的融资方式有信用卡融资、银行贷款、保单质押融资、典当融资等。

中国由于社会保障制度尚未健全、投资渠道狭窄、人们理财意识不强等原因，很多人非常注重储蓄，把自己的大部分财产都存到银行去了。这是非常大的误区。

【案例1】

赵先生今年27岁，在一家公司做行政方面的工作，月薪6000元左右。老婆26岁，做会计，月薪5000元左右。已购买一套住房，价值80万元（无贷款），刚购买了一台轿车，价值10万元。儿子不到一岁，日常开销比较大，每月大概7000元。没什么积蓄，也没投资。这样的家庭应如何进行现金规划？

分析：

赵先生的家庭每月支出过高；家庭收入来源只有两人收入，缺少投资渠道，无被动收入；家庭缺乏应急准备金，一旦出现紧急资金需求，会给家庭带来流动资金压力。

现金规划：

首先要建立家庭应急准备金，按照家庭4个月的月度支出建立家庭风险准备金共28000元。其次可以考虑办一张信用卡，用来支付日常开支，且有利于通过信用卡账单来记录分析家庭的开支状况。

【案例2】

36岁的金先生，在一家大型国企工作；太太张女士33岁，在某知名民企工作；孩子5岁。家庭综合月收入近15000元，月支出约6000元。现有家庭储蓄24万元，其中一年期定期存款3万元，三年期定期存款7万元，大部分即将到期或已经到期。活期储蓄8万元。有一辆家用汽车和一套约90平方米的单元房。金先生家庭现金规划合理吗？

分析：

金先生家庭流动性比率 = 流动性资产/每月支出 = 240000/6000 = 40。一般流动性比率应控制在 3～6 左右比较适宜，金先生家庭的流动性比率远远高于这个区间，容易受通货膨胀影响而受损。金先生家庭收入比较稳定，可以控制在 3 左右，即将 18000 元左右的资金配置在现金、储蓄、货币市场基金上就可以了。这笔资金作为应急准备金，防止因失业、疾病、意外或其他突发事件使家庭财务出现剧烈的变动。

理财前的准备及现金、消费支出、保险规划

第4章

如何进行消费支出规划

1

做好月度支出表

消费规划包括的内容很多，比如住房消费规划、汽车消费规划等。

个人、家庭理财目标的首要目的并非家庭价值最大化，而是使财务状况稳健。在实际生活中，减少开支有时比寻求高投资收益更容易达到理财目标。通过消费支出规划，使消费支出合理，收支结构平衡，从而逐步达到财务独立和财务自由。

现在部分年轻人消费观念超前，"新负翁"、"月光族"几乎成了他们的代名词。谈起花钱头头是道，说起存钱直摇头，对理财投资更是一窍不通。据一项调查发现，有不少单身白领纷纷将自己的收入交给父母管理。

在许多"月光族"看来，现在的薪水都不够用，理财要等以后有了钱再说。而现在还年轻，理财的事，不必着急。

年轻就是资本，刚刚步入社会，一切都是新的起点。虽然日常收入水平不高，自然增长的后劲也显得不足，日常资金积累能力相对薄弱，但毕竟是个人理财的原始积累阶段。这一时期尚无家庭负担，消费处于相对随意的阶段，职业生涯也尚未定型，对未来没有很强的危机感，因此也就难免缺少积蓄意识和迫切感。

如果从一个人真正领工资的第一天开始算起，那么从收入和消费的角度上看，人的一生大体可以分成四个过程：①收入不足状态，通常指的是收入赶不上消费；②收入大于消费状态，指收入在应付开支之外有了盈余；③收入小于消费状态，通常是到了退休，非资产收入减少，不足以应付开支；④如果资产这辈子用不完，就有资产转移的问题。

世界上有两种消费模式，第一种是富人的理财思维：收入 - 储蓄 =（可以用的）消费；第二种是必定破产的思维：收入 - 消费 =（可以用的）储蓄。而"月光一族"通常的思维是，反正没有多少钱，依靠每月节余的一两千元钱，也实现不了买车、买房梦，还不如痛快地花完。这样一种消费思维，是绝对和财富的积累背道而驰的。

其实他们是最需要理财的，因为他们中独生子女的比例很大，以后的社会将会出现越来越多的一对夫妻需要承担赡养四个老人及养育一个子女的社会现象，小家庭的负担非常重，尤其是当一对"月光"男女走到一起，"月光家庭"随之诞生了。这时候理财就更显得迫切了。

如何摆脱"月光"状态？从记账开始，是个不错的办法。

收支财务状况是达成理财目标的基础。如何了解自己的财务状况呢？记账是个好办法。逐笔记录自己的每一笔收入和支出，并在每个月底做一次汇总，做好自己的收支表，久而久之，就对自己的财务状况了如指掌了。

同时，记账还便于对自己的支出作出分析，了解哪些支出是必需的，哪些支出是可有可无的，从而更合理地安排支出。"月光族"如果学会记账，相信每月月底也就不会再捉襟见肘了。

坚持逐笔记账，并不是一件容易的事。但可以通过一些方法来帮助记账。比如，现在已经进入"刷卡"时代，信用卡的普及解决了很多问题。在日常消费时，能用信用卡，就尽量刷卡消费，一来可免除携带大量现金的麻烦，二来可以通过每月的银行月结单帮助记账。

又如，在支出费用时，不要忘了索要发票，一来可以更好地保护自己的权益，二来可以在记账时逐笔核对。当发生大额交易，而又没有及时拿到发票时，请及时在备忘录中做记录，以防时间长了遗忘。

记账、做月度收支表只是理财的起步，是为了更好地做好预算。由于个人/家庭收入基本固定，因此个人/家庭预算主要就是做好支出预算。支出预算又分为可控制预算和不可控制预算，诸如房租、公用事业费用、房贷利息等都是不可控制预算。每月的家用、交际、交通等费用则是可控的，要对这些支出好好筹划，合理、合算地花钱，使每月可用于投资的节余稳定在同一水平，这样才能更快捷、更高效地实现理财目标。

【案例】

在某公司任经理助理的王小姐月收入6000多元，可她不仅月月光，而且还负债累累。她上个月10日才领的工资，到25日口袋里只有1000多元了。原来她从半年前开始月供一辆POLO车，16日买了一套高级化妆品，这时口袋已经很紧了，可她又看上了一款新款电脑，可即使分期付款，就连首付也拿不出来。于是她只好厚着脸皮去找老妈借。但为了还按揭和借款，王小姐的旅游计划泡汤了。

分析：

王小姐具有目前颇为流行的"月光族"的典型特征：日常花销大，原始积累少，消费无规律，目前的车贷支出占用月收入的30%，已成为变相的"车奴"，伴随着今后家庭的住房、医疗、教育、养老等方面的开支日益增多，必须尽快理财。以王小姐目前的收入水准只能归类为中等，因此，近几年应该将关注点放在继续深造、提升自我价值和投资能力上，以此提高自己的薪酬水平和投资收益，这才是提升今后生活质量的根本。

据了解，眼下不少年轻白领缺乏理财方面的知识，消费的随意性很大。但这并不说明他们没有理财的愿望，所以，当父母愿意替其理财时，他们也乐意将钱交给父母打理。在存钱过程中，不少白领看到节俭的实际效果后，自己也开始节约起来。

虽然由父母代为理财渐渐被不少单身白领所接受，但也有专家认为，父母代为理财现象，体现了独生子女教育中投资理财教育的普遍缺失。一方面，年轻白领缺乏理财意识，消费无计划，成为"月光族"也就在所难免；另一方面，所有的财产最终都是他个人的，所以将钱袋交给父母这一做法，使年轻一代很难培养出真正成熟的理财观和消费观。

建议：

"月光族"们最好做一个强制性的开支预算，在收入的范围内计划好支出。对每月中各项必须支出的项目进行预算，主要包括住房、食品、衣着、通讯、休闲娱乐等方面，尽量压缩不必要的开支。

很多人总是说："我也不知道钱都花到哪儿去了！"王小姐也为此而苦恼。所以，一个简单而实用的方法就是记账，每天只要用10分钟时间把自己的开销记录下来，坚持一个月，效果就会自然显现。通过记账可以很清楚地了解到自己钱的去向。

王小姐虽然一个人过得自在，但同时一个人抵御风险的能力也较低，因社保的标准一般都较低，所以必须购买相应的商业保险作为必要的补充。尤其是医

资产保卫战

疗方面，要尽量做到保障充分，种类分配合理。

　　我国目前的投资方式和渠道较少，短期投资项目只局限于债券、人民币理财等产品，但这些产品的年收益率绝大部分不超过5%。虽然有一些民间借贷的项目回报率很高，但风险也相对加大。因此，作为理财规划来说，还是应本着资金安全第一的宗旨操作。

　　建议王小姐购买一些基金。因为基金是由基金管理公司的专业人员进行操作，对于投资者来说，就相当于聘请了一位投资专家为自己出谋划策，可避免普通投资者因缺乏专业知识而导致投资失误。

2

住房消费规划

在消费规划中，住房消费规划是较为重要的，下面简单了解下住房消费规划（见图4-1）。

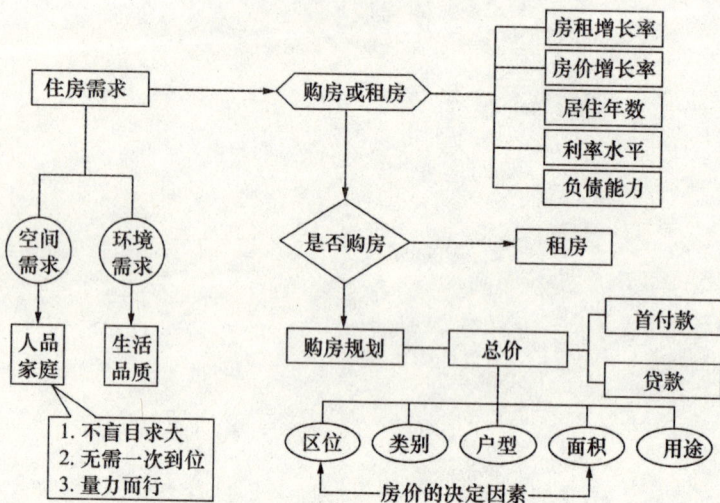

图4-1 住房消费规划流程图

从流程图中可以看出，在进行住房消费规划时，要先分析自己的住房需求，如果适合租房则可以租房，如果适合购房，则要进行购房规划，结合自己的具体情况（对房子空间的需求、对环境的需求、自己的收入等），考虑自己能承受的总价、首付款、贷款，以及房子的区位、类别、户型、面积、用途等因素，去寻找选择合适的房子。当然，如果是投资需求，要考虑的问题会有所不同，在后面房产投资的章节会有所提及。

通常来讲，在住房消费规划时，要注意以下几点：

一是地段。地产界盛传一句名言："第一是地段，第二是地段，第三还是地段！"地段的好坏决定该楼盘的价值，而交通是否便利也成为衡量地段的一个重要因素。因此，在大多数地方尤其是自己长期居住工作的地方，买房子时一定要考虑上下班是否方便，是否具备良好的教育、医疗以及休闲购物等条件。

二是买合适的不买大的，选择户型面积要合理，不要盲目求大。

三是关注性价比高的房子。性价比高的房子应具备六大特性，即实用性、安全性、灵活性、可变性、经济性等。实用性是指房子要实用、布局合理，每个房间要方正。房子要具有防火、防盗、抗震和抗御自然灾害的能力，国家规定建筑抗震指数最少要在8级。此外，房子还应具有经济性，即面积要紧凑，实用率要高。当然，外观也应美观大方。

现在人们购房越来越注重当地生态环境，构造是否健康环保成了现代人选择区域的一个要素。购房要选择良好的朝向，一般为南向，南偏东或者南偏西都可以。住宅要有良好的自然通风。厨房、卫生间应有直接对外的采光、通风窗，无通风窗的卫生间也应安排进风和排风管道。

在购房过程中借助比较大的房产中介公司的专业服务，会节省很多精力，是比较好的选择。租房、购房比较见表4-1。

表4-1　　　　　　　　　　租房购房比较表

	租　房	购　房
优　点	负担较轻，灵活方便，自由性强	具有增值潜力，有归属感、安全感
缺　点	受房东制约，较不稳定，没有保障	负担较重，房贷压力可能会影响生活
所　得	具有衍生收入	增值潜力，享受税收优惠
付　出	每月房租	机会成本，相关税费支出、维护费用

买房时财务上需关注的问题：一是能否按时如数归还贷款本息？二是贷款带来的财务压力有多大？

应从财务上注意，**房屋月供款占税前月收入的比率，一般不应超过25%~30%**；房屋月供款加上其他长期贷款的月供款总额占税前月收入的比率，一般应控制在33%~38%之间。

【案例】

深圳潘先生已婚未育,在一家知名互联网企业做市场营销工作,有存款40万元,每月收入税前大概12000元,但不大稳定,多的时候15000元,少的时候则只有9000多元。妻子每月工资税前6000元,家庭每月消费5000元。

理财目标:

想买一套60平方米左右的房子,房价大概每平方米19000元,没有公积金,以前没向银行申请过住房贷款。不知道怎么规划资金比较合理。

理财分析和建议:

没有公积金的家庭,只能办理商业性个人住房贷款,最新贷款利率为6.6%。

从潘先生一家的收支情况来看,潘先生的收入虽然比较高,但整体不大稳定,办理按揭贷款后,每月需定期供贷款,因此每月还款与月收入的比率不宜过高。

拟购房产总价约为1140000元,首付3成为342000元,潘先生还需向银行按揭贷款798000元。还款方式及期限的选择取决于潘先生的支付能力。

究竟该采用等额本金还是等额本息的还款方式呢?前者月供不断减少,但前期还款压力比较大;后者每月月供一样。考虑到潘先生的收入不是太稳定,建议采用等额本息还款方式。

再看还款期限。如果还款期限为20年,采用等额本息的月供为5996.75元,月供款占税前月收入的比率为33.3%,高于25%~30%的区间,因此偏高了;如果还款期限是30年,采用等额本息的月供为5096.5元,月供款占税前月收入的比率为28.3%,在25%~30%的区间内,是比较合适的。因此建议月供30年。

住房贷款还款方式

等额本息偿还: 贷款期限内每月以相等的还款额足额偿还贷款本金和利息。适合于收入稳定状态的家庭。

等额本金偿还: 贷款期限内按月偿还本金相等,利息按剩余本金计算。适合于目前收入较高,但预计未来会逐步下降的家庭。与等额本息相比较,此还款方式利息总额较小。

等额递增还款: 把还款期限划分为若干时间段,每个时间段内月还款额相同,下一个时间段的还款额按一个固定金额递增。适合于目前收入一般,但未来收入预期会逐渐增加的人群。

等额递减还款: 把还款期限划分为若干时间段,每个时间段内月还款额相同,下一个时间段的还款额按一个固定金额递减。适合于目前还款能力较强或经济很宽裕的人群。

理财前的准备及现金、
消费支出、保险规划

第 5 章

如何控制你的风险，进行保险规划

1

保险的种类及保险规划的原则和步骤

在生活中，我们面临着许多风险。其中，城市的车辆越来越多，开车的人也越来越容易焦虑，因此交通事故每天都在城市的大街小巷上演。风险已经不再是非常小概率的事件。

不过，我们可以通过保险来控制所面临的风险。

保险的种类

通常，保险公司提供的保险主要有以下几个品种：寿险、意外险、重疾险、医疗险、养老险、子女教育险。

下面先依次简单介绍一下上述的各种保险。

寿险：主要是指被保险人身故和全残时可以获得的赔付。全残指残疾程度很高的情况。

意外险：指被保险人因意外而发生的身故或残疾，这里残疾的定义较寿险宽得多，从最小的小拇指缺失到全残都包含在内，按残疾的程度给以不同程度的赔付。这里注意，意外险必须是因意外而发生的赔付，如果被保险人因病去世，是得不到赔付的。

重疾险：是指被保险人确诊为重大疾病时的给付，是一次性赔付的钱。

医疗险：通常是对住院或手术产生的各种医疗费用的补偿。一般的，各大公司对门诊医疗都没有专门的险种，如果有也是从其他的险种演化过来的。

养老险：一般是由保户在保险公司储蓄养老金，保险公司扣除一定的初始费用后，以比银行定期利率略高的利率复利增值。10 年之后可以体现出来保险公司储蓄的优势，20 年之后，这笔钱可能是原来的 1.5 ~ 2 倍。等到保户需要养老的时候，从这个账户中领取养老金，领到一定的年限，这个账户中就没有钱了。还有一种形式是，利用大数法则，所有的保户当中，有先去世的，有后去世的，这样可以领养老金领到终老，而先去世的领到去世时，账户中的钱就归所有保户所有。

子女教育险：一般是由保户在保险公司储蓄子女教育金，保险公司扣除一定的初始费用后，以比银行定期利率略高的利率复利增值，10 年之后可以体现出来保险公司储蓄的优势，20 年之后，这笔钱可能是原来的1.5～2倍，这时候可作为子女的大学教育金。

保险规划的原则

我们如何为自己的家庭规划保险呢？首先应该了解一些保险规划的基本原则。

第一，应该把所有的家庭成员视为一个整体。家庭成员之间都承担有一定的家庭责任，因此我们在规划保险时应该把所有的家庭成员视为一个整体，这样才能更好地体现家庭成员之间相互的责任与爱，规划出最适合自己家庭情况的保险计划。

第二，遵循家庭无法承担的风险先保，对家庭财务影响大的风险先保的原则。保险不是保险箱，实际上，保险本身并不能避免风险的发生，保险只是在风险发生的时候为我们提供应对风险的财务保障。注意：只是财务保障。因此，一个家庭中首先应该被保险的成员应该是家庭的经济支柱，"顶梁柱"在，家庭遇到任何风险，财务上还可以想办法解决。"顶梁柱"不在了，整个家庭就陷入瘫痪了。其实这位"顶梁柱"也就相当于整个家庭的保险。

可见，各种险种当中，首先应该考虑的风险是家庭"庭顶梁"柱的寿险、意外险和重疾险，再次是发病率较大的家庭成员的保障规划。

保险规划的步骤

如何为自己的家庭规划保险呢？

首先，要分析家庭中各成员面临的风险。

要确定一下自己家庭成员的范围，包括自己的父母、子女和爱人，在这个家庭中哪一位是家庭的主要经济来源？如果这位成员发生风险时，家庭会遇到怎样的困扰？需要为父母准备多少孝养金？为子女准备多少成长金和教育金？为爱人准备多少生活金？这些数额相加，基本就是这位家庭成员需要拥有的寿险和意外险的保额，通常可设计为寿险和意外险各占一半。

其次，要考虑的是家庭经济"顶梁柱"的重疾险，因为这对一个家庭来讲也是无法承担的风险。一般的，按目前的医疗费用，重疾险的保额一个人准备20万元就够了，考虑到是家庭的经济"顶梁柱"，有条件的也可以适当多准备一些。

再次，应该考虑的是家庭其他成员的重疾险，因为这也是家庭面临的一个巨大的风险漏洞，如果不加以解决，可能带给我们的就是无法承受的痛苦。

接下来是医疗险，因为医疗费用也是使家庭收入负增长的一个主要原因。

最后是养老险和子女教育险。养老险和子女教育险究竟谁先考虑，这没有一定的原则，一般的，你认为哪一项需求比较紧迫就先考虑。

养老和子女教育是人人都会遇到的问题，因此也就很难利用大多数人分担少数人的风险的原则去设计保险了。通常，养老险和子女教育险都是由保户自己将钱存入保险公司，保险公司利用稳健的投资渠道帮助客户投资增值，

> 保险公司复利增值利率较银行高的优势要经过10年以上才能体现出来，通常20年后，这笔钱的票面价值会增长1.5~2倍。因此，存养老险和子女教育险的时间，最好是在需求发生前20年提前准备。

由于所有的保险公司都会扣除一定的初始费用，保险公司复利增值利率较银行高的优势要经过10年以上才能体现出来，通常20年后，这笔钱的票面价值会增长1.5~2倍。因此，存养老险和子女教育险的时间，最好是在需求发生前20年提前准备。

对我们手中的钱，通常有三种理财方式：一种是存入银行，这部分钱面临着通货膨胀的风险；一种是投资债券、基金、证券，这些投资方式或多或少面临着大小不等的风险。我们不能说保险是一种好的投资工具，而只能说它是一种较保险的理财工具，因为从抵御通货膨胀来讲，它优于银行理财产品；从投资风险来讲，它也是较小的。

我们经常看到有许多非常好的年轻人，非常孝顺父母，当他们走入工作岗位之后，他们首先想到的就是为父母买一份保险。他们的想法非常的好，可是具体做起来，却会遇到很多的问题。我们打个比方，一位100岁的老人，他想买10万元的寿险，他所必需支出的保费每年大约要5万元，这是根据风险发生的概率严格计算出来的，而且这些保费是消费型的，是不可能拿回来的，如

果他非常的健康，103 岁他已经支出的保费是 15 万元，104 岁是 20 万元，这样的保险，你会选择吗？其实这就是很多保险公司对老年人的保险很少的原因，因为这样的保险对保户来说是非常不利的，让你去买也不会有人去买了。

所以说，当很多人在年龄较老的时候，意识到风险存在的时候，可能就会遇到没有保险可买的尴尬。

那么我们究竟能不能使用保险这一避险工具，来帮助我们的老年人呢？其实是可以的，就看你怎么用它。我们经常讲"养儿防老"，子女就是老年人的保障，换句话说，子女就是老年人的保险。子女把自己保护好了，那就是对老年人的保障。所以，子女选择了全面的意外险、寿险、重大疾病险等，自己的风险保障了，也就是保障了父母，保障了全家。

另外，也可以用每月定投基金等方式，建立一个为老人专用的"保险基金"。

2

如何确定寿险额度

在人身风险规划方案内，寿险是减轻财务冲击的重要工具。一般而言，寿险额度的确定可以以个人年平均可支配收入作参照，然而，到底需要多少寿险保额才算足够？这个问题的答案却是因人而异，因为每个人的财务需求及财务目标都不一样，以下几个方法可供估算参考。

所得倍数法

这是个最简易的计算法，容许在基本资料（年龄、收入）最少的状况下，推算其应有的保险金额。需注意的有两点：其一，这里所称保额，是指寿险及意外险的合计；其二，这里所说年收入，最好以其前一年固定、税后净收入为依据。

表 5—1　　　　　　　　寿险加意外险额度参考表

年　龄	寿险加意外险	年　龄	寿险加意外险
16～30 岁	14 倍年收入	46～49 岁	10 倍年收入
31～35 岁	13 倍年收入	50～52 岁	9 倍年收入
36～40 岁	12 倍年收入	53～56 岁	8 倍年收入
41～45 岁	11 倍年收入	57～60 岁	7 倍年收入

例如，王先生今年 32 岁，去年收入 12 万元，税后收入 10 万元，其保险需求 =10 万元 ×13（倍数）=130 万元。

人身价值法

人身价值是指一个人预期收益总数的现值，计算人身价值，有三个步骤是必需的。①估算出个人在未来期间，每年的收入超过本身家庭维生费用的部分，即：预期收益 = 年收入 - 维生费用。②估算出从现在开始到未来收益停止的收益年数。③选定预定利率，再由预定利率计算折现因子，即：人生价值 = 每年预期收益 × 收益年数的折现因子。

例如，B 先生今年 45 岁，预计 60 岁退休，年收入平均 20 万元，个人维持生活费用每年为 5 万元，其人生价值 =（20 万元 – 5 万元）× 10.380（年利率 5%）=155.7 万元。如果这个人买了这样保额的定期寿险，现在不幸死亡，保险公司赔款 155.7 万元，受益人（家属）把这笔钱采取整存零取的方式存入银行，年利率 5%，可以在 15 年内每年取出 15 万元供家用。这就是说，主要的劳动力不在了，他或她对家里的贡献还依旧。

财务需求法

在规划个人或家庭的人身风险时，须先诊断自己或家庭的财务状况，称为"财务需求分析"。做好分析后，才能就其需求金额以及其所处生涯阶段，设计周全的保险规划，以确保个人或家庭的财务安全。

所谓需求，是指当个人或一个家庭中的主要经济来源者发生死亡、残废、疾病或面对退休后的生活，他与他的家庭所要面对的财务需求。一般而言，个人或一个家庭的财务需求可分为五大方面：家庭生活资金，子女教育基金，住宅基金，退休生活基金，最后丧葬费用。

那么，什么是估算人寿保险需求的正确办法呢？显然，它应该考虑到你需要通过保险达到的特殊目标，为满足各个目标所需要的保险金额，以及在什么程度上可以通过其他渠道（包括任何现有的人寿保险保单）实现这些目标。这种综合制定人寿保险计划的方法叫做"需求"方法，它包括四个关键的步骤。

第一步：确定保险目标

你必须知道你为什么要买保险？你希望满足什么样的经济需求？为了帮助你估算正确的保险金额，你应该列出你买保险的所有目标。为了说明这一点，假设你要确保当你过世时，有钱支付：你的最后开支；你孩子的大学教育费用；你的配偶退休后的生活费用（包括可能有的房屋贷款等未还完的债务）。表 5 –2 为这三个目标分别做了假定。

第二步：估算保险需求

估算为实现每一个目标所需要的保险赔偿金额。适当的赔偿金额取决于三个因素：一是保险金额目标；二是实现这一目标的时间顺序；三是类似通货膨胀率和利率的假定。在你的目标和假定的基础上，为实现每一个目标所需要的保险金额如表5 –3。假定银行里的钱每年可以赚取 4% 的利息，退休生活费年末取。

表 5 - 2 　　　　　　　　　　　目标与假定

保险目标	假定需求
最后开支	需要金额 11000 元
孩子大学 教育费用	孩子现在 8 岁，将在 18 岁上大学，学制为 3 年。按现在的价格，3 年全部费用是 90000 元，从现在起到你孩子上大学年费用增长率为 5%
妻子退休后 的生活费用	妻子现在 30 岁，将在 60 岁退休，一直活到 80 岁。目前的年工资是 24000 元，年增加 6%。配偶在退休第一年起需要他给付她工资的 60% 作为退休后的每年生活费，按照年通货膨胀率 3% 计算，退休 20 年内，退休开支将相应增加

表 5 - 3 　　　　　　　　　　　估算人寿保险金额

保险目标	今天所需要的 金额（元）
最后开支	11000
孩子大学教育费 $= \dfrac{90000\,(1+5\%)^{10}}{(1+4\%)^{10}}$	99038
妻子退休后生活费 $24000\,(1+6\%)^{30} \times 60\% \times \dfrac{1-\left(\dfrac{1+3\%}{1+4\%}\right)^{20}}{4\%-3\%}$ $(1+4\%)=1511275$（按年初支出算） 妻子退休后生活费折算成今天的现值 $=1511275/\,(1+4\%)^{30}$	465954
总　　计	575992

第三步：估算来源

你可能有其他经济来源，至少可以用来满足人寿保险需要的一部分。这些来源可能包括你在银行的存款、投资债券、单位信托和股票以及从团体保险和现有保险保单中得到的收入。你应该估算一下这些来源目前的价值，从你所估算的需求中减去这一部分，以决定你是否面临着亏空。

第四步：估计资金缺口

让我们假设你有价值 10 万元的资产。你的保险需求是 575992 元，超过了你的经济来源的价值，所以你面临着 475992 元的资金缺口。这个资金缺口就是你应该买的保险金额。

保险规划中常见误区及注意事项

我们为什么买保险

中国人对孩子总是非常注重，很多家庭给孩子买了寿险等多种险种，往往孩子是保险过度，大人却保险不足甚至根本没有保险，真的有必要给孩子买寿险吗？

先不管给小孩还是大人买，先问自己一个问题：为什么买保险？这个问题搞不清楚，买的保险很可能就不是最适合你的保险。那么，我们为什么买人寿保险呢？

1. 风险管理

保险的专业解释是：用定量的保费实现相应潜在损失的风险从被保护实体至承保实体的转移。而购买保险在个人理财规划中的作用就是评估并控制风险的一个系统过程。在保险合同中，牵涉到三方：保单所有人、受保人和承保人。请注意：受益人并不是保险合同中的一方，受益人由保单所有人指定，接受因受保人死亡而赔付的金额。

评估一个人有没有必要买保险来进行风险控制，关键看这个人的资产是否能抵消此人所承担的经济责任。例如，张先生有一栋尚欠 25 万元的价值 40 万元的房子，5 万元的基金和 5 万元的股票投资，这样他就有 50 万元的资产；同时这 25 万元的房屋贷款、张先生发生意外后的丧葬律师等费用 2 万元、两个孩子的教育经费 5 万元、家庭日后所需资金 30 万元（计算所得）构成了 62 万元的经济责任。所以张先生至少需要 62 − 50 = 12 万元的保险来应对家庭不可预期的风险。如果张先生不希望太太在他身故后变卖房子，则所需保额就要增加 40 万元即 12 + 40 = 52 万元。所以说保险额度从某种意义上说是生活态度决定的。

还有一点值得注意：在我的实际工作中，有些人的现金流有限，没有能力购买经过保险分析得出的终生保险保额，这时候他们往往倾向于购买一个保额偏小的终生保险而不是满足他们需求的定期保险。他们认为终生保险最终能收回"成本"，而定期保险如果十年二十年不出事保费就白交了。这种想法完全违背了保险作为风险控制的目的。你交定期的保费，除了给你保期内的"安心"，还用来支付在此阶段不幸意外身故人士的赔偿，怎么是白交呢？本来保险就是应付意外突发事件，如果意外发生了，保险赔付额却不能完全满足家庭经济需求，岂不是花了钱没办好事？

从以上分析可见，越是"穷人"越需要保险：因为"穷人"的资产难以担负起需要承担的经济责任。而"富人"，从风险管理的角度讲，很可能完全不需要保险。

2. 遗产规划

既然说到"富人"（泛指有一定资产的人士）不需要保险进行风险管理，那为什么他们那么热衷于买保险，而且往往是百万甚至是上千万的超级大单？很简单，他们需要保险来进行遗产规划。大家知道，保险赔付时所有的偿付额都是免税的。考虑传递财产给下一代，保险是重要考虑工具。

3. 退休收入

很多人买保险想退休后从保单取钱养老，其实这是一种错误的想法。这样做在税务上一点优势都没有：因为从保单内提出的钱减去保单有效成本后的每一分钱都要上税。更要命的是保单有效成本是一个下抛物线形状，过了一定年龄后越来越小，直接后果就是退休后从保单取出的钱基本都要缴税。本来交保险的钱就是税后收入，现在取出的每一分钱还要缴税，图什么呢？

保险作为退休收入来源的意义在于用保单作抵押借钱。因为借的钱是不需要纳税的，也不影响老年福利。但借贷的利率不菲，一般在基础利率以上。不过有个别保险公司提供近乎零利率的保单借款，这种借款是不错的退休收入选择。

> 很多人买保险想退休后从保单取钱养老，其实这是一种错误的想法。这样做在税务上一点优势都没有：因为从保单内提出的钱减去保单有效成本后的每一分钱都要上税。
>
> 本来交保险的钱就是税后收入，现在取出的每一分钱还要缴税，图什么呢？

分析了以上保险的三大主要功用，给孩子买保险属于哪种呢？孩子对家长不是经济来源而是经济负担，所以不存在风险管理；给孩子作遗产规划或退休收入，太超前了点。很多人认为给小孩买保险便宜，实际并非如此。小孩的保费表面上看便宜很多，但考虑到货币时间价值却并不便宜，往往比成人的保险要贵不少。

人们对保险常见的五个认识误区

误区一：保险就是储蓄，投资型保险人人可买

如果储蓄，最好找银行；如果投资，最好找证券公司、基金公司；保险最擅长的领域是：保障。买保险的首要目的应当是取得风险保障，投资增值是第二位的。风险保障程度高的保险是不能返还保险费的；具有返还保险费功能的保险，风险保障程度比较低。

我们不能仅仅把保险当做储蓄或投资，保险是保障。但现实情况更多的是：代理人在用保障概念来说服你买保险，和用回报作为理由相比，后者就容易得多。因此，很多家庭买了太多的储蓄型和投资型保单。

其实，投资型保险仅适合部分消费者。投资型保险是保险与投资产品之间的产品，主要指投连险产品和万能寿险产品。

老百姓常见的理财方式是银行、股票，还有基金，保险公司推出投资型产品是发展的趋势。需要强调的是，投连险产品把所缴保费做分配，一部分钱做保障基础，一部分做投资理财，在消费者与保险公司之间存在委托与受托的关系，已经改变了传统的保险关系，演变成一种类似信托的关系。因此，并不是所有人都适合购买投资型保险产品。

万能险、投资连结类保险的投资功能较强，缴纳的保险费比较高；投资收益及分红保险的分红收益随保险资金运用成果而定，有时高有时低，也是不固定的。

买理财型产品有两个先决条件：首先，客户必须受到良好的教育，对自己的需求很清晰，有一定的抗风险能力，最好是中高端消费者。其次，销售人员和保险公司要有良好的职业道德。目前一些销售人员在销售保险产品的过程中存在误导消费者的情况，因此导致了许多纠纷的发生。

误区二：买保险没有用，没有那么多病或灾

这是很多人都存在的误区，尤其是一些刚刚步入社会的年轻人，没有充分认识到人生中不可预测的风险，觉得手里有钱不如做点儿别的。

人在生活当中，难免会发生一些头疼脑热、磕磕碰碰，总会有这样那样的不小心或意外。所以，为这不太可能的"万一"做点小小的准备是十分必要的，千万别忽视。可能你对保险还存有偏见，但是买保险才是有责任感的体现。购买保险是为了保护你和依赖你的人，保险就是让你用较少的钱来获得较大的保障。至于要购买多少保险，要根据你的财务状况和你要承担的责任来决定了，你承担的责任越大，保额就该越大。

误区三：买保险回报低，不如炒股票、买基金或者存银行

保险好比家庭财务的守门员，为避免家庭财务由于风险陷入危机，属于避害型产品；而基金好比家庭财务的前锋，带来的是预期可能的增值，属于趋利型产品；银行储蓄在家庭理财中以其方便性、灵活性、安全性被百姓所接受，但恰恰是它的灵活性和存取的方便性，使家庭因为缺少规划或一些冲动消费而始终无法达成储蓄目标。即使达成了一定的储蓄目标，往往由于一点小小的突发意外，而使多年的积蓄化为乌有。

误区四：买了几年保险没发生意外，保险费白交了

有人觉得买保险不划算，因为如果不出险，那么钱就白花了；如果出险了，则又伴随着一种保险带来厄运的感觉。其实，买保险是防万一，不出事最好。有了保险，随时都处在保险保障之下。不出事，我为人人；出了事，人人为我，这才是保险的作用。就像现在很多家庭都会选择安装防盗门，没有人会认为是防盗门把贼招来，要是没有小偷上门，也不会觉得防盗门白买了。其实保险就是一扇无形的防盗门，它的作用在于让你在追求幸福的时候不要忘记了风险。

误区五：有了社保就不用再买保险

社会保险是由政府主办的一种基本生活保障，覆盖面比较广。但社保注重平等，保障水平比较低，而商业保险的保障范围比较广泛，保障程度可以由投保人与保险公司协商确定，能够满足各种人的不同需要。因此，有了社会保险也还需要商业保险作补充。

购买保险时要注意的要点

第一，货比三家，亲自研究条款。不要光听介绍，在比较中选择信誉较好的保险公司和合适的保险产品。近几年曾出现过有人销售香港、澳门保险公司的保险产品，因为目前内地保险市场尚未开放，投保此类"地下保险"，存在着很大的法律风险。对于不熟悉的保险公司，在办理投保时，尽量到其营业场所查验其是否具有中国保监会或派出机构颁发的《经营保险业务许可证》，谨防受骗。

在选择保险产品时，要根据自己和家庭的情况作出选择，避免保险覆盖重复或者出现空白。在购买保险时，一定要看清保险责任和免除责任。通俗地讲就是你买了这张保单后，保险公司承诺会为你做些什么。具体点就是在购买前，要弄清自己想买什么保险？保险责任是什么？责任免除是什么？怎么交费？如何获益？有无特别约定？同时要注意保险合同的生效时间。一般来说，投保人交付第一期保险费，且保险公司签发保单时，保险合同才开始生效。

第二，填写投保单要如实告知。根据《保险法》规定，若未履行如实告知业务主要有三种后果：①投保人故意隐瞒事实，未履行如实告知义务，或者因过失未履行如实告知义务，足以影响保险公司决定是否同意承保或者提高保险费率的，保险人有权解除保险合同；②投保人故意不履行如实告知义务，保险公司不承担赔付或者给付保险金的责任，并不退还保险费；③投保人因过失未履行如实告知义务，对保险事故的发生有严重影响的，保险公司不承担赔付保险金的责任，但可以退还保险费。

第三，选择是否需要豁免保费权益。所谓豁免保费权益，是指投保人身故或身体高度残疾发生在缴费期内，从其身故或被确定身体高度残疾之日起，免缴以后各期保险费，保险合同继续有效。选择了需要豁免保费权益后，一旦投保人在交费期发生意外，免缴以后各期保险费，保险合同继续有效，这避免了因投保人发生意外造成的保险合同终止，使保险受益人无法得到保险收益的可能。

第四，需选择合适的交费方法。购买保险时，一般都有多种交费方法供选择，如一次交清全部保费的趸交方式，按年、半年、季、月交纳的分期交费方式等。因此，选择交费方式上也就大有学问，哪种方式更适合投保人呢？对于现在收入较高、但不很稳定者来说，采取趸交的方式是比较稳妥的；而对于收入稳定者则不同，他们采用年交的方式，并延长交费期间，则会更加轻松一些，但同样也能获取更大保障。

第五，亲笔签名并索要发票十分重要。近年来曾出现有人将保险手续随意委托保险代理人办，结果被代理人伪造的保险合同欺骗，事故发生，无法理赔的事件。无论是投保单、健康声明书，还是其他有关文件，认真填写并亲自签名，不要随意由他人代签，以免今后出麻烦。交付保险费时，注意索要保险公司出具的统一发票并妥善保管，一旦发生纠纷或意外，发票等资料将是你维权或理赔的重要证据。

第六，保险规划是一个动态的过程，需要定期检查家庭的保险状况。因为既定的财务目标或保险合同状况，会随着环境的变化而调整，例如，新生命的诞生、家庭生活费用的增加、子女教育基金增加、离婚、分居、再婚、受益人的变更、寿险需求金额的调整等等。

要根据具体情况的变化，来动态调整保险规划，以满足风险管理的需要。

4

保险规划简单案例

【案例1】

李先生，男，50岁，从某国企职工医院停薪留职自办诊所，单位上"三险一金"等保险。妻子40岁，无单位、无职业，自费缴养老保险，年缴费2000元左右，无其他保险。两个女儿已大学毕业，待业在家。诊所平均月收入4500元，月均日常开支2000元，月结余2000元，全部存银行，银行存款20万元，无其他投资。李先生想60岁时退休安度晚年，不再开诊所；还要为女儿准备婚嫁金。李先生同时对自己和妻子的养老及健康保障表示担忧。该如何安排自己的保障计划和养老计划成为李先生目前最关心的问题。

需求分析：

从整体上来看，李先生的家庭理财是非常保守的，投资形式只限于银行存款。作为家庭经济支柱来讲，李先生的保障更显得重要。鉴于李先生已50岁，建立基础保障及养老基金均已错过了最佳年龄。好在其本人已经具备了基本的社保保障，所以在健康方面可根据自己的经济情况适当加以补充，以减轻日后可能产生的家庭经济危机。对李先生太太而言，既无职业也无社保，因此健康、医疗和养老险都应马上着手准备。20万元的银行存款，要解决夫妻的养老、健康以及女儿的婚嫁金是远远不够的。两个女儿会有一个过渡期，待参加工作后，家中的经济情况会有所好转。女儿刚刚步入社会，夫妻俩把她们抚育成人也非常不容易，所以建议给姐妹俩做一些保费低廉的定期寿险，这样也是对父母的一种保障。作为家庭成员，每一个人都不是一个独立的个体，所以在健康方面也要按实际的保费承受能力储备相应的健康医疗账户基金。

第一，健康险：重疾险＋医疗险。家庭成员几乎无任何社保或医疗的保障，所以健康险应着重考虑。

第二，养老险：可选择万能型产品补充养老金。万能型产品虽收益不固定，但下有保底利率，上不封顶，且按月结算，复利增长，可以有效地抵御银行利率的波动；同时资金的存入和支取比较灵活，还可以随时追加投资，实时应对理财目标的变化。

第三，意外险：两个女儿毕业开始步入社会，作为保障补充的意外险可以用性价比较优的卡单类产品来实现；李先生夫妇意外险的选择尽量考虑包括医疗费用垫付功能和急救车费用的产品。

【案例2】

金先生今年42岁，在深圳一家知名的通信公司任部门经理，平均每年的净收入约30万元，拥有基本社会保险。金先生的太太38岁，是一位专职主妇。夫妇俩有一双可爱的儿女，儿子13岁，女儿7岁。双方父母均已经退休，身体健康。

金先生拥有一套168平方米的住所，价值约200万元，每月房贷3500元，尚有12年还款期；另有股票资产当前市值约120万元，现金存款10万元。除了房贷外，家庭每月支出大概8000元。每年大概孝顺双方父母2万元。金先生全家均未投保任何商业保险。

需求分析：

除金先生本人拥有基本的社会保险外，全家均未投保任何商业保险，家庭保障不足。

随着孩子的成长，家庭步入稳定期。但是，这个阶段恰恰是夫妻双方生活压力最大的阶段，俗话说"上有父母，下有儿女，前有房贷，后有养老"。

一般情况是，家庭保费支出占家庭年收入的10%，其主要经济来源的保险额度应该要达到其收入的5～10倍，这样才能保证家庭不会因为主要经济来源的不测而同时遭遇经济上的巨大落差。

鉴于金先生家庭目前的收入结构，应调高保费支出。由于金先生是家庭收入的主力，一旦有不测，将会给家人带来很大影响，所以应重点保障金先生，使金先生获得75万～100万元的保额。家庭主要经济收入一旦发生意外，家庭收入中断，每月的房屋贷款、基本生活开销、子女的教育费用将成为很大的负担，所以为这样一个家庭制定一份高保障的、全面的保险规划是非常迫切和必要的，也是家庭风险防范的有力措施。

金先生的保单要包括额度较大的定期寿险、意外险、重大疾病保险以及医疗健康险。金太太可考虑自行参加社保，保险则主要以医疗健康险为主。

一双儿女已到了求学期，最适合购买的就是学平险，保费便宜但保障高，一般除了意外保障之外，还包括医疗保障。

当一家的健康险、基本保障都解决了之后，就可以考虑储蓄型的保险，可购买一些期缴型的定期或终身寿险，作为养老金补充。接下来再考虑孩子的儿童教育金产品，利用此类产品还可以为孩子未来创业提供一部分的创业基金。养老金及教育金的规划也可考虑采用定期定额投资的形式。

因为有房贷负担，金先生应首先购买房屋抵押贷款保险，或是考虑缴费与还贷年限差不多的最少50万元保额的定期险，让这段期间的保障额度增加，平衡风险。同时建议在有能力的情况下及早将这笔贷款还清。

第 2 篇

怎样让自己的钱再生钱
——投资规划

第 6 章

投资时最重要的基础工作
——资产配置

1

什么是资产配置

资产组合指投资者持有的一组资产。一个资产多元化的投资组合通常会包含股票、债券、货币市场资产、现金以及实物资产（如房产、黄金等）。目前各大金融机构纷纷推出各种理财产品，其实质就是运用资产组合理论，对各种投资对象进行合理配置，从而达到客户的理财目标。

简单地讲，进行资产配置就是在一个资产组合中选择资产的类别并确定其比重的过程。资产的类别有实物资产，如房产、艺术品等；还有金融资产，如股票、债券、基金等。

当投资者面对多种资产，考虑应该拥有多少种资产、每种资产各占多少比重时，资产配置的决策过程就开始了。

很多人认为，所谓的理财，就是炒炒股。有个曾经咨询过我的赵女士，受当时电视上一些股评家的言论的影响，在 2003 年投资 62 万元买股票，这期间频繁操作，截止到 2011 年初，投入的资金亏损得仅剩 23 万元。此类例子生活中很常见。

所以，积极理财并不一定能达到好的效果，还必须要有正确、科学的方法。

试想如果当时赵女士将 62 万元资金中的 20 万元用来投资一个小户型的房子出租，20 万元投资基金，22 万元投资优质股票做长线而不是短炒。那么几乎可以肯定结果会比现在好。

理财并非仅是炒炒股那样简单，而是要科学、全面地配置自己的资产。

由于各种资产往往有着截然不同的性质，历史统计也显示出在相同的市场条件下，它们并不总是同时地反应或同方向地反应，当某些资产的价值下降时，另外一些却在升值。因此，战略性地分散投资到收益模式有区别的资产中去，可以部分或全部弥补在某些资产上的亏损，从而减少整个投资组合的波动性，使资产组合的收益趋于稳定。

无论经济和金融环境如何，资产配置将我们的投资分散在几类资产中，总有一些资产表现良好，从而使我们的财富稳定增值。

　　资产配置、分散投资引入了对风险和收益对等原则的一个重要的改变，分散投资的一个重要的好处就是，它可以在不降低收益的同时降低风险。这也意味着通过分散投资，我们可以改善风险－收益比率。

　　举一个比较理想化的例子。假设投资航空运输行业的长期平均收益率是8%，投资原油行业的长期平均收益率也是8%。假设航空运输业和原油业的相关性为负1，简单地说，航空运输业挣钱的年份原油行业亏损，原油行业挣钱的年份航空运输业亏损并且挣钱和亏损的金额一样的话，如果我们构建一个50%资金投资航空运输业、50%资金投资原油业的投资组合，就可以得到一个没有波动的长期回报8%的稳定收益。当然，这是一个比较理想化的例子，现实生活中我们很难找到两个完全负相关的行业。但是我们依然可以找到相关性比较低的投资来通过分散投资降低风险。

怎样进行资产配置

个人投资者在资产配置时应注意的因素

对于个人投资者而言，资产配置可以根据个人财富水平、投资的动机、投资期限的目标、风险偏好、税收考虑等因素来确定纳入投资组合的资产类别及其比重。比如资产量1000万元的家庭和资产量5万元的家庭，配置的投资标的会大相径庭。前者可以配置房产，后者就不宜配置房产。

资产配置还要在随后的投资期内根据各资产类别的价格波动情况，及时动态地调整资产配置组合权重，或者在某一类别的资产中再做个别选择，以寻求风险控制和投资收益最大化。

现代人对理财产品的需求很多，尤其是考虑到未来生活里可能出现的一些不确定因素，如子女教育、养老、医疗等。同时，由于理财方面的知识教育也越来越普及，使得现代人对理财概念也越来越熟悉。一般来说，在进行资产配置时要考虑三大要素：

第一，家庭风险属性。这决定投资工具的选择。激进型的投资者富有冒险精神，但他同样需要考虑家庭资产积累状况、未来收入预期、家庭负担等，因为这些因素决定了家庭的风险承受能力，与风险相结合，才能更好地选择适合自己理财的投资工具和相应的投资比重。

第二，家庭理财目标。这决定投资期限的长短。对激进型投资者来说，要对家庭财务资源进行分类，优先满足家庭的理财目标，构建核心资产组合；将闲钱配置于更高风险的资产，构筑周边资产组合，在保障家庭财务安全的基础上进行更激进的投资。两者相结合，便可清晰地得出具体股票类资产、债权类资产、现金类资产、实物资产等的配置比重。

第三，投资市场状况。这决定投资方式的选择。市场走向的不明朗孕育着较多的投资机会，在目前股市低迷的状态下，可以选择以定期定额的方式逐步介入股票类资产（以股票型基金为主）的投资，获得摊薄平均成本和提高投资收益的优势。为了保持较高比重的流动性金融资产，一般可选择货币市场基金或银行存款。

房市在严厉的调控措施下，房价2010年是涨的，但涨幅没2009年大。为什么会涨？根本的原因是政府垄断土地供应，土地供应量少。而我国处在如火如荼的城市化进程中，对住房的需求很大，远大于目前状况下的住房供给。需大于供，自然会涨。因此只要不在政策限购的范围内，投资者也可以配置部分房产。

怎样资产配置分散投资

首先，我们可以进行不同资产类型的投资，比如在股票、基金、债券、房产、信托、外汇、期货、黄金、收藏品等投资标的里面进行一个组合。不同类型的资产在投资组合中所占的比重要根据不同投资者的具体情况来确定。

其次，我们可以在相同类型资产里面的不同行业中进行分散投资。比如投资股票，不同的行业对经济周期阶段有着不同的表现，它们的股价也会发生相应的变化。比如说，金融服务业在经济周期的复苏阶段的初期通常发展迅速，银行类的股票在这个时候通常会表现比较好，而矿业类股票通常在经济周期的复苏阶段的末期股价增长较快。

第三，我们可以在不同的投资管理风格之间进行分散。比如，基金有两种相对的投资管理风格，一种叫主动型，另一种叫被动型。主动管理型的目标是通过证券的选择和投资时间的选择来获得超过一个特定的指数或者是业绩比较标准的回报。而被动型投资不期望通过积极的投资组合管理来获得超过市场的回报。最被广泛认可的被动投资策略就是指数型投资且购买以后长期持有。所以，在配置基金时我们可以配置一部分指数基金和一部分主动型基金。

第四，可以通过全球化的投资来分散风险。全球化投资的一个重要好处就是我们可以通过在全球范围的分散投资来进一步提高我们投资收益的稳定性。因为如果只在中国范围内进行投资，即使我们把上海、深圳的股票全买了，我们还是要面对一个中国股票市场的系统性风险，这个系统性风险是没法通过国内的分散投资来抵消的。而这个系统性风险却可以通过在全球范围的分散投资来降低。世界各国的证券市场、房产市场每年的表现千差万别，这也给我们提供了分散风险的机会。现在中国也逐渐开始了 QDII（指境内金融机构获得开办境外代客理财业务的牌照），以后国内的投资者会有越来越多的机会在全球范围内分散自己的投资。

以上谈到的分散投资要想做得比较专业，对广大中小投资者来说还需要听取理财专家的意见。因为做到一个合适的分散投资不是一件容易的事情，而一个合适的分散投资对我们的长期投资收益来说是至关重要的。很多研究表明，一个投资组合的长期投资收益的 80%～90% 取决于所做的投资组合的搭配。

【案例】

叶先生家庭目前有资金 150 万元，他距退休还有 20 年的时间，退休时希望有 500 万元的退休资产。应该怎样配置现有资金，才能在退休时达到目标？

分析：

可以将叶先生的资金配置到两种资产——指数基金与债券，它们的预期年收益率分别是 9% 与 4%。如果根据叶先生的风险偏好和风险承受能力，他选择指数基金和债券配置的比重为 50:50，那么此投资组合的收益率为 6.5%。则可算出 20 年此投资组合的本金收益为，$150 \times 1.065^{20} = 528.5468$ 万元。能达到退休时有 500 万元退休资产的目标。

3

怎样进行投资组合的再平衡

再平衡的简单举例

资产配置不是一劳永逸的事，它是一个动态的概念。要维持一定的资产配置比重，投资者需要执行再平衡。市场会波动，各类资产的涨跌幅度几乎不可能一样。假如放任不管，资产配置比重会逐渐走样。比如上一节提到的叶先生的案例，在一个初始指数基金和债券比为50：50的配置中，假如一年后指数基金涨了30%，债券跌了10%，那将会变成指数基金比债券65：45的配置。此时投资者要平衡到原先50：50的配置时，就要卖掉一些股票，买进一些债券（见表6－1）。

表6－1 　　　　　　　　　　叶先生资产配置表 　　　　　　　　　　单位：元

投资标的	指数基金	债 券
初 始	75万	75万
市场波动后（指数基金涨30%，债券跌10%）	97.5万（59.1%）	67.5万（40.9%）
再平衡（卖出15万指数基金，买进15万债券）	82.5万（50%）	82.5万（50%）

从这个简单的例子可以看到，在再平衡的过程中，为了调整到初始配置比重，会卖掉投资组合中表现好的投资标的，买进表现差的投资标的。

这是很不容易做到的事。

为什么？因为再平衡要投资者做的事，就是卖掉一片红火的投资标的，买进看起来似乎前景暗淡的投资标的。赚得越多，就要卖得越多；跌得越多，就要买得越多。

它会让你在大家都看好股票时，你却在卖股票。不看好某类型投资标的时，你却在买。

投资者一定要彻底了解这个策略背后的原因与目的，才能有足够的信心去贯彻执行。

再平衡的作用

1. 再平衡最主要的作用是风险控制

比如上例中，根据叶先生的风险偏好和风险承受能力，他选择指数基金和债券配置的比重为 50∶50。如果他不进行再平衡，资产买进后就持有，放任不管，假如股市也实现了长期收益胜过其他资产的预期，10 年之后，很可能他的指数基金和债券配置的比重早已不是当初配置的 50∶50 了，而是 80∶20 甚至 90∶10 了。这已经超出叶先生的风险承受能力了。很有可能某次股市下跌带来的重创将超过他的风险承受能力，导致资产配置计划的瓦解。

投资者要对资产配置进行风险控制，就一定要执行再平衡的动作，不能放任市场力量带领资产配置比重随意涨跌。这样资产配置可能像没有修剪的庭园植物，长得乱七八糟，不是你预期的样子。

再平衡还可以预防泡沫爆炸。

以中国股市 2007 年 10 月的泡沫破裂来举例。上证指数从 2006 年初的 1200 点左右到 2007 年 10 月收盘价的 6124 点，涨了 5 倍。

假如一个在当时就进行资产配置的投资者将股票和债券配置为 50∶50，而且贯彻执行，维持股债配置在这个比重，没有让股票所占比重随着迅速增长的股市水涨船高。那么在这两年之间，这位投资者会常常卖出超过比重的股票。由于他根本没去追高，也就不用害怕暴跌。

这种策略和一般投资者不同。大多投资者买进的理由只有一个，就是"看好"。他们通常会看好什么标的呢？不是别的，正是近来表现绝佳的市场。一个投资者可能对股市完全没有兴趣，可他看到股市涨的很厉害，大家都在赚钱，于是开始买股票。甚至有人开始卖掉房子，把原本股票是零的配置比重，提升到占自己资产很重的比重，因为他们已经被"可以赚大钱"的憧憬冲昏头了。这种看后视镜开车，买高的行为，最需提防泡沫的爆炸威力。

泡沫一点也不可怕，只要你不曾追随过它。当"看好"这两个字在你心中是个无义词时，泡沫就与你无关了。

这个例子说得轻松、简单，好像资产配置投资者随随便便就可以躲过一样。其实资产配置的投资者要面对很大的心理压力。在股市一直涨的时间里，每一次资产配置，投资者都会回顾投资成果，这时他会发现，把涨到超出比重的股票部分卖掉是一个错误的决定。假如留在里面，跟着一起涨，会赚更多。他还会发现，当朋友、报纸、电视、杂志整天都在说经济前景如何一片看好、百业欣欣向荣时，自己却在卖，而不是买更多的股票。这段时间不知道要持续多久。当半年变成一年、一年变成一年半，每次检验，他都发现卖出让他少赚，旁边的人没有一个持相同看法时，资产配置投资者是否开始想放弃呢？他是否会想，这次是否真的不一样了吗？于是开始动摇，甚至放弃资产配置计划，随波逐流。这时可能就在指数最高点的附近。

投资组合再平衡和市场波动对投资者形成的心理压力相比较，有过之而无不及。凡事皆有代价，要享受再平衡的好处，就要能承受它带来的心理压力。假如投资者没有坚持下去的毅力，最后放弃，往往导致严重的伤害，将与那许许多多追随"潮流"的投资者一起体会邓普顿的名言"The four most expensive words in the English language are 'this time it's different'"（意思是"在英文中最昂贵的四个单词是'这次不同了'"）。

中国股市在 2007 年 10 月达到最高点 6124 点之后，泡沫终于破裂，大盘一路暴跌，一直跌到 2008 年 10 月份的 1664 点。在这个过程中，资产配置的投资者就能发现所采取的再平衡措施的正确。自己的资产组合增值了很多，并且50%已转投较安全的债券。而那些 2007 年下半年入市或卖掉房子买股票的人，那些把原本股票是零的配置比重提升到占自己资产很重的比重的人，都会发现自己损失很大，很多亏损可能达到 70% 以上。

2. 再平衡是内建的低买高卖策略

执行前先制定好资产配置比重，会自动让某投资标的涨很多时被多卖掉一些，在某投资标的跌很多时被多买进一些。这是投资者在波诡云谲的市场中，通过遵守投资纪律达到低买高卖的客观效果的策略。

3. 再平衡有助于提高收益率

收益率是市场和投资者行为共同决定的。在市场中采用买进并持有的策略，长期看你的收益率将与市场一致。而买低卖高的策略，将带来高于市场的收益率。再平衡动作，是个买低卖高的动作，所以有可能会提升收益率。

再平衡的策略

再平衡策略传统上可区分为两大类，一是定期再平衡，二是临界再平衡。

定期再平衡是指在固定时点（通常每季度、每半年或每年）检查投资组合，一旦发现某种投资标的比重偏离目标配置，就将投资组合再平衡调整至预先设定的投资组合目标配置比重（或调整至其目标区间）。

对于再平衡的频率而言，每天与每月的再平衡会产生较高的交易量和不必要的费用，回报率提升也并不显著。每年进行再平衡则会导致投资组合产生较高的跟踪误差。因此投资者可采取每季度、每半年进行再平衡。

临界平衡就是设定范围，这个范围叫再平衡区间，一旦资产比重超出这个范围，就再平衡。如再平衡区间为20%，一旦与计划的配置比重有20%差距，就进行调整。区间的选择取决于投资者的风险承受能力及风险容忍度。

依调整方式的不同，临界平衡又可再区分为三种方式。

第一种是一旦超出设定的再平衡区间，就调整回目标比重。例如，叶先生的投资组合中指数基金配置比重是50%，假设设定的再平衡区间是20%，也就是指数基金比重可以在40%~60%间变动，如果已经到了65%的比重，超出目标比重50%的20%，就将它调整回目标比重50%。

第二种是一旦超出再平衡区间，就调整回再平衡区间即可。延用上文叶先生的例子，当指数基金比重到65%时，叶先生只要将其调整到60%的比重，回到再平衡区间即可。

第三种方式，则是介于以上两者之中。一旦超出再平衡区间，就调整到可容忍区间。比如叶先生对指数基金再平衡区间的设定是50%，也就是指数基金比重低于40%或是高过60%就要进行再平衡。此时他可以设定一个10%的可容忍区间，也就是指数基金比重在45%~55%之间，都是可以容忍的。所以，当指数基金比重达到65%，诱发再平衡动作时，他就把指数基金比重调整到55%。

临界平衡需要对资产配置比重持续的关注。

再平衡的理论依据：资产配置的恒定混合策略

资产配置的策略通常有以下三个。

1. 买入并持有策略

买入并持有策略是指在确定恰当的资产配置比例，构造了某个投资组合后，在诸如3~5年的适当持有期间内不再改变资产配置状态，保持这种组合。买入并持有策略是消极型长期再平衡方式，适用于有长期计划水平并满足于战略性资产配置的投资者。

买入并持有策略适用于资本市场环境和投资者的偏好变化不大，或者改变资产配置状态的成本大于收益时的状态。

2. 恒定混合策略

恒定混合策略是指保持投资组合中各类资产的固定比例。恒定混合策略是假定资产的收益情况和投资者偏好没有大的改变，因而最优投资组合的配置比例不变。恒定混合策略适用于风险承受能力较稳定的投资者。

如果股票市场价格处于震荡、波动状态之中，恒定混合策略就可能优于买入并持有策略。

3. 投资组合保险策略

投资组合保险策略是在将一部分资金投资于无风险资产从而保证资产组合的最低价值的前提下，将其余资金投资于风险资产并随着市场的变动调整风险资产和无风险资产的比例，同时不放弃资产升值潜力的一种动态调整策略。当投资组合价值因风险资产收益率的提高而上升时，风险资产的投资比例也随之提高；反之则下降。

因此，当风险资产收益率上升时，风险资产的投资比例随之上升，如果风险资产收益继续上升，投资组合保险策略将取得优于买入并持有策略的结果；而如果收益转而下降，则投资组合保险策略的结果将因为风险资产比例的提高而受到更大的影响，从而劣于买入并持有策略的结果。

买入并持有策略很简单，就是买入然后就不再变动。比如一个投资者刚开始有 100 元，他买入 20 元的国库券和 80 元的股票，然后不管市场怎么波动，都不去动他的投资组合。

买入并持有，会让资产的相对比例变化。股市涨，它的比重就变大。股市跌，它的比重就变小。这样的持有策略，有一个最低值保护。不管股市表现再怎么差，或甚至归零，这个投资组合的价值，都不会低于当初投入国库券的部分，也就是 20 元。

买入并持有的上升潜力没有受到限制，只要股市一直向上涨，投资组合的总价值就会跟着涨。所以，买入并持有策略是唯一能让市场上所有投资者全都同时采用的策略。

恒定混合策略，就是当资产相对比例发生变动时，投资者就进行调整。比如

20元买国库券，80元进股市的投资者，他的国库券与股市的比值就是2∶8。假如股市下跌，变成现价只剩60元，总资产价值剩80元。如果要维持2∶8，那么就要卖掉4元的国库券，买入4元的股票，让国库券与股市部位，分别有16元与64元的价值，回到2∶8的比例。

恒定混合策略所做的，就是资产配置中的再平衡。它要求投资者在下跌后买入，在上涨后卖出。

恒定混合策略最妙的地方，在于它可以利用市场的波动。比如股市部位从原先现值80跌到60，跌了25%，之后再涨33%回到80。在买入并持有策略中，经历这一回股市下跌后上涨，回到原点的波动，投资中的国库券价值一直是20，股票部位的价值则从原先80，跌到60，再涨回80。资产总值最后一样是100。

若在股市从80跌到60后，卖国库券买股票，变成国库券16元，股市64元。当股市涨33%时，64元的股市部位，变成85.33元。加上16元的国库券，资产总值101.33。股市回到原点，但资产总值增加，这就是恒定混合策略的利用波动的作用。

但恒定混合策略恐怖的地方在于，它没有最低资产价值的保护。相对于买入并持有，资产总值最低也不会跌破当初放在国库券的部位，恒定混合策略则要求投资者，越跌越买。股市跌越多，就要卖越多国库券买股票，资产总值会跟着一路下滑，没有最低价值的保护。

最后一种方法，是投资组合保险。这是一种以预先订好的规则，进行买高卖低的策略，它是这样运作的。

投资者要先选定一个最低值，他不希望投资组合跌破的值。然后再选一个倍数，一个用来决定股票部位要投入多少的倍数。以例子来看比较清楚。

比如刚才资产总值100元的投资者，他希望最低不要跌破80，倍数选2。

资产现有100元，离80元还有20元的距离。这20元，可视为一块缓冲区。他要持有的股票部位，就是缓冲区的两倍，也就是40元。国库券部位，就是100减40，等于60元。

假如股市部位从40元下跌到25元，那么资产总值为85元。这时候，缓冲区剩5元。需持有的股票部位，就是5乘以2，等于10元。现在股票部位还有25元，太多，要卖掉15元的股票，买入15元的国库券。

假如股市部位从40元涨到60元，那么资产总值为120元。这时候，缓冲区扩大到 40 元。需持有的股票部位，就是 40 乘以 2，等于 80 元。股票部位目前值 60，太少，要买入 20 元的股票，卖掉 20 元的国库券。

从这个例子中，可以看到这个投资组合保险策略，是一个在股市涨得越多，就要买得越多，股市下跌，就要出清股票的策略。之所以叫做投资组合保险，在于它有个最低值的保护。只要股市不要跌得太凶猛，没在你还来不及反应前就跌破资产总值预设下限，这种卖出下跌资产的方法，可以保障最低的资产价值。

以上是这些策略的基本描述。简单地说有三大类，一是买入之后，都不要动的买入并持有。第二种是，当风险资产上涨就卖，下跌就买的策略。第三种是，当风险资产上涨就买、下跌就卖的策略。

哪种策略比较好呢？

诚如前面所提到的，买入并持有是唯一可以让所有市场参与者同时参与的策略。假如有投资者采用投资组合保险策略，在股市下跌时卖出股票，那么另一端一定有投资者采用下跌时买入的策略，将股票接手过来。恒定混合策略和投资组合保险策略，不能没有彼此。不可能市场参与者全部同时采行恒定混合策略，也不可能同时采行投资组合保险。

假如市场参与者中，有越来越多的投资者采用投资组合保险，那么市场波动会较大。比如股市上涨这个事件，会让采用投资组合保险的投资者，买入更多的股票，这会推升上涨的幅度。一样的状况发生在下跌时，股市一跌，投资组合保险会要求要退出股市，让市场下跌更多。

假如市场参与者的多数采用恒定混合策略，那么市场会变得过于稳定。跌就有买盘出现，涨就有卖家出现，将价格拉回出发点，使得股价反应真正经济价值的速度变慢。

结论就是，越多人奉行的策略，它的代价就越大，它就变得越差，而且也会让它的反向策略变得越好。

> 越多人奉行的策略，它的代价就越大，它就变得越差，而且也会让它的反向策略变得越好。

比如，我们假设大多数的市场参与者采用投资组合保险策略。当股市一上涨，他们就开始进场买股票。当买的人很多时，他们势必无法便宜地买到股票，他们会与采用相同策略的投资者竞相买入越来越贵的股票。这时候，采用恒定混合策略的投资者，可以卖出，而且是以高价卖出股票。同样的，当股市下跌，投资组合保险策略投资者就会开始卖出股票，越卖越便宜。这时，采用恒定混合策略的投资者，就可以用更便宜的价格买入股票。

比如，我们假设大多数的市场参与者采用恒定混合策略。当市场一开始上涨，比如有个好消息诱发股市开始上涨，假如市场的多数都是恒定混合投资者，他们就会开始卖出股票，股价会被压低，这时候股市上涨就要买更多的投资组合保险策略，就有更有利的进场价格。一样的状况发生在下跌的时候，市场一下跌，采行恒定混合策略的投资者就会买入，阻止了跌势。遇到市场下跌就要部分出场的投资组合保险策略，得以用较高的价格卖出股票。

所以，赢家策略，就是人少的策略。

不仅如此。假如投资组合中的股票部位，这个风险部位的比例代表投资者的风险承受度的话，为什么投资者的风险承受度要随着市场状态而改变？恒定混合策略才能将风险部位固定在相同水位，固定在符合投资者风险承受度的范围之中。而买入并持有策略，与投资组合保险策略，为了维持最低资产价值的保护伞，策略中的股票部位比例都是会变动的。投资者的风险承受度变来变去，恐怕也难为理性的投资者所接受。

以人类的心理偏差和历史经验来看，在市场上涨时跟着进场买，在市场下跌时卖出持股，是大多数投资者采用的策略。这让恒定混合策略成为有利的少数，也成为值得采用的策略。

怎样让自己的钱再生钱
——投资规划

第 7 章

股票投资要点

1

睁大眼睛，看清投资标的

最近几年，中国因为投资"Accumulator、"KODA"、"雷曼迷你债"等金融产品导致惨重亏损的案例，经常见诸报端。

投资者为什么亏损？很重要的原因是投资前没看懂这些产品。

美国证交会指控高盛，也是因为使不少金融机构巨亏的金融衍生品CDO而起。

CDO，通俗地讲，是一种捆绑式的有抵押的债务证券，里面包含了楼宇按揭、汽车贷款、信用卡欠账等，经过信用评级，再经数学专家计算风险，扮成有稳定利息收入的债券出售。里面的楼宇按揭、汽车贷款、信用卡欠账一旦因为房价下跌等因素违约率增高，CDO风险就增大，造成巨亏也很自然。

许多让人眼花缭乱的衍生工具为什么会出现呢？一个重要的原因是资本过剩。

和房产相关的次级债为什么被创造出来并被大量生产？根本原因在于：其一，房产商的生产能力过剩；其二，资本过剩。资本过剩又可以表现为金融系统里资金过剩、金融产品过剩、具有投资属性的产品价格暴涨，居高不下。

这认识和中原地产总裁施永青先生的认识不谋而合："衍生工具的出现，根本不是为了对冲，而是要为市场上的闲资提供更多的出路。资本主义社会由于分配不公平，有人积累过多，亦有人消费无力，以至实质经济很容易产能过剩，投入新的资产不能增添回报。于是有闲钱的人只好交给投资银行去想办法。投资银行眼见股市的P.E高、楼市租金低，买金又没有利息收，唯有设计出各式各样的衍生产品，供投资者作对赌，以满足他们不断赚钱的幻想。

投资者财不散，人不安乐，是他们自己不断向投资银行施压，要他们拿出更好的投资方案，如果回报还是这么低，他们就威胁会把钱交给更有办法的金融机构去投资。

我认为，一切的虚拟经济中的金融产品的价值，归根结底是由实体经济中所对应的资产以及所带来的现金流所决定的。如最终决定股票价值的，并非一时的炒作或资金推动，而是股票所对应公司的资产以及所带来的利润决定的。CDO 的价值最终是由包含的楼宇按揭、汽车贷款、信用卡欠账等资产以及负债人按期还款所带来的现金流决定的。如果你看不懂某家公司，看不懂 CDO 里面包含的楼宇按揭、汽车贷款、信用卡欠账等这些资产的质量（因为是打包在一起的，一般的银行等金融机构中的专业人士也看不懂），当然要谨慎投资该公司股票、CDO。

在投资前不了解自己将要投资的投资标的，是投资中的大忌，但有不少投资者会犯这样的错误。比如，很多人去菜市场买菜还要比较，还要讨价还价半天，而投资股票时却一拍脑袋，几分钟就决定了。

每每看到一些投资者在懵懵懂懂的情况下被一些做股票、外汇、黄金、期货的业务员忽悠去投资自己不清楚的投资标的时，总是忍不住想告诉他们："请睁大眼睛，看清楚自己要投资的投资标的！"

2

投资，能把握的只有自己

股市投资前要做好理财规划

你的股市投资经验是否充足；你在投资股市前，是否做好了理财规划（做好理财规划你才能确定要拿多少资金配置在股票上）；你的风险偏好是否适合投资股票，如果答案是否定的，则不适合投资股票，要考虑基金等其他投资标的。建议你先仔细评估自己的具体情况，做好准备工作再说。总体上看，目前中国股市的散户有很大一部分是不适合炒股的。但是过度自信、总有在股市能赚到钱的幻觉让他们每年为股市捐助、贡献，却乐此不疲。

投资股票时要注意的问题

如果你经过评估，认为自己可以投资股票，那么要注意以下几点。

第一，不妄想持续获得非常高的收益率。你需要记住，没有人可以每年挣50%，更不要说100%了。巴菲特不能，索罗斯不能，我不能，你不能，没有任何人能。现实的年投资回报预期应该是在15%以下。不要听到炒股的人说很赚钱你就以为他们真的很赚钱，炒股的人往往在自己赚钱时到处炫耀却在亏损时不愿吭声。对于散户来说，股市向来是"一赚二平七亏"的场所。因此，散户炒股的结局大都像韭菜一样——是被割的命，给人捐助、作贡献。美国这些成熟市场也曾经是散户（个人投资者）占很大比例，为什么现在占比很低了？散户被收割了、被市场消灭了，或者是从失败中学聪明，转投基金等别的投资标的了。

第二，独立思考。不要听信所谓的专家的话，不要相信所谓的内幕消息。就像巴菲特说的："就算联储主席偷偷告诉我未来两年的货币政策，我也不会改变我的任何一个作为。"

第三，要看大势。任何时候不要与市场作对，要顺势而为。例如，如果国家的总体经济形势好，而股市处于相对低点但在重心上移中，可以考虑增加投入或提高股票投资比例；如果股市处于相对高点或屡创新高，需要考虑降低风险，分散投资，比如卖出股票，增持债券基金。

第四，避免频繁交易。频繁交易会吞噬大部分的投资回报。

第五，懂得止损。懂得"投资，不要妄想把握市场，能把握的只有自己"。

2010年初，有个朋友通过自己的分析，认为股市会上涨，于是加仓股票，没想到股市震荡下行，投资的股票跌幅较大，结果被深套，短期亏损不少。后来看到房市火爆，上涨幅度较大，身边也有朋友买房，于是咬牙斩仓股票，杀进房市。谁知贷款还没下来，国家的调控政策出台，银行要求增加首付，这朋友预算不够，且认为房价会深幅下跌，于是选择违约，放弃定金、放弃购房，又遭受了一次损失。

其实，导致这种投资失败的原因，主要还是不懂得投资，不懂得"投资，能把握的只有自己"这个道理。

比如投资股票，真正入门的人都知道，市场趋势，即便是专业人士也很难预测准确，因此，市场是我们难以把握的，但是我们能把握自己。在

> 投资股票，真正入门的人都知道，市场趋势，即便是专业人士也很难预测准确，因此，市场是我们难以把握的，但是我们能把握自己。在买入股票后，真正入门的投资者，会结合自己的风险承受能力，结合所买股票的具体情况，设止损点。这样不管市场怎样，自己能控制自己的风险，起码不至于损失惨重。

买入股票后，真正入门的投资者，会结合自己的风险承受能力，结合所买股票的具体情况，设止损点。这样不管市场怎样，自己能控制自己的风险，起码不至于损失惨重。

房产的流动性差、交易成本较高，如果投资房产，善于理财者不会抱着持有几个月就抛售的想法，会用自己至少几年内不用的闲置资金来投资房产，也会防止政策变化的可能，预留足够的预算，准备好万一贷不到足够的资金，应该如何筹资的预案。还会设定自己能承受的房价跌幅，以控制房价深幅下跌带来的损失。这样通过把握自己，不是妄想把握市场，不是寄希望于市场会怎样、政策会怎样，就能控制自己的风险，稳健投资，实现自己投资的成功。

像上面这个投资者，因为看到房市火爆，自己的朋友也有买房的，就认为房市还会上涨，于是用自己的所有闲置资金去投资买房，岂不知朋友买房是自住，并且资金充裕；房市火爆，从而引来政策打压，银行提高首付，直接导致自己放

弃定金，投资失败。

第六，不盲目预测。我们生活的环境中很多事物的变化是可以预测的，如天文学家可以计算出下一次日食月食出现的准确时间，上下班的人们知道每天大体上什么时间路上堵塞最厉害，等等，这些可以被预测的事都被人们利用来为自己服务了。也就是说，人们可以利用某些可被预测的事来为自己谋取利益。这样一来，人们会想当然地希望能够预测股市的变化，轻轻松松地获取大量的财富。

有这样的愿望没有错，所有的人都会梦想着拥有财富以及财富带给人的自由和尊严，可以说预测是人类的梦想。可惜，由于股市是混沌系统，彻底地粉碎了这种梦想。

混沌系统具有三个关键要素：一是对初始条件的敏感依赖性；二是临界水平，这里是非线性事件的发生点；三是分形维，它表明有序和无序的统一。混沌系统经常是自反馈系统，出来的东西会回去经过变换再出来，循环往复，没完没了，任何初始值的微小差别都会按指数放大，因此导致系统内在的不可长期预测。

著名的诺贝尔奖得主、耗散理论创始人普里高津认为：一个足够复杂的不稳定系统的确定性演化可等效于不可预测的概率过程，这就是所谓的马尔可夫过程。这个说法通俗易懂，对于足够复杂的从来都不稳定的股市来说，其确定性演化就是不可预测的概率过程。

混沌系统的规律是普遍适应的，对于与股市联系最紧密的莫过于宏观经济了，宏观经济系统是一个比股市更加复杂的混沌系统。同样的道理，对于宏观经济，同样不可做精确预测。

每年年底各路所谓的经济学家、金融业人士纷纷在媒体抛头露面，发表他们对来年经济的预测结果。但现在全世界都知道经济预测往往会成为笑柄，被证明有娱乐作用——但没有什么用，一种更精辟的说法是"经济学家一预测，上帝就发笑"。

对股市的预测笑话更多。投资者可以回忆一下 2007 年牛市尚未结束时是哪些人和机构在喊 8000 点、10000 点，又是哪些人和机构在 2008 年股市疯狂下跌时喊叫 1000 点、800 点。

经验和科学证明，股市是不可能被精确预测的。所以，当年有人请老摩根预测后市时，老摩根回答了一句话："它将继续波动。"

华尔街有句名言："一个好的操盘手是一个没有观点的操盘手。"这句话的意思是，一个真正成功的投资者在投资过程中不事先假定股市应该朝哪个方向走，也就是不做预测，而是让股市告诉他股市会走到何处，他只是对股市的走势做出反应而已，而不必设法证明自己的观点是正确的。

更有聪明的，如索罗斯认识到证券市场是不可预测的，干脆借鉴量子理论的"量子测不准原理"，将自己创立的基金取名为量子基金。

股民总是按照过去的经验来判断行情的发展方向，每当看到一个技术形态，就会联想起过去曾经经历或者见到过的类似情况，他们盘算历次这种技术形态出现之后的走势，很自然就得出了自己的判断并相当确信这种判断。这样，他们猜了开头，但结局往往难以预料，股民们判断正确的概率就跟抛硬币差不多。

不错，股市具有周期运行特征，过去出现的事情会重复出现，但不会是简单重复。在股市这样一个复杂系统中，宏观经济、政策风向、行业事件、企业发展阶段、机构行为甚至一篇不起眼的媒体报道等都会影响股价的运行。对任何一只股票而言，你不可能找到所有这些内外部因素完全相同的两个时间段，更何况看似相同的初始条件（"开头"）其实本有细微的差别，影响股价的种种因素也时刻处于变动之中，这些都无法精确衡量。

失之毫厘，谬以千里。不管是股市、人心，还是其他，结局都是只可体验不可猜测的。

普里高津认为，一个足够复杂的不稳定系统的确定性演化可等效于不可预测的概率过程。正如我们今天看到所有的天气预报都以降水概率代替了言之凿凿的预测。

未来是那么不可知。无论是天气、股市还是人生选择，我们注定只能生活在概率之中，甚至，我们常常连概率该如何计算都一无所知。

3

股票投资的两种理念

股票投资传统上有两种理念：趋势投资和价值投资。

价值投资通常是指投资者以投资标的的估值作为交易依据的一种投资理念。

趋势投资通常是指投资人以投资标的的上涨下跌周期来作为交易依据的一种投资理念。

趋势投资和价值投资的区别主要在以下方面。

理论基础

趋势投资的理论基础是：

（1）市场是有效的，价格能反映一切。

（2）价格以趋势方式演变。

（3）历史会重演。

比如说，历史会重演，这就是技术分析中的头肩顶、头肩底等形态的理论基础；如果历史不会重演，那么，技术分析中的头肩顶、头肩底等形态，全部都没用了。

价值投资的理论基础是：

（1）价值规律在市场中起着根本性的作用，证券价值决定证券价格，价格围绕价值上下波动。

（2）证券市场是无效的，有时投资标的的价格受供求关系等因素的影响，会低于它的价值，被低估。如果没有这些，价值投资也将失去存在的理由。如果巴菲特认为市场是有效的，价格反映了一切，那他就没办法投资了。

代表言论

价值投资代表言论。

巴菲特说：

"你一生能够取得多大的投资业绩，一是取决于你倾注在投资中的努力与聪明才智，二是取决于股票市场所表现出的愚蠢程度。市场表现越愚蠢，善于捕捉机会的投资者赢利概率就越大。"

"股市在那儿，仅仅是作为观察是否有人出价去做某件蠢事的一个参考而已。"

"在投资世界，恐惧和贪婪这两种传染性极强的流行病，会一次又一次突然爆发，这种现象永远存在。"

"在别人恐惧时贪婪，在别人贪婪时恐惧。"

趋势投资代表言论：

索罗斯："市场是愚蠢的，你也用不着太聪明。"

华尔街俗语，"一个没有观点的操盘手是最好的操盘手"、"不要试图接住下落的刀子"。

买入卖出条件

价值投资：在股票价格低于价值，被低估时择机买入；在股票价格高于价值，被高估时择机卖出。

趋势投资：在趋势形成或者持续时择机买入，在趋势结束时择机卖出。

另外，我认为，索罗斯的反身性理论也是趋势投资的一种思路，但索罗斯并非是完全意义上的趋势投资者，他的跨市场套利、他的眼界和操作界限，已超出趋势投资的理论范畴了。

当然，价值投资和趋势投资还有很多区别，如价值投资注重基本面分析，趋势投资注重技术分析等，这些都是从价值分析和趋势分析的理论基础上衍生来的。

趋势投资技术

股票的三种运行状态和止损

趋势投资也可细分为很多种类型，我在吸取、总结前人经验的基础上，在实战中形成了较为有效的交易系统，下面辅以图表，简单讲讲趋势投资理念和方法。

股票有两种运行情况，一种是无趋势，即盘整；一种是有趋势，有趋势又分为两种情况：上涨趋势、下跌趋势。见图7-1~图7-6。

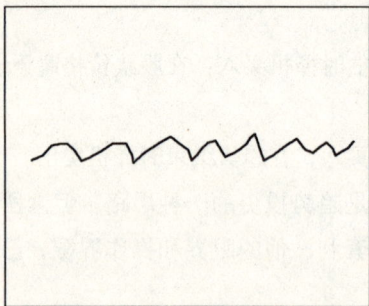

图7-1　无趋势（盘整）示意图

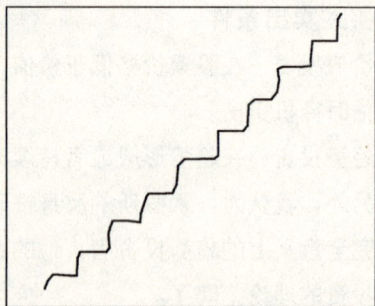

图7-2　上涨趋势示意图

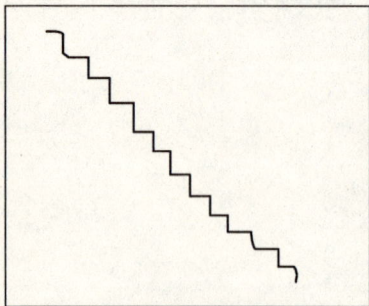

图7-3　下跌趋势示意图

图7-4　无趋势（盘整）日k线图

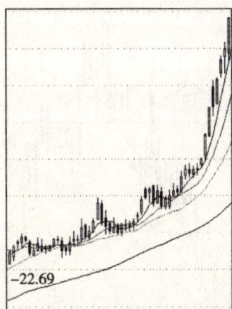

图 7-5　上涨趋势日 K 线图

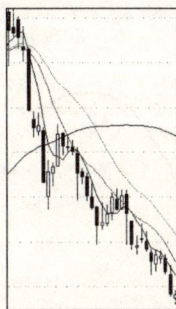

图 7-6　下跌趋势日 K 线图

在下跌趋势中能买入吗？我们可以看到，在图 7-3、7-6 下跌趋势中，买入后用了多久，很快就会亏钱，所以在下跌趋势中不宜买入。

那么在盘整中能买入吗？我们可以看到，在图 7-1、7-4 无趋势（盘整）K 线图中，买入后持有可能亏不了多少钱，但是也赚不了多少钱，盘整中忽涨忽跌，如果买在高点，卖在低点，搞不好还会亏钱。因此，在盘整趋势中也不宜买入。除非是短线高手，做高抛低吸，但是盘整状态中上下空间都有限，很难把握操作时点，收益有限，风险不小，又费精力，所以即便是短线高手，一般也不会轻易操作。

下跌趋势和盘整状态中都不适合买入，只有在上涨趋势中适合买入。

再看在上涨趋势中能买入吗？我们可以看到，在图 7-2、7-5 上涨趋势 K 线图中，买入后一般持有较短时间就可以赚钱。在图中的哪个位置买入，都会很快就能赚钱。所以在上涨趋势中可以买入。

是不是在上涨趋势中买入就会赚钱？不是的。为什么呢？因为股票不可能一直涨下去。股票的走势，通常都是由盘整、上涨趋势、下跌趋势这几种状态相接而成的。上涨趋势延续足够久，就会转变成下跌趋势或者是盘整状态。在上涨趋势中，如果买在上涨趋势快结束时的末期，就容易亏钱。见图 7-7、7-8。

图 7-7、7-8 中的上涨趋势转为下跌趋势，也叫做"V 形顶"。

有很多投资者遭遇过这种"V 形顶"：看着一只股票涨得不错，没敢买，后来看到涨势还是很不错，于是忍不住买了，但是没几天就跌了，有时跌也不是一直跌，而是跌几天会涨个一两天，总给人希望，于是越套越深，亏损惨重，彻底套牢。

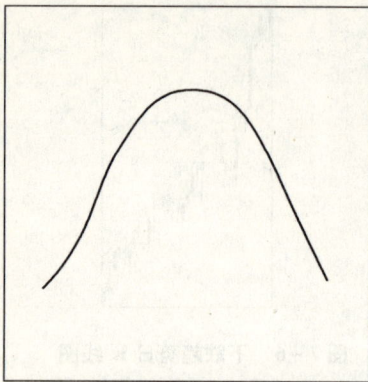

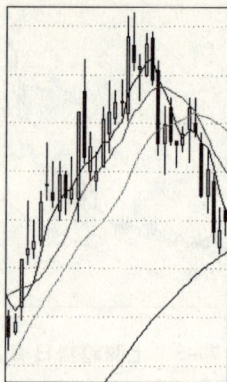

图7-7　上涨趋势转为下跌趋势示意图　　图7-8　上涨趋势转为下跌趋势日K线图

　　那么，如何防止这种情况出现导致大幅亏损呢？答案很简单：止损。

　　怎样止损？这就需要在买入股票后，根据自己的风险偏好和该股票K线图的形态，在买入价位的下方，设定一个价位作止损点。如果股票跌到止损点，就必须执行止损操作，将持有的该股卖出。比如图7-7和图7-8，假设是在见顶时那三天买入的，可这样设置止损点，见图7-9。

图7-9　上涨趋势转为下跌趋势止损点的设置日K线示意图

　　这样，当该股票跌到直线所在的位置时，就要坚决卖出，以避免更大的损失。

　　不一定所有的上涨趋势结束，都会转为下跌趋势，有时上涨趋势结束，会转为横盘整理状态。如图7-10、7-11所示。

　　如果投资者在由上涨趋势转为横盘震荡时买入，没设止损点，虽然不会亏损太多，但会浪费较长的时间，因此投资者也要设止损点。

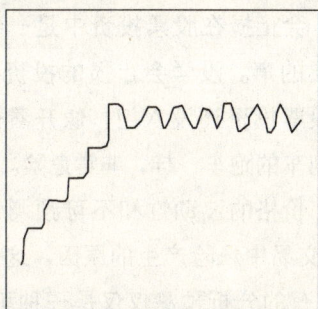

图7-10 上涨趋势转为横盘震
荡状态日K线图

图7-11 上涨趋势转为横盘震
荡状态示意图

　　具体操作起来有两种方法，一种是可以根据自己的风险偏好、风险承受能力、买入的价格，在买入价位的下方某一价位设止损点，如图7-12。

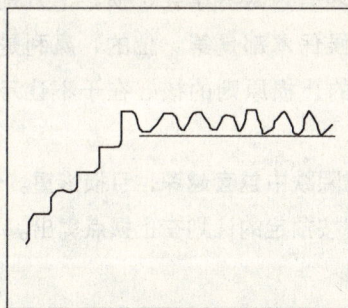

图7-12 上涨趋势转为横盘震荡状态止
损点设置示意图

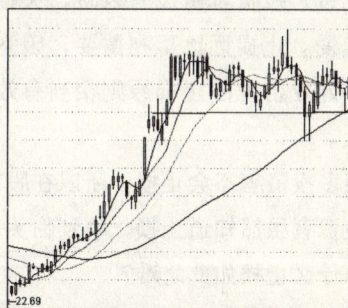

图7-13 上涨趋势转为横盘震荡状态止
损点设置日K线图

　　在股价跌破止损点即图中横线部位，就应该坚决卖出止损，以避免导致更大亏损或者浪费更多时间。

　　另外一种止损方法是时间止损法，即投资者在买入股票后，设定一个时间，在这个时间内没涨，就要卖出，以避免亏损或者浪费时间。

　　我一般会根据股票的K线形态来设置止损点。做短线一般把止损点设为买入价下浮3%的价位（确认跌破则卖出，确认跌破是指股价低于止损点3%或者连续3天收盘价低于止损点）。时间止损设置为3个交易日，即买入后3个交易日不涨就会止损卖出。这些具体的操作细节要因人而异，投资者可以根据自己的风险偏好和风险承受能力来设置。

止损有两种方法，一是根据趋势设置止损点，二是设定时间止损，达到一定时间，还没涨的话，就卖出。

会止损在股票投资中是一件非常重要的事。没学会止损的投资者，等于股票投资还没入门，像开着一部坏了刹车的跑车一样，非常危险。

价格的波动性和不可预测性是市场最根本的特征，这是市场存在的基础，也是交易中风险产生的原因，这是一个不可改变的特征。交易中永远没有确定性，所有的分析预测仅仅是一种可能性，根据这种可能性而进行的交易自然是不确定的，不确定的行为必须得有措施来控制其风险的扩大，止损就这样产生了。

市场的不确定性造就了止损存在的必要性和重要性。成功的投资者可能有各自不同的交易方式，但止损却是保障他们获取成功的共同特征。投资大师索罗斯说过，投资本身没有风险，失控的投资才有风险。学会止损，千万别和亏损谈恋爱。止损远比赢利重要，因为任何时候保本都是第一位的，赢利是第二位的，建立合理的止损原则相当有效，谨慎的止损原则的核心在于不让亏损持续扩大。

很多投资者不会止损，所以在股市的绵绵阴跌中越套越深，亏损惨重。但是，有些投资者虽然知道止损，事到临头，却没有按预定的计划在止损点卖出。

为什么止损如此之难？

明白止损的意义固然重要，然而，这并非最终的结果。事实上，投资者设置了止损而没有执行的例子比比皆是，市场上，被扫地出门的悲剧几乎每天都在上演。

止损为何如此艰难？原因有三：

其一，侥幸的心理作祟。某些投资者尽管也知道趋势上已经破位，但由于过于犹豫，总是想再看一看、等一等，导致自己错过止损的大好时机。

其二，价格频繁的波动会让投资者犹豫不决，错误的止损会给投资者留下挥之不去的记忆，从而动摇投资者下次止损的决心。

有时股价跌到了止损点，投资者止损了，但是很快股价又反弹，涨上去了。这往往会给投资者留下痛苦的记忆。

其三，执行止损是一件痛苦的事情，是一个血淋淋的过程，是对人性弱点的挑战和考验。

人性追求贪婪的本能会使每一位投资者不愿意亏钱，即便是小钱。

正是由于上述原因，当价格到达止损位时，有的投资者错失方寸，患得患失，止损位置一改再改；有的投资者临时变卦，逆势加仓，企图孤注一掷，以挽回损失；有的投资者在亏损扩大之后，干脆采取"鸵鸟"政策，听之任之。

股票形态、趋势线、阻力线和买点、止损点

其实炒股的具体操作程序并不复杂，就是买入、卖出这几个字。那么在什么时候买股票呢？这是一个不容易做好的事。许多散户都有"一买就跌，一卖就涨"的切身感受。

前面我提到了股票运行的三种状态上涨趋势、下跌趋势、无趋势即盘整，这几种运行状态，又可以构成很多种形态。其中最重要的有：头肩顶、双头、头肩底、"W"底等形态（见图 7－14～图 7－21）。

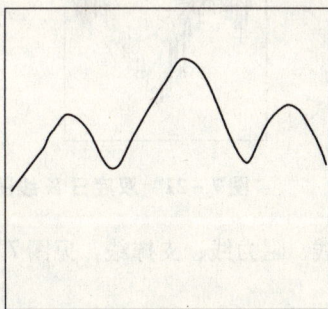

图 7－14　头肩顶示意图

图 7－15　头肩顶日 K 线图

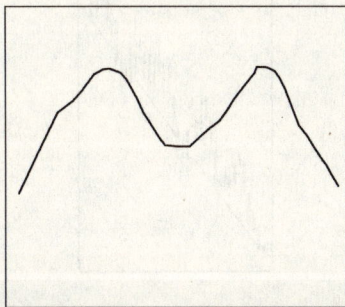

图 7－16　双头示意图

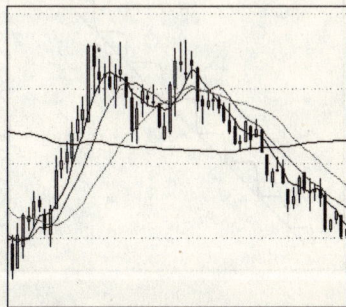

图 7－17　双头日 K 线图

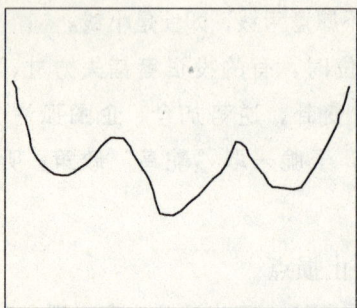

图 7 - 18　头肩底示意图

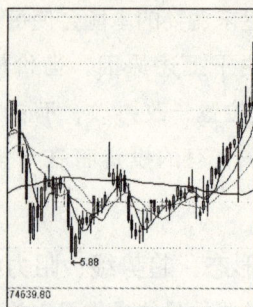

图 7 - 19　头肩底日 K 线图

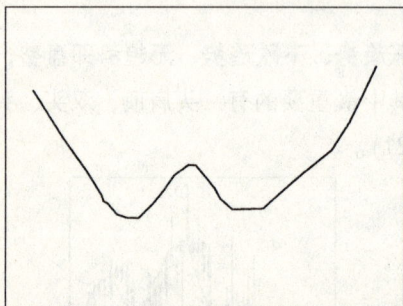

图 7 - 20　双底示意图

图 7 - 21　双底日 K 线图

　　另外，比较重要的技术分析工具还有趋势线、阻力线、支撑线，见图 7 - 22 ~ 图 7 - 25。

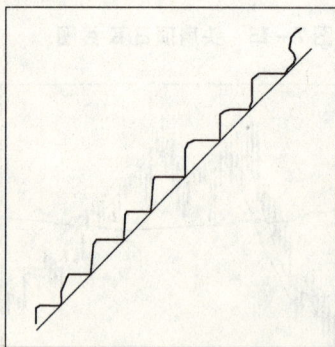

图 7 - 22　趋势线示意图

图 7 - 23　趋势线 K 线示意图

注：图中的直线即为支撑线。

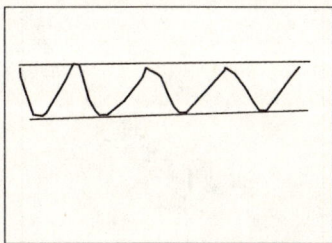

图7-24　阻力线和支撑线示意图　　图7-25　阻力线和支撑线K线示意图

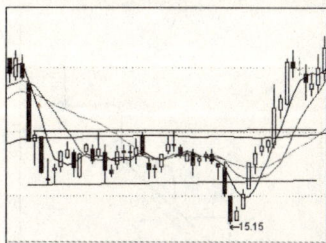

注：图中上面一条直线为阻力线，下面一条直线为支撑线。

那么，在什么时候可以买股票呢？

首先要先看大盘的趋势怎样。如果大盘是下跌趋势，一般就不能买股票。因为大盘即便处在像2008年那样的大跌趋势中，有时照样有涨的股票，但是"覆巢之下，安有完卵"，在那样的弱市中能保持强势的股票会很少，并且持续性很差，很难一直保持强势，所以在大盘是下跌趋势时买股票，赚钱的概率小，尽量不买股票。

那么，大盘盘整时能不能买股票？大盘盘整时，就要看自己选出的股票趋势怎样、可持续性怎样。如果自己选出的股票是上涨趋势，并且近期一直保持强势，可持续性强，则可以买。但一般不宜重仓，以防止大盘由盘整状态转为下跌趋势。如果自己选出的股票不是上涨趋势，而是下跌趋势或者盘整状态，或者虽是上涨趋势但可持续性较差，则都不宜买股票。

在大盘是上涨趋势，自己选出的个股也是上涨趋势时，赚钱的概率大，则可以买股票。自己选出的个股并非

> 上升趋势时一般在除去最高点的任何一点都可买入，但是最佳的买点是股价震荡到和趋势线接近的地方。

上涨趋势，而是下跌趋势，则不宜买股票；个股是盘整状态，激进型投资者可以做短线高抛低吸，稳健型投资者可以不操作等待机会，等待股价由盘整状态开始向上突破，有转为上涨趋势的迹象时再买。

个股的买点怎么选，要分几种情况。

个股在上升趋势时买点在哪里呢？上升趋势时一般在除去最高点的任何一点都可买入，但是最佳的买点是股价震荡到和趋势线接近的地方，见图7-26、7-27。

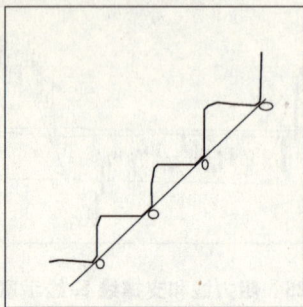

图7-26 上升趋势买点示意图　　　图7-27 上升趋势买点K线图

注：图中圆圈（左图）和箭头（右图）所指处即指买点。

注意：必须设止损点，一般根据自己的风险偏好和风险承受能力来设，我一般按买入价的3%设止损点，根据"三三原则"止损，即当天跌到买入价的3%以下，或者是连续三天跌破这个价，就会止损。

在个股是盘整状态时，高抛低吸买点在支撑线上缘，止损点在支撑线下方；股价由盘整状态开始向上突破，有转为上涨趋势的迹象时，买入点在阻力线上方，止损点在阻力线下方（见图7-28、7-29）。

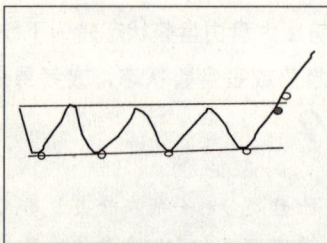

图7-28 盘整状态买点示意图

注：图中圆圈所指处即买点，灰度圈指买入后的止损点。

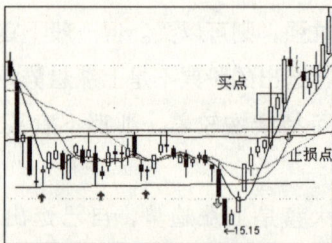

图7-29 盘整状态买点及止损点K线图

注：图中实箭头指高抛低吸买点，方框指盘整状态转为上升趋势买点，虚箭头指买入后设的止损点。

在个股是头肩底，买点是股价突破颈线位时，颈线位的上方；止损点设在颈线位的下方（见图7-30、7-31）。

在个股是双底时，买点也是在突破颈线位时，颈线位的上方；止损点设在颈线位的下方（见图7-32、7-33）。

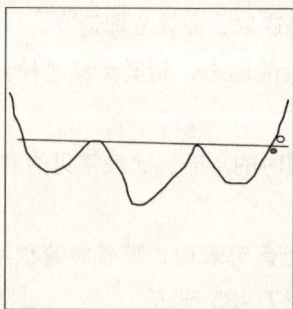

图7-30 头肩底买点及止损点示意图

注：图中圆圈指买点，灰度圆圈指买入
后设的止损点。

图7-31 头肩底买点及止损点K线图

注：图中实箭头指买点，虚箭头指买入
后设的止损点。

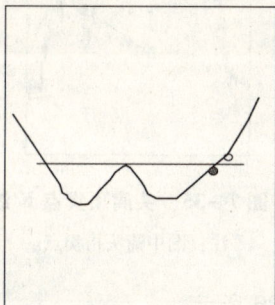

图7-32 双底买点及止损点示意图

注：图中圆圈指买点，灰度圆圈指买入后
设的止损点。

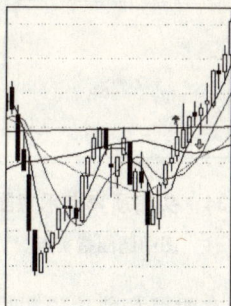

图7-33 双底买点及止损点K线图

注：图中实箭头指买点，虚箭头指买入后
设的止损点。

在什么时候卖股票

买入了股票后，在什么时候卖股票呢？这是困扰很多股民的关键的问题。常言道"会买的是徒弟，会卖的是师父"，不少股民也买到了牛股，但不知道什么时候卖出，结果坐了过山车，股价又回到了自己买入时的位置，甚至还亏损。

卖股票，也要先看大盘的趋势怎样。如果大盘是下跌趋势，一般就要考虑减仓手中持有的股票。因为"覆巢之下，安有完卵"，通常大部分股票会和大盘运行方向一致，所以应卖出自己持有的有转为下跌趋势迹象的股票，根据自己的风险偏好和风险承受能力，持有或者减仓处在上升趋势中的股票。在弱市中保持强势的股票会很少，并且持续性很差，很难一直保持强势，所以要密切关注自己处在上升趋势中的股票，一旦发现有转为下跌趋势迹象，应该立即清仓。

大盘是盘整状态或者上升趋势，则按照个股的形态，到卖点就卖掉。其实在前面讲到的止损点，就是卖点。

股票不会一直上涨，总有到顶的时候，见顶时的形态，比较常见的有头肩顶、双头。头肩顶、双头形态的卖点见图 7 –34。

股票在做头的时候，在 K 线上经常会有长上影等表现，随着经验积累和水平提高，也可以选择在头和右肩形成时卖出。如图 7 –35 所示。

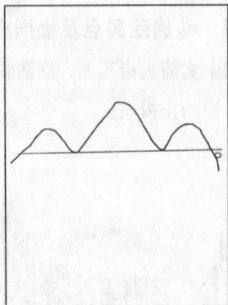

图 7 –34　头肩顶卖点示意图

注：图中圆圈指卖点。

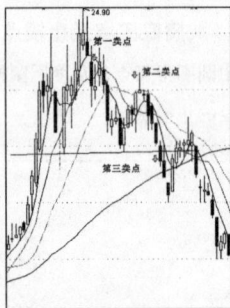

图 7 –35　头肩顶卖点 K 线图

注：图中箭头指卖点。

双头形态卖点和头肩顶卖点相似，如图 7 –36 所示。

随着经验积累和水平提高，也可以选择在右侧头部形成时卖出。如图 7 –37 所示。

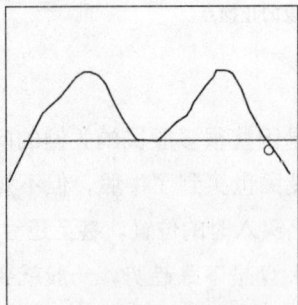

图 7 –36　双头形态卖点示意图

图 7 –37　双头形态卖点 K 线示意图

注：图中箭头指卖点。

5

价 值 投 资

巴菲特的选股思路

> 选产业："我喜欢的是那种根本不需要怎么管理就能挣很多钱的行业。它们才是我想投资的那种行业。"

巴菲特在产业选择中重点关注两大方面：一是产业吸引力，主要表现在产业平均赢利能力上。二是产业稳定性，主要表现在产业结构变化程度上。

巴菲特的投资经验表明，产业吸引力是股票投资中产业选择的首要标准。巴菲特以其曾经投资的百货零售业与电视传媒业进行了产业吸引力比较：虽然许多零售商曾经一度拥有令人吃惊的成长率和超乎寻常的股东权益收益率，但是零售业是竞争激烈的行业，这些零售商必须时时保持比同行更加聪明，否则突然间的业绩急速下滑就会使得他们不得不宣告破产；相比较而言，作为电视传媒业的地方电视台即使由水平很差的人来经营管理，仍然可以好好地经营几十年，如果交由懂得电视台经营管理的人来管理，其收益将会非常高。其根本原因在于不同产业因特性不同而具有不同的吸引力。

巴菲特投资策略的最大特点是持股经常达几年甚至十几年之久，之所以如此，是因为他坚信他所投资的企业和产业在未来长期内具有很强的稳定性。巴菲特的产业分析经验表明，主业长期稳定的企业往往赢利能力最强，而企业的主业之所以长期稳定，根本原因在于其所在的产业具有长期稳定性。而那些经常发生重大变化的产业，如高科技产业和新兴产业等，巴菲特则从不投资（关于这一点，从 2008 年以后，巴菲特的态度发生较大改变，有兴趣的可以找相关新闻参考一下）。

巴菲特的产业选择经验表明，决定产业长期稳定性的产业演变对于投资分析非常重要，产业演变将导致产业吸引力及产业平均投资回报率的重大变化，相应企业对于产业演变的战略反应是否适当将导致企业竞争优势发生较大变化。

> 选企业："最终我们的经济命运将取决于我们所拥有的公司的经济命运。"

在选择了具有较好吸引力的产业后，投资者该如何在众多的企业中选择呢？巴菲特认为关键是分析企业的竞争优势及其可持续性。之所以如此，是因为对于长期投资来说，股价最终取决于公司内在价值。具体如下：

市场份额优势先行。哈佛大学商学院教授迈克尔·波特认为，竞争优势体现在两个方面，即市场份额优势和产品优势。在产品销售利润率相近时，竞争优势体现为更大的市场份额。市场份额本身会由于更低的生产成本或者更高的销售价格而增加：低生产成本使企业能以更低的销售价格出售，从而进一步增加市场份额；当企业由于产品的差异性能以更高的价格出售时，即使销售数量不变，市场份额也会增加。

寻找产品差异化优势。竞争优势的核心是差异化，即企业与竞争对手的差异化，体现在一个企业提供与竞争对手不同的产品或服务，并受到市场上大部分顾客对该企业产品或服务的偏爱。这种差异化是竞争优势的根本来源。迈克尔·波特认为，差异化优势主要来源于企业的价值链及企业所进行的各种具体活动和这些活动影响顾客的方式，企业可以通过控制相关驱动因素和重构全新的价值链以增加独特性。巴菲特认为，选伟大企业"像可口可乐和吉列这样的公司很可能被贴上'注定必然如此'的标签……从来没有哪位明智的观察家，甚至是这些公司最强有力的竞争者，会怀疑未来可口可乐和吉列会继续在其遍布世界的领域中占据主导地位的能力"。巴菲特最成功的投资来自于对于那些竞争优势长期持续"注定必然如此"的伟大企业，即在25年或30年后仍然能够保持其伟大企业地位的企业，比如可口可乐和吉列等。

不受限的经济特许权。巴菲特认为，企业具有长期持续竞争优势的根本在于经济特许权，而经济特许权的形成来自于具有以下特征的产品或服务：

- 产品或服务是顾客需要或希望得到的；
- 被顾客认定为找不到很类似的替代品；
- 不受价格上的管制。

由于以上特点的存在，将会使公司具有赚取更高资本收益率的能力。不仅如此，经济特许权还能够容忍不当的管理，即无能的经理人虽然会降低经济特许权的获利能力，但并不会对它造成致命的伤害。根据《财富》杂志统计，在1977~1986年，1000家全美大企业中只有25家能够达到业绩优异的双重标准：连续10年平均股东权益收益率达到20%且没有1年低于15%。这25家明星企业的经营记录再次证实：继续增强那些已经相当强大的经济特许权，或者专注于一个遥遥领先的核心业务，往往是形成非常出众的竞争优势的根本所在。

难复制的核心竞争力。巴菲特所称的经济特许权与核心竞争力概念非常一致。分析世界500强企业，几乎无一不在技术诀窍、创新能力、管理模式、市场网络、品牌形象、顾客服务等方面具有核心竞争力。然而，对核心竞争力的判断既是科学又是艺术，这也正是像巴菲特这样拥有出众判断能力的人在股市中获得巨大投资回报的关键所在。与一般从企业内部识别其自身的重要活动和关键技能两种基本方法相比，在价值投资过程中核心竞争力的识别只能从外部信息开始，重点分析企业的核心竞争力是否真正符合其基本特征：价值性、关键性、独特性、难以模仿性。

巴菲特的护城河

对于投资来说，关键不是确定某个产业对社会的影响力有多大，或者这个产业将会增长多少，而是要确定所选择的一家企业的竞争优势，而且更重要的是确定这种优势的持续性。"那些所提供的产品或服务具有很强竞争优势的企业能为投资者带来满意的回报。"这是巴菲特说过的一句非常重要的话。

巴菲特认为，投资者投资的上市公司最好有一条经济护城河，只有这样，才能确保该股票获得超额业绩回报。

巴菲特在1999年给《财富》杂志撰写的文章中认为：投资的关键是要看这家企业是否具有竞争优势，并且这种优势是否具有持续性。只有该企业提供的产品和服务具有很强的竞争优势，才能给投资者带来满意的回报，至于该公司所在行业对社会的影响力有多大、整个产业将会增长多少倒不是最关键的。因为归根到底，你投资的是一家具体的上市公司，而不是整个行业。

巴菲特非常重视考察投资对象是否具有竞争优势，他把这种竞争优势壁垒比喻成保护企业经济城堡的护城河。他毫不讳言地说："我们喜欢拥有这样的城堡：有很宽的护城河，足以抵挡外来的闯入者——有成千上万的竞争者想夺走我们的市场。我们认为所谓的护城河是不可能跨越的，并且每一年我们都让我们的管理者进一步加宽他们的护城河，即使这样做不能提高当年的赢利。我们认为我们所拥有的企业都有着又宽又大的护城河。"

在 2000 年 4 月举行的伯克希尔公司股东大会上，巴菲特在回答企业竞争优势研究权威、哈佛大学商学院教授迈克尔·波特提问时说，企业持续竞争优势的分析和判断，是股票投资中最关键的环节。他说，长期的可持续竞争优势是任何企业经营的核心，而要理解这一点，最佳途径就是研究、分析那些已经取得长期的、可持续竞争优势的企业。

那么，巴菲特又是怎样做到这一点的呢？有一次他和一群学生交流时说，在某一个时期内，他会选择某一个行业，从而对其中的六七家企业进行仔细研究。这种研究通过独立思考来得出结论，而不是听取任何关于这个行业的陈词滥调。

例如，巴菲特要研究一家保险公司或纸业公司，通常的方法是他会把自己沉浸于想像之中，想像自己如果刚刚继承了这家公司，并且这家公司是整个家族准备永远持有的唯一财产，这时候自己会如何管理这家公司，应该考虑哪些因素的影响，主要的担心是什么，竞争对手是谁，客户在哪里……

为了找到这一系列答案，他会走出办公室与别人交流、探讨，然后从与别人的谈话中得出结论，发现该企业和其他同行相比优势在哪里，问题又在哪里。

他说，如果你能进行这样一番分析研究，那么完全可以说，你比这家公司的管理层更深刻地了解该公司。

巴菲特最喜欢把可口可乐公司和吉列公司作为具有经济护城河公司的典范。他在伯克希尔公司 1993 年年报致股东的一封信中说，可口可乐公司和吉列公司近年来不断增加全球市场占有率，品牌的巨大吸引力、产品的出众特质、销售渠道的强大实力等，都使得它们拥有超强的竞争力，这就好像在它们的经济城堡周围形成了一条护城河。相比之下，其他公司由于没有这样一条经济护城河，所以不得不在没有任何保障的情况下浴血奋战，情况当然就要困难得多了。

可以说，巴菲特对价值投资理论的最大贡献就是意识到了经济护城河的作用和价值。尤其是在 1929 年经济大萧条之后，当他的老师本杰明·格雷厄姆小心翼翼地寻找以资产价值为基础的安全边际时，巴菲特对经济护城河和特许经营权价值的挖掘，极大地拓展了价值投资内涵。

巴菲特在伯克希尔公司 2005 年年报致股东的一封信中说，伯克希尔公司旗下的那些经理人特别专注于拓宽经济护城河，并且乐此不疲，在这方面表现得才华横溢。究其原因在于，这些经理人对他们的企业充满热情。

要知道，在伯克希尔公司收购这些企业之前，这些经理人往往已经管理这家公司很长时间了。伯克希尔公司收购这些企业后，唯一要做的就是继续坚持原来的方向，让这些经理人继续拓宽经济护城河，从而使得这些投资对象的竞争优势越来越大。

巴菲特幽默地说，这些人的态度与一位成为商业大亨独生女儿的乘龙快婿的年轻小伙子截然相反：在婚礼刚刚结束之后，这位商业大亨把女婿叫过来说，孩子啊，现在我们已经成为一家人了，你就是我一直在寻找的产业继承人。你看，这是我公司50%的股权，从现在开始，你就是和我平起平坐的合伙人了。而这位乘龙快婿说，谢谢你，岳父大人。可是当商业大亨要他负责公司销售、人事管理等什么时，他一样也拿不起来，而是一味地催促岳父大人"买断"他那50%的股权。

巴菲特举这个例子是想说明，经济护城河这种竞争优势主要是依靠公司管理层来争取和扩大的，伯克希尔公司旗下的那些经理人之所以优秀，表现之一就在于善于不断扩大经济护城河，而不是躺在那里吃老本，这是他感到最满意的地方之一。

巴菲特的经济护城河其实就是企业构筑竞争壁垒，是企业的主要竞争优势之一。谁不想投资具有竞争优势的企业呢？所以，寻找具有经济护城河的投资对象，是投资者应当首先考虑的事。

顺便提一句，在2009年我曾经发表过这个看法：在A股市场上，云南白药（000538.sz）、东阿阿胶（000423.sz）、贵州茅台（600519.sh）比较符合巴菲特的这个思路。

为什么这样讲呢？第一，云南白药、东阿阿胶、贵州茅台这三家公司有品牌声誉，有至少几十年以上的长久的积淀；第二，品牌、技术等有一定的独特性，所以也有了一定的行业壁垒，在本行业中的竞争力非常强；第三，都是消费品，稳定，不易受经济环境的影响。

在2010年上市的金字火腿，在一定程度上也有相似的特征，但是，明显弱于以上三家。

如何判断股票是被低估或高估

价值投资通常是指投资者以投资标的估值作为交易依据的一种投资理念。在投资标的低估时买入，高估时卖出。其实讲起来非常简单：低买高卖，但是做起来并不简单。

怎样知道股票是被低估或是高估呢？这就要会给股票估值。怎样给股票估值呢？有两大类方法：相对估值法、绝对估值法。

1. 相对估值法

相对估值法简单易懂，也是最为投资者广泛使用的估值方法。在相对估值方法中，常用的指标有市盈率（PE）、市净率（PB）、EV/EBITDA 倍数等，它们的计算公式分别如下：

$$市盈率 = 每股价格/每股收益$$

$$市净率 = 每股价格/每股净资产$$

$$EV/EBITDA = 企业价值/息税、折旧、摊销前利润$$

其中，企业价值 = 公司股票总市值 + 有息债务价值 - 减去现金及短期投资

运用相对估值法所得出的倍数，用于比较不同行业之间、行业内部公司之间的相对估值水平；不同行业公司的指标值并不能做直接比较，其差异可能会很大。相对估值法反映的是，公司股票目前的价格是处于相对较高还是相对较低的水平。通过行业内不同公司的比较，可以找出在市场上相对低估的公司。但这也并不绝对，如市场赋予公司较高的市盈率说明市场对公司的增长前景较为看好，愿意给予行业内的优势公司一定的溢价。因此采用相对估值指标对公司价值进行分析时，需要结合宏观经济、行业发展与公司基本面的情况，具体公司具体分析。

与绝对估值法相比，相对估值法简单易用，可以迅速获得被评估资产的价值，尤其是当金融市场上有大量"可比"资产在进行交易、且市场对这些资产的定价是正确的时候。但用该方法估值时容易产生偏见，主要原因是："可比公司"的选择是个主观概念，世界上没有在风险和成长性方面完全相同的两个公司；同时，该方法通常忽略了决定资产最终价值的内在因素和假设前提；另外，该方法容易将市场对"可比公司"的错误定价（高估或低估）引入对目标股票的估值中。如果采用历史数据进行比较，也往往因为企业现状的改变而导致计算偏离。在市场出现较大波动时，市盈率、市净率的变动幅度也比较大，有可能对公司的价值评估产生误导。因此不少价值投资者更认同绝对估值法。

相对估值法反映的是市场供求决定的股票价格，绝对估值法体现的是内在价值决定价格，即通过对企业估值，而后计算每股价值，从而估算股票的价值。

2. 绝对估值法

绝对估值法亦称贴现法，主要包括现金流贴现估值法（DCF）、现金分红折现法（DDM）。该理论最早可以追溯到费雪（Irving·Fisher）的资本价值理论。费雪在其1906年的著作《资本与收入的性质》（The Nature of Capital and Income）中，完整地论述了收入与资本及价值的关系。他认为资本能带来一系列的未来收入，因而资本的价值实质上就是未来收入的贴现值。

其思路是，认为上市公司资产的价值等于未来所产生的所有现金流的现值总和。也就是未来这家公司能赚多少钱，由于货币有时间价值，同样金额的未来的钱会小于现在的钱，把未来赚的钱，换算成现在赚的钱，加起来就是这家公司目前的价值。可以用这个基本理论公式来表述：资产的价值＝该资产预期各年收益折成现值之和。

现金流量贴现法就是把企业未来特定期间内的预期现金流量还原为当前现值。由于企业价值的真髓还是它未来盈利的能力，只有当企业具备这种能力，它的价值才会被市场认同。

根据现金流界定的不同，现金流量贴现法又可分为公司自由现金流贴现（FCFF，free cash flow of firm）模型和权益自由现金流贴现模型。

公司自由现金流贴现模型中，FCFF是公司支付了所有营运费用、进行了必需的固定资产与营运资本投资后可以向所有投资者分派的税后现金流量。类似于股利贴现模型。按公司自由现金流增长情况的不同，公司自由现金流贴现模型又可分为零增长模型、固定增长模型等。

现金分红折现法、现金流量贴现法估价模型、股权自由现金流模型、公司自由现金流量模型中，现金流量贴现法因为是用股息做模型，而中国公司不注重分红、"铁公鸡"很多的传统，根本行不通，因此也没人在用；现金流量贴现法有四个必须主观预测给出的变量：现金流、资本支出、贴现率、增长率，这四个变量预测的数值有小偏差，计算结果将有巨大差距，特别是贴现率，差之毫厘，结果谬之千里。

试想，公司管理层都没办法预测公司未来很多年的盈利和现金流，券商的研究员每年都会对上市公司发表业绩预测研报，如果稍稍关注就会发现，他们对同一家上市公司预测的结果是千差万别，10家的预测有10个结果。券商们连几个月后的业绩都预测得千差万别，大家也都习以为常，可如果要使用现金流量贴现法估价模型，不只需要回答几个月后的业绩，还要回答它 10 年后的业绩表现，每一年都要预测出来。

普通投资者的预测能力和公司管理层、券商的研究机构的预测能力根本没法比，所以更难预测公司在未来的表现。

绝对估值法是试图精确量化企业的价值的一种估值方法，这种方法存在着相当大的缺陷，否则就可以只用电脑分析股票了。由于估值模型太简单，而企业面对的环境、企业的变化又太复杂，所以用估值模型精确量化企业的价值，所得出的结论，常常会偏离现实，出现错误。

所以，对于普通投资者来讲，不能太迷信估值模型，有兴趣的投资者可以了解一下估值方法模型，在选出一家优秀的公司后，可以用估值模型将变量设得保守些，保守地对该公司进行估值，为自己判断股票提供一定参考。

除了用估值模型估值外，还有以下方法可对公司估值。

重置成本法：就是在现实条件下重新购置或建造一个全新状态的评估对象，所需的全部成本减去评估对象的实体性陈旧贬值、功能性陈旧贬值和经济性陈旧贬值后的差额，以其作为评估对象现实价值的一种评估方法。

比如，在 2008 年某钢铁公司的股票已经跌破净值时，有投资者认为重新建造和该公司同样的钢厂，需要的资金大于目前该钢铁公司的市值，因此该公司股票被低估。这就是用重置成本法来评估该公司价值。

现行市价法：现行市价法也称市场比较法，是根据目前公开市场上与被评估资产相似的或可比的参照物的价格来确定被评估资产的价格。

清算价格法：对破产企业的资产评估的方法。它是根据企业清算资产可变现的价值，评定重估确定所需评估的资产价值的方法。

公司估值向来是一个难题，单靠估值模型、财务指标是很容易踩中"地雷"的。现在巴菲特的大名鼎鼎的伯克希尔·哈撒韦公司，是巴菲特在 20 世纪 60 年代以当时非常诱人的价格收购的一个纺织厂。伯克希尔·哈撒韦公司的纺织业务一直坚持做到 1985 年，巴菲特才关闭了这项每况愈下的生意。当年花 1200 万美元购买的所有机械设备都以不足 20 万美元的价格卖掉；花 5000 美元购买的织机被当做废铁以每台 26 美元的价格卖掉，所卖价钱都抵不上运走它们所支付的运费。在 1998 年伯克希尔·哈撒韦公司的年度会议上，巴菲特说："不管你相信与否，伯克希尔·哈撒韦公司本身就是一个错误。我们之所以买下这个公司，就像

20世纪60年代早期总的投资状况一样，从统计数字上看价格很便宜。在前10年，它几乎没有一点赢利，相反，在10年的时间里公司的净亏损却在不断增加。现在，我们以远远低于营运资本的价格卖出。所以说，伯克希尔·哈撒韦公司本身就是一块鸡肋。"

巴菲特认为："纺织业是专营日用品的一种生意，尽管第二次世界大战中大多数士兵的服装用的是伯克希尔·哈撒韦公司生产的衬里，但是，当外国的商家能够以更低的成本生产这种衬里时，公司对我们就没有多大的意义了。"

在此案例中，巴菲特的根本失误在于，没看到后来由于全球化纺织业向发展中国家转移的趋势。对一个企业估值，涉及的知识并不仅限于该企业的财务状况这些微观的东西，还会涉及行业趋势、产业趋势、甚至全球化这样非常宏观的东西。

面对估值的不确定性，巴菲特提出了两种解决方法：①坚持能力圈原则，固守自己能理解的行业；②坚持在买入上留有很大的安全边际。巴老说过，"如果一项资产目前市价只是略低于其内在价值，我们没有兴趣买入它；只有在有'显著折扣'时我们才会买入"。

估值最根本的方法是彻底了解这家公司。公司估值是一门技术，也是一门艺术，体会其真谛需要艰苦的历练。价值投资者必须重视估值，没有估值，就无法确定安全边际；不要迷信学院派的繁杂的估值方法，更要放弃荒谬的"EPS（每股盈利）预测+PE估值"法，化复杂为简约。只要走在正确的路上，坚持不懈，多下苦工夫，掌握好一些行业的宏观的背景知识，估值的难题是可以破解的。

在2008年5月伯克希尔哈撒韦公司的股东大会上，有人抛出这样的问题："你2002年买中石油时只读了它的年报，大多数职业投资者都会做更多的研究，你为什么不做呢？你看年报时主要看什么？你怎么能看一份报告就做投资决定？"巴菲特的回答我们应该铭记，他说："我是在2002年春天读的年报。我从没问过任何人的意见。我当时认为这家公司值1000亿美元，但它那时的市值只有350亿美元。我们不喜欢做事要精确到小数点三位以后。如果有人体重大约在300磅到350磅之间，我不需要精确的体重就知道他是个胖子。"巴菲特的伙伴芒格的补充也很有意思："我们用于研究的费用比美国所有机构都低，我知道有个地方每年付两亿美元会计费，我知道我们的投资更安全，因为我们的思考方式像工程师。我们要的是可靠的利润。"很显然，巴菲特认为投资中石油确实靠看年报就够了，因为看过年报后他已经能给出估值，而其市值又远远低于内在价值。那么，为什么有人认为光看年报还不够呢？芒格给出了答案："思考方式不同。"

为什么一些专家、学者、研究员、分析师经常在估值上犯下非常严重的错误，经常严重高估一家公司或者严重低估一家公司的价值？这有外部因素的影响，如卖方分析师偏向于高估等，更重要的是，无论是市盈率（PE）、市净率（PB）、EV/EBITDA倍数等相对估值法，还是学院派的绝对估值方法，都没抓住主要矛盾，所以很容易犯精确的错误。

在企业估值上，模糊的正确胜过精确的错误，不用追求非常精确的数字，而是到一定区间就可以了。只要彻底了解这家公司，掌握好一些行业的宏观的背景知识，估值并不难，不需要非常精确的计算，而是用常识和毛估就可以解决。

总之，在企业估值上，模糊的正确胜过精确的错误，不用追求非常精确的数字，而是到一定区间就可以了。只要彻底了解这家公司，掌握好一些行业的宏观的背景知识，估值并不难，不需要非常精确的计算，而是用常识和毛估就可以解决。比如，大白菜的价格最近几年围绕一元一斤波动，价格跌到9角、8角时你可能很难判断价格是低了还是高了，但是跌到9分、8分时你很容易就能判断价格是低了。因为和正常的价格都不是一个数量级了。

为什么大白菜你能知道跌到几分就是被低估了，而公司什么时候被低估了却不知道呢？就是因为你没达到彻底了解这家公司，掌握好一些行业的宏观背景知识的程度。

自由现金流贴现估值法

本节简单地谈谈自由现金流贴现估值法，仅供有兴趣的读者参考。

自由现金流贴现估值法是最为广泛认同和接受的主流价值估值法。这一模型在资本市场发达的国家中被广泛应用于投资分析和投资组合管理、公司并购和公司财务等领域。

现金流贴现估值法的基本原理是，任何资产的价值等于其预期未来全部现金流的现值总和，这是现金流贴现估值方法的估值原理，即通过选取适当的贴现率，折算出预期在公司生命周期内可能产生全部的现金流之和，从而得出公司的价值。现金流会因所估资产的不同而有差异。对股票来说，现金流是红利；对债券而言，现金流是利息和本金；对实际项目而言，现金流是税后净现金流。贴现率取决于所预测现金流的风险程度，资产风险越高，贴现率就越高；反之，资产风险越低，贴现率越低。

1. 现金流贴现估值法的估值模型

（1）公司自由现金流稳定增长贴现模型

公司自由现金流稳定增长贴现模型估值的公式为：

$$V = \frac{FCFF}{(WACC - g_n)}$$

其中：$FCFF$ 为下一年预期的自由现金流；g_n 为 $FCFF$ 的永久增长率；$WACC$ 为加权平均资本成本等于股权成本和债务成本的加权平均值。

该模型必须满足四个条件：第一，公司自由现金流以固定的增长率增长；第二，折旧近似等于资本性支出；第三，公司股票的 β 值应接近于 1；第四，相对于经济的名义增长率，公司的增长率必须是合理的，即一般不能超过 1~2 个百分点。

（2）一般形式的公司自由现金流贴现模型。

该模型将公司的价值表示为预期公司自由现金流的现值，公式为：

$$V = \sum_{t=1}^{\infty} \frac{FCFF_t}{(1 + WACC)^t}$$

其中：$FCFF_t$ 为第 t 年的 $FCFF$。在实际中，经常会碰到 n 年后达到稳定增长状态的公司。该类公司的价值可表示如下：

$$V = \sum_{t=1}^{t=n} \frac{FCFF_t}{(1 + WACC)^t} + \frac{FCFF_{n+1}}{(WACC - g_n)(1 + WACC)^n}$$

其中：$WACC$ 为加权平均资本成本；g_n 为稳定增长状态的 $FCFF$ 增长率。

公司自由现金流贴现模型比较适合那些具有较高的财务杠杆比率以及财务杠杆比率正在发生变化的公司。当偿还债务导致的波动性使计算公司股权自由现金流变得很困难或由于较高的负债导致负的股权自由现金流时，股权自由现金流贴现模型就无法使用，而公司自由现金流贴现模型正好弥补了这一缺陷。因为自由现金流是偿还债务前的现金流，不受偿还债务的影响，也不可能出现负值。

2. 现金流贴现估值法参数的计算

（1）自由现金流的计算方法

公司的价值属于公司的各种投资者，其中包括股权资本投资者、债券持有者和优先股股东。因此，公司自由现金流是所有这些权利要求者的现金流总和，见

表 7 −1。

表 7 −1 现金流和贴现率

投资者	现金流	贴现率
股权资本投资者	股权资本自由现金流	股权资本成本
债权持有者	公司负债（包括利息）的待偿还额	税后债务成本
优先股股东	优先股股东股利	优先股资本成本

投资者公司自有现金流 =股权资本自由现金流 +公司负债的待偿还额 +优先股股东股利。对于有财务杠杆的公司而言，公司自由现金流高于股权自由现金流；对于无财务杠杆的公司而言，二者是相等的。

计算公式为：

$FCFF = EBIT$（1 −税率）+折旧 −资本性支出 −营运资本追加其中，$EBIT$ 指息税前利润。

（2）加权平均资本成本的计算方法

加权平均资本成本等于股权资本成本、税后债务成本、优先股资本成本的加权平均值。债务成本、优先股资本成本有现成的数据，而股权资本成本需使用资本资产定价模型进行计算。股权资本成本的计算方法是：

股权资本成本（R_s）=无风险资产收益率（R_F）+证券的贝塔系数（β）× 市场证券组合的风险溢价（$R_M − R_F$）

其中，β 是资产的风险相对于市场证券组合风险的比值，是一个风险测度。β 表示资产回报率对市场变动的敏感程度，可以衡量该资产的不可分散风险。$\beta >1$，说明资产的风险大于市场证券组合的风险，也就是风险较大，反之亦然。

加权平均资本成本的计算方法是：

$$WACC = \left(\frac{S}{S+B}\right) \times r_s + \left(\frac{B}{S+B}\right) \times r_B \times （1 − T_c）$$

其中，$S/（S+B）$ 为权益占总价值的比重；$B/（S+B）$ 为债权占总价值的比重；r_s 为权益资本成本；r_B 为债务资本成本即借款利率；T_c 为公司所得税税率。

现金流贴现估值法是最严谨的对企业和股票估值的方法，能够较为准确地揭示公司股票的内在价值。但估值结果取决于对未来现金流的预测以及对与未来现金流的风险特性相匹配的折现率估计，如何正确的选择参数比较困难，当实际情况与假设的前提条件有差距时，就会影响估价结果的可信度。

如果可以比较可靠地估计企业的未来现金流，同时，根据现金流的风险特性能够确定出恰当的贴现率，就适合采用现金流贴现的方法。除了适用于现金流相对确定的资产之外，也适用于当前处于高速成长或成熟稳定发展阶段的公司。

与股利贴现模型不同，自由现金流贴现模型更注重公司为股东创造价值的能力。显然，对于较少发放股利或股利发放不稳定的公司，该模型要比股利贴现模型更为适用。其缺点是，该模型的结果可能会受到人为的操纵（操纵自由现金流等），从而导致价值判断的失真；另外，对于暂时经营不善陷入亏损的公司，由于未来自由现金流难以预测，故该模型也不适用。

在什么时候卖出股票

有些人常常认为价值投资者就是长期持有的投资者，这是对价值投资者的误解，价值投资者并不一定会长期持有。投机者被套，持有的时间长了，也就不会变成价值投资者了。价值投资者并非机械地买入并持有，他们也会择机卖出持有的股票。价值投资者在什么时候，卖出股票呢？

第一，股价远高于内在价值时要卖出。这是最常遇见的情况。好公司并不值得一直持有，如果因为市场的疯狂，股价严重高估，已经透支了未来很多年的赢利，价值投资者当然要及时卖出，提前收获。有些人常常认为"好公司什么时候都可以买入"，还以为这是价值投资的思路，其实是错误的。好公司即使是黄金，也不应用比黄金贵的价钱来买；同理，如同黄金般的好公司，若有人愿意出钻石的价格来买，价值投资者也一定会卖。

第二，资产配置中，投资组合再平衡需要而卖出。要维持一定的资产配置比重，投资者需要执行再平衡。市场会波动，各类资产的涨跌幅度几乎不可能一样。假如放任不管，资产配置比重会逐渐走样。再平衡的动作，是为了调整到初始配置比重，会卖掉投资组合中表现好的投资标的，买进表现差的投资标的。如果股票的涨幅较大，就要卖出一部分，将资金配置到其他的投资标的上去。

第三，发现了更好的投资标的而卖出。发现更好的投资标的，使自己的投资组合更优化，这是投资者追求的目标，但应该有充分的事实根据支持行动，需要警惕过犹不及的情况。因为没有那么多值得价值投资者投资的公司，如果研究透了，10年内投资两三家公司就足够了。如果你经常能发现非常多的公司可以投资，那么只能说你研究得不透。这样很容易陷入频繁换股的境地，获得理想收益非常难。

第四，公司基本面发生质变性恶化，最根本的标准是买入理由已经变得不成立了。这其实就是止损。比如行业出现重大变化，严重影响公司发展，公司经营方向发生重大变化、公司品牌优势丧失等。比如你买入了贵州茅台，假设贵州茅台公司决定全线停产白酒，改为生产啤酒，那么你就要立即卖出（可别说，贵州茅台还真是有茅台啤酒，我想，贵州茅台将它的啤酒业务出售，是价值投资者所乐见的事）。

识破披着好公司外衣的差公司，读报表和常识很重要

如何识别那些披着好公司外衣的差公司，避免在投资中踩上地雷？读报表和常识很重要。下面结合中国证券史上两次著名的造假事件——"银广夏事件"和"蓝田神话"，来谈谈怎样识别这类公司。

【案例1】

银广夏事件

1987 年 4 月，陈川创立深圳广夏录像器材有限公司；1993 年 11 月，陈川在宁夏合资成立广夏（银川）实业股份有限公司；1994 年 6 月，公司股票在深圳证券交易所上市。此后，银广夏投资牙膏、水泥、白酒、牛黄、活性炭、葡萄酒、房产，但收效并不显著。1996 年公司开始治沙种草，创建闻名于世的银广夏麻黄草种植基地，银广夏由此踏上发迹的征程。

1998 年 10 月 20 日，天津广夏（集团）有限公司与德国诚信贸易公司签订了蛋黄卵磷脂和桂皮、生姜精油、含油树脂等萃取产品出口供货协议，供货金额 5600 万马克。1999 年天津广夏实现对德国诚信公司出口 1.1 亿马克，使当年上市公司利润总额达到 1.58 亿元；2000 年银广夏创始人陈川去世，宁夏科技厅厅长张吉生接过指挥棒。天津广夏再立新功，当年实现出口 1.8 亿马克，并且与德国诚信公司续签出口合同 60 亿元人民币，使银广夏的业绩和股价两个车轮飞转，成为深沪两市屈指可数的蓝筹牛股。

1999 年，银广夏的每股盈利 0.51 元；股价则从 1999 年 12 月 30 日的 13.97元启动，一路狂升，至 2000 年 4 月 19 日涨至 35.83 元。次日，银广夏实施了优厚的分红方案——10 转赠 10 后，即进入填权行情，于 2000 年 12 月 29 日完

全填权并创下 37.99 元新高，折合为除权前的价格 75.98 元，全年上涨 440%，高居深沪两市第二。2000 年报披露的业绩再创"奇迹"，在股本扩大一倍的基础上，每股收益攀升至 0.827 元。

然而，2001 年 8 月，银广夏却因媒体一份质疑，露出了造假的破绽，身价一落千丈，成为千古之恨。

尽管有各种炫目的所谓高科技生物技术光环在掩护银广夏，但是在银广夏的 2000 年年报里，已经露出许多作弊的马脚。

1. 天津广夏语言不详

公司按国家规定的格式公布了比较标准的报表和报表附注，但是在附注资料中，明知银广夏公司的总部没有一分钱的业务收入和业务成本，纯属于一个投资控股公司，却没有披露包含公司最重要业务收入和利润来源的报表及其说明，不符合披露的重要性原则，明显有对投资者欺骗的嫌疑，倒是对投资者判断公司用处不大的数十家子公司股权投资和其他股权投资概况做了大篇幅的列示。但是，有重大作弊嫌疑的正是在年报中语言不详的天津广夏。

2. 销售回款有文章

公司在会计报表附注中对"公司的货币资金 2000 年年末比 1999 年同期增加 2.27 亿元，增加 69.39%"的原因表述为"公司本年度的销售增加，且回笼现金较多所致"。但是从公司的资产负债表和现金流量表可以知道：

(1) 公司 2000 年比 1999 年增加短期借款 5.86 亿元。

(2) 在公司的现金流量表中，显示公司的现金净流量主要来源于公司的借款，即公司的净现金流量增加 2.27 亿元，来自于公司经营活动 1.24 亿元、公司的筹资活动（借款）3.45 亿元和公司的汇率变动形成货币资金 0.14 亿元，适用于公司的投资活动（主要是购买固定资产、在建工程等）等使现金流量减少 2.56 亿元。

(3) 从公司的资产负债表可知，公司 2000 年度的经营和其他活动，使公司的应收款项增加 4.4 亿元，增加 96.5%。因此，从上面的判断来说，公司 2000 年度的销售及销售货款回笼并不理想，公司资产负债表货币资金的增加决不是主要来自于公司的销售，而是来自于借款，公司希望以巨额的货币资金的囤积来显示销售及销售回款情况。

3. 税务处理，难以信服

在公司的信息披露中，公司详细说明了公司及其子公司所适用的所得税政策，如公司和所属公司分别适用15%、24%、33%的所得税税率，天津广夏等三个单位目前正享受免税待遇，因此，银广夏公司2000年度合并报表实现4.23亿元的利润总额，却只计算所得税费用739万元，综合计算其所得税税率仅为1.75%的异常情况就可以得到解释了，而且也反映了公司的收入和利润主要来源于几家免所得税子公司，尤其是天津广夏。然而，公司明确揭示公司所适用的增值税税率为17%，也没有享受国家规定的增值税减免政策。但是，我们从2000年年报中可以知道：

（1）公司2000年年末的应交增值税余额为负数，即公司的增值税不但不欠，而且还没有抵扣完。

（2）在公司的现金流量表中显示，公司2000年度的增值税只交了52602.31元，但是公司的工业企业性销售收入2000年度为8.27亿元，毛利为5.43亿元。从公司所用原材料和动力燃料方面来看，公司的增值税进项税应当是比较小的。因此，公司的应交增值税应当是比较大的，假设按比较保守的增值额，也就是公司的工业生产性的收入形成的毛利5.43亿元计算，公司应当计交的增值税至少为9231万元。如果公司是因产品外销退税，其退税情况也应当得到特别披露。我们不知道公司究竟是如何处理公司的增值税的，在年报中没有比较令人信服的详细的披露。

4. 财务风险较大

公司有两个比较有趣的同步增长：

（1）公司2000年度末的货币资金和应收款项合计比1999年末的该合计余额增加6.67亿元，而短期借款同期也增长5.86亿元。

（2）公司的收入和应收款项也保持大体比例的快速增长，如公司合并报表的销售收入1999年为3.83亿元，2000年度为9.08亿元；公司的合并报表显示的应收款项1999年末为5.05亿元，2000年度为9.09亿元。这样有趣的事情不是简单的巧合，而是预示着公司财务资金链条的衔接和断裂。

但是，在公司宣称的高科技生物制品大量高价外销的情况下，这样的大体同比例的增长，本身就显示了公司已经存在比较大的财务风险了。

银广夏造假事件确实令人震惊，在我们疾呼加强对上市公司监管的同时，投资者自身是否也应该提高鉴别上市公司投资价值的水平？关注上市公司所属行业的行业性数据与资料，仔细分析报表，将有助于投资者避免蒙受类似的投资损失。

为什么这样说呢？在国外，行业分析、报表分析往往是投资者作出投资抉择的重要步骤之一，如巴菲特每年就看 10000 多份报表。另外，深入的行业分析被认为是成功投资的先决条件，因为每个上市公司的命运都是与它所属行业的命运息息相关的。获得正确的相关行业性数据，对于有效分析上市公司所属行业对公司经营业绩的预测和影响是相当重要的。一般来说，投资者可以将权威部门如国家各部委发布的相关行业统计数据，作为判断的依据。只有注重行业分析，投资者才能具备一双随时识别"报表陷阱"的慧眼，才能有效避免银广夏这类造假案件带来的投资损失。

【案例2】

蓝田神话

1996 年 6 月，蓝田股份在上海证券交易所上市。

蓝田股份是家来头不小的公司，不仅是农业部首家推荐上市的企业，农业部还直接持有该上市公司 18.85% 的股权（1999 年 4 月农业部才退出）。具有如此的中央部门背景，蓝田股份理所当然地被称为"中国农业第一股"。

其实，当时蓝田股份是由一位退伍军人、前沈阳行政学院副院长瞿兆玉创办的三家企业拼凑而成的，公司上市后便把所有的项目投往瞿的家乡湖北省洪湖市（公司"蓝田"的名称是瞿的小名）。由于洪湖在历史上是个鱼米之乡，也是老革命根据地，著名的"洪湖水浪打浪"的歌词更是脍炙人口，这为蓝田神话打下了一个良好的基础。

蓝田上市后，其财务报表显示业绩持续高速增长，历年年报的业绩都在 0.60 元/股以上，最高时更是达到 1.15 元/股。即使在 1998 年遭遇了特大洪灾后，其每股盈利也达到了 0.81 元。从 1996 年开始，蓝田股份的利润连年翻番，从 1996 年的 5927 万元到 1999 年的 5.1 亿元，2000 年才回落到 4.3 亿元。

但蓝田的业绩神话也引来各种质疑。上市 5 年，2001 年中期未分配利润高达 11.4 亿元，蓝田却只在 2001 年 6 月进行过一次每 10 股派 1.6 元的分红。

瞿兆玉是个很会讲故事的人，比如他说洪湖盛产一种淡水龙虾，当地人不吃，蓝田以极低的价格收购，每 6 斤活虾能出 1 斤冰虾仁，冰虾仁的出口价为 20 元/斤，而整个成本仅靠虾壳等副产品加工后的饲料销售收入就可全部抵消，纯利是 20 元。

瞿兆玉最有名的故事是蓝田所产的"青壳一号"的鸭子——只需散养在洪湖里，吃小鱼和草根（这意味着不用饲料），产量高、味道好，一只青壳鸭年产鸭蛋 300 只，是普通鸭子的一倍以上，每只鸭蛋的平均纯利为 0.4 元。瞿兆玉得出的结论是："一只鸭子一年的利润相当于生产两台彩电。"

瞿兆玉的这个故事曾引起了记者的注意，有记者认为他是骗子。2000 年 1 月在媒体上呼吁证券公司农业行业的证券分析师去洪湖待个把月，去数一数这种野鸭（不吃饲料到处跑的鸭子不是野鸭是什么）到底能生几个蛋。

2001 年 10 月 8 日，蓝田发了一个公告，称"公司已接受中国证监会对本公司有关事项进行的调查"。这引起了中央财经大学研究所研究员刘姝威的注意。

刘姝威曾师从著名经济学家陈岱孙、厉以宁，时任中央财经大学研究所研究员。

此前，刘应约写一本题目为《上市公司虚假会计报表识别技术》的书。书的初稿完成之后，有人提议：书中虽有十几个案例，不如详细分析一两家上市公司，把这一两家上市公司分析透了，读者能够整体地了解和掌握这些分析技术。

刘姝威接受了这个建议，开始注意上市公司的财务报告。蓝田，这个上市 5 年的公司撞到了刘姝威的"枪口"上。

2001 年 10 月 9 日起，刘姝威对蓝田的财务报告进行了分析，得出的结果是，2000 年蓝田的流动比率已经下降到 0.77，净营运资金已经下降到负 1.27 亿元。

通过这几个简单的数字刘姝威看到：蓝田在一年内难以偿还流动债务，有 1.27 亿元的短期债务无法偿还。这令刘姝威震惊，蓝田已经失去了创造现金流量的能力，完全是在依靠银行的贷款维持生存——它是一个空壳！

10月23日，刘姝威毫不犹豫地将《应立即停止对蓝田股份发放贷款》的600字报告传真给了《金融内参》编辑部，两天之后顺利刊发。

《金融内参》是中国人民银行下属《金融时报》的内部刊物，报送范围只限于中央金融工委、人民银行总行领导和有关司局级领导，刊物属于机密级。这份报告也摆上了国内各大银行最高层的桌面。从这一天起，蓝田神话破灭的序幕拉开了。

刘姝威没想到，一份只发行180份的《金融内参》竟然被瞿兆玉获得并上门兴师问罪，理由是所有银行停发了贷款，蓝田公司的业务无法进行。

由于瞿兆玉的政治能量极大，12月12日的《金融内参》不得不发表声明，"刘文"纯系作者个人观点，这意味着由中国人民银行主办的《金融时报》的内部材料竟然也顶不住压力了。第二天，刘姝威接到湖北省洪湖市人民法院的传票，蓝田公司对她提起三项诉讼：要求她赔礼道歉，赔偿经济损失50万元，承担本案全部诉讼费。

幸运的是，经过"基金黑幕"、"银广夏"等事件的洗礼，尤其是中国证监会再也不愿意老是由媒体捷足先登，而自己仅处于被动的地位，早在2001年9月21日证监会就开始调查蓝田股份。

2002年1月22日，更名为"生态农业"的蓝田股份突然发布重大事项公告，称公司因涉嫌提供虚假财务信息，公司董事长、会计师、董秘及7名中层管理人员被拘传。

2003年5月23日，生态农业终止上市，它不仅套牢了银行20亿元（其中工商银行10亿，农业银行9亿），而且让25亿元流通市值在股市上灰飞烟灭。2006年7月31日，武汉市中级人民法院终于公开宣判，被告生态农业公司向83名原告赔偿540多万元，而华伦会计师事务所也被判决对原告的经济损失承担连带赔偿责任。这是中国股市上因上市公司造假，会计师行首次判赔。

蓝田事件对中小投资者的意义在于：投资者在投资时需要尊重常识。在投资中，我们有时看到一些企业有很高的利润率，但是，除非企业有技术、成本、管理上的超高壁垒，否则高利润率很有可能有水分。一般情况下，对于销售利润率高于30%的数据，都需要予以特别关注，要用怀疑的目光识别财务数据背后可能的陷阱。此外，对远高于同行的财务指标需要十分小心，比别人聪明一点已经不太容易了，要聪明很多更是难上加难。例如，蓝田的鱼鸭养殖每亩产值高达 3 万元，而同样是在湖北养鱼，武昌鱼的招股说明书的数字显示每亩产值不足 1000 元，稍有常识的人都能看出这个比同行养殖高出几十倍的奇迹的破绽。

目前，我国上市公司报表编制时普遍存在不规范现象，三大会计报表就上市公司资产负债结构、盈利能力、现金流动情况向投资者提供了公司经营的信息，但应该加强自己的财务分析能力。很多时候财务造假只是用一些很低级的手法，如果认真分析其报表，是可以看得出来的，这样能尽早地把这种风险杜绝于门外，避免因此带来投资损失。在研究公司中，要重视分析现金流，因为在财务上最难作假的就是自由现金流，很多公司若在财务上要花招在现金流中很容易露出破绽。

通过上市公司的报表尤其是年报，能认清公司的质地，对公司的成长性和赚钱能力有了清晰的认识，可以清楚公司的钱是从哪里赚来的，通过报表，是能够把公司的情况弄明白的。如果报表认真看了之后还弄不明白这家公司，建议放弃对该公司的研究，更不要对其进行投资。

读报表时注意以下四步：

第一步，由大及小——先看行业再看企业。

读财报看似高深复杂，但对于广大抱有理财心态而非投机心态的普通股民来说，掌握一些基本方法，便可以使投资风险大大降低。分析上市公司所处的行业发展状况和前景，判断行业将发生的变化及其对上市公司的影响，是财报分析的第一步。

例如，什么样的家电行业上市公司会被淘汰出局？根据对家电行业的分析，不具备核心技术的领先优势和市场狭小的企业将被淘汰出局。如在经济危机下我国空调行业整体呈现负增长，却仍实现净利润增长的格力电器、青岛海尔等名列前茅的家电行业上市公司，就有核心技术的领先优势。

第二步，学会辨别系统性风险和非系统性风险，即上市公司出现的问题是行业普遍存在的问题，还是上市公司自身存在的问题。

比如，金融风暴下化工行业在全球范围内都出现了系统性风险，该风险在短期内不会消失。因此看化工企业，就看它有没有为改变而做好准备，这是一个关键。

第三步，对同行业的上市公司进行比较，由纵到横——同行比较是关键。

在同一行业中，无论是龙头企业还是落后企业，它们的财务数据和财务指标都不会明显地偏离同一平均值。如果发生偏离，投资者必须分析其原因，通过比较同业企业财务指标、主营产品结构、经营策略等，判断不同企业的盈利和发展空间。

例如，2008 年宝钢股份与邯郸钢铁的库存商品增量，宝钢的主营产品多是高端产品，毛利率较高，虽受金融风暴的影响需求锐减，但存货仅比上年增加0.57%；而邯钢缺少高利润率的高端产品，主营产品毛利率较低，所以存货比上年增加 108%，这就是比较出来的区别。

第四步，具体分析上市公司的主营产品以及经营策略。

分析上市公司，不仅仅是要看财务报表，因为财务报表已经是过去的了。股民首先要关注的是企业的经营策略，看企业的董事会报告，看这家企业对宏观经济的判断、对整个行业的判断，以及对过去一个经济周期自身业绩的总结和未来规划。董事会成员结构也要看，技术专家和财务专家要比例相当。

怎样让自己的钱再生钱
——投资规划

第 8 章

基 金 投 资

1

为什么要投资基金

有不少"一瓶子不满，半瓶子晃荡"的散户，经常会对投资基金不屑一顾："基金赚钱太慢了，收益太低了"、"基金经理水平太低，很多都是傻瓜，还不如我自己炒股"。真的是这样吗？炒股的散户频繁操作，有的确实在牛市能赚一些蝇头小利，但到熊市，几次大跌把以前的赢利就全吐回去了。长期来看，能赚钱的散户有 1/10 就不错了。但是长期投资基金的投资者，大多数都赚钱。

普通投资者为什么要投资基金？

第一，对普通投资者而言，一般缺乏丰富的股票投资经验和知识，也缺乏研究操作的时间，把钱交给专业人士和团队打理，是一种明智的选择。

第二，投资基金的收益不比自己做股票差多少，长期看，比一般的散户自己操作收益要高。

第三，资产配置的需要。基金有许多品种，比如货币基金、指数基金、混合基金、股票基金等，不同的基金有不同的风险收益特征。投资者在对自己的风险承受能力和理财目标进行分析后，可以选择与自身风险承受能力相匹配的基金产品；并且可以通过基金或者基金和其他投资标的组合，来构建自己的投资组合，在风险可控可承受的情况下，实现自己的理财目标。

第四，对一般投资者来讲，投资基金风险总体上比自己投资股票风险要小。自己投资股票，因为资金量较小，顶多买几只，就存在着买到差公司的股票的风险，甚至有买到将退市的股票的风险。但基金一般会将资产分散配置到现金、债券或很多只股票上面，并且是专业投研团队研究选出的股票，这就避免了某只股票退市造成重大损失的风险。

据美国 Lipper 和 Bloomberg 资料，从 1983 年到 2003 年这 20 年间，美国股市经历了 1987 年 10 月因过度采用"电脑程序化"交易引发的非理性崩盘、1990年的波斯湾战争、2001 年纽约"9·11"恐怖袭击等重大事件的冲击，但美国股票型基金仍然取得较为理想的长期收益，年均收益率达到 10.3%，远远高出年均约 5.6% 的通货膨胀率，为投资人带来了可观的回报。因此，基金是适合长期投资的工具。

国内外统计数据均显示，投资的时间越长，亏损的可能性越小，定期定额投资基金只要投资超过 15 年的时间，亏损的概率几乎为零。

第五，适合长期投资。基金可以持有几十年，但是，在中国，股票你敢持有几十年吗？相信绝大多数人都不敢。中国是新兴市场国家，公司的平均寿命比成熟市场要短得多。

第六，投资基金是大势所趋。1980～2005 年期间，美国持有开放式基金的家庭从 460 万户上升到 5370 万户，占家庭总户数的比例从 5.7% 提高到 47.5%，也就是说，近一半的美国家庭持有基金。美国的股民也就是个人股票投资者的数量却远远小于基民数。截止 2005 年，美国有 9000 万户家庭在股票、国债、基金等证券市场进行投资，但是，只有 11%（不到 1000 万户）的投资者自己进行股票证券交易。这和到 2011 年 5 月底，中国股票开户数高达 1.3 亿而基金开户数仅有 3000 多万形成鲜明对比。

纵观中国股市发展的十几年间，被股票市场"消灭"的散户投资者不计其数，这些被"消灭"的散户投资者不仅损失了金钱，而且身心俱疲。从成熟市场的经验看，散户选择共同基金是必然的选择。股票市场正在从机构与散户的博弈阶段向机构之间的博弈转化，散户从这个市场中逐步退出，是顺应历史趋势的。投资基金对大多数业余投资者是比较现实可行的。像美国成熟的资本市场，共同基金、养老基金、对冲基金、保险公司和投资银行这些机构是市场最主要的直接参与者，而美国投资人习惯把钱交给这些机构打理，随着我国资本市场的逐步发展成熟，这一趋势也将是必然的。

2

基金的分类

按投资对象分类

依据投资对象的不同，基金可分为股票型基金、债券型基金、货币市场基金、混合型基金等类别。这种分类简单明确，对份额持有人具有直接的参考价值。

（1）货币市场基金。货币市场基金以短期货币市场工具为投资对象。根据中国证监会对基金类别的分类标准，仅投资于货币市场工具的为货币市场型基金。

（2）债券型基金。债券型基金主要以债券为投资对象。根据中国证监会对基金类别的分类标准，80％以上的基金资产投资于债券的为债券型基金。

（3）股票型基金。股票型基金是指以股票为主要投资对象的基金。股票型基金在各类基金中历史最为悠久，也是各国广泛采用的一种基金类型。根据中国证监会对基金类别的分类标准，60％以上的基金资产投资于股票的为股票型基金。

（4）混合型基金。混合型基金同时以股票、债券为投资对象，以期通过在不同资产类别上的投资，实现收益与风险之间的平衡。根据中国证监会对基金类别的分类标准，投资于股票、债券和货币市场工具，但股票投资和债券投资的比例不符合股票型基金、债券型基金规定的，为混合型基金。

（5）其他基金。中国证监会规定的其他基金类别。《证券投资基金运作管理办法》所确定的基金分类标准是目前中国基金市场的法定分类标准，凡是在中国内地进行注册成立的基金公司都应该遵守此规定，新发行的基金都会在基金名称中予以写明。

按规模是否变化分类

按规模是否变化，可将基金分为封闭式基金和开放式基金。它们的主要区别如下。

（1）封闭式基金有固定的存续期，基金的规模在发行前就已经确定，在发行完毕后和规定的期限内，期间基金规模固定。而开放式基金是指基金规模不固定，基金单位投资者可以随时买入，也可随时要求基金公司买回，这两个过程分别叫申购和赎回。因此，开放式基金的规模可以因投资者的申购、赎回而随时变动。

（2）封闭式基金在证券交易所上市交易，投资者可以通过二级市场买卖基金单位。而开放式基金一般在规定的营业场所办理申购及赎回，不上市交易。

（3）封闭式基金的交易价格主要受二级市场对该基金单位的供求关系影响，而开放式基金的申购、赎回价格则以公布的基金单位资产净值加减一定的手续费计算，能一目了然地反映其投资价值。

（4）期限不同。封闭式基金有固定期限，国内封闭式基金的期限一般在5～15年。而开放式基金一般是没有固定期限的。

（5）基金单位的买卖途径不同。封闭式基金的买卖途径类似于股票，在证券交易所交易。开放式基金既可以由基金管理公司直销，也可以由商业银行等代销机构代销，赎回也经由上述途径办理，不在交易所挂牌交易。

（6）基金单位的交易价格不同。封闭式基金的交易价格主要受市场供求关系的影响，买卖价格与基金净值一般不同，常常会出现溢价或折价，因此，除了净值变动外，投资者还需要承担因供求关系变化引起的价格波动风险。开放式基金的基金单位买卖价格是以基金单位对应的资产净值为基础，不会出现折价现象。

（7）管理要求不同。开放式基金随时面临赎回的压力，所以更注重流动性等风险管理，并要求基金管理人具有更高的投资管理水平。由于开放式基金规模的可变性，基金管理公司的管理绩效对开放式基金的规模有较大影响。表现好的基金可以吸引更多的资金投资，从而扩大规模；表现差的基金可能引起投资者的赎回，导致基金规模减小，甚至清盘。此外，基金管理公司的客户服务对基金的规模也会产生一定影响。所以，相对封闭式基金而言，开放式基金对基金管理公司改进投资管理和客户服务的压力和动力都较大。

按投资目标来分类

按投资目标来分类，基金可分为成长型基金、收入型基金、平衡型基金。

（1）成长型基金。成长型基金是以追求资产的长期增值和赢利为基本目标，投资于良好增长潜力的股票或其他证券的证券投资基金。

（2）收入型基金。收入型基金是以追求当期高收入为基本目标，以稳定收入的证券为主要投资对象的证券投资基金。

（3）平衡型基金。平衡型基金是以保障资本安全、当期收益分配、资本和收益的长期成长等为基本目标，在投资组合中比较注重长短期收益—风险搭配的证券投资基金。

按投资理念的不同分类

按投资理念的不同，可分为主动型基金和被动（指数）型基金。

主动型基金是一类力图超越基准组合表现的基金。

被动型基金则不主动寻求取得超越市场的表现，而是试图复制指数的表现，并且一般选取特定的指数作为跟踪的对象，因此通常又被称为指数型基金。相比较而言，主动型基金的风险比被动型基金要大，但取得的收益也可能更大。

按募集方式分类

按募集方式不同，基金可分为私募基金和公募基金。

公募基金是以公开发行方式向社会公众投资者募集资金并以证券为投资对象的证券投资基金。它具有公开性、可变现性、高规范性等特点。

私募基金是以非公开方式向特定投资者募集资金并以证券为投资对象的证券投资基金。它具有非公开性、募集性、大额投资性、封闭性和非上市性等特点。

公募基金可以面向社会公开发售基金份额和宣传推广，基金募集对象不固定，投资金额要求低，适宜中小份额持有人参与；但必须遵守基金法律和法规的约束，并接受监管部门的严格监管。

私募基金不能进行公开的发售和宣传推广，投资金额要求高，份额持有人的资格和人数常常受到严格的限制。例如，美国法律要求，私募基金的份额持有人人数不得超过 100 人，每个份额持有人的净资产必须在 100 万美元以上。在运作上，私募基金具有较大的灵活性，所受到的限制和约束也较少。它既可以投资于衍生金融产品，进行买空卖空交易，也可以进行汇率、商品期货投机交易等。私募基金的投资风险较高，主要以具有较强风险承受能力的富裕阶层为目标客户。

我国目前的私募基金又称"阳光私募"，是以和信托公司合作发行产品的形式运作的。投资起点金额一般是 100 万元人民币。

除此之外，还有特殊类型基金，主要包括伞型基金、保本基金、交易型开放式基金（ETF）与上市开放式基金（LOF）。

伞型基金是基金下有一群投资于不同标的子基金，且各子基金的管理工作均独立进行。只要投资在任何一家子基金，即可任意转换到另一个子基金，不需额外负担费用。在我国，购买一家基金公司的某只基金，可以通过基金转换业务，把该基金转换为该基金公司下的另一只基金，通常不收或者收取很低的基金转换费用。

　　保本基金是通过采用投资组合保险技术，保证投资者在投资到期时至少能够获得投资本金或一定回报的证券投资基金。

　　交易型开放式指数基金（ETF）是在交易所上市交易的、基金份额可变的一种基金运作方式，目前我国证券市场的 ETF 共有 5 家，它们是华夏上证 50ETF（510050）、易方达深 100ETF（159901）、华安 180ETF（510180）、华夏中小板ETF（159902）和上证红利 ETF（510880）。

　　上市开放式基金（LOF）是一种既可以在场外市场进行基金份额的申购、赎回，又可以在交易所进行基金份额交易，并通过份额转托管机制将场外市场与场内市场有机地联系在一起的一种新的基金运作方式。它是我国对证券投资基金的一种本土化创新。

　　当然，还有其他的基金分类方法，普通投资者一般不会用到，就不再赘述了。

8

基金投资

3

如何选择基金

　　基金的种类较多，每种里面各家基金公司发行的具体的基金产品数量更多，不少种类都有几百只之多。对普通投资者来讲，怎样选择基金呢？

　　在投资基金前，应该先评估一下自己的风险偏好和风险承受能力，在本书的第2章有风险测试问卷和风险承受力问卷，可以自测一下。

　　选基金，首先就要选和自己风险偏好、风险承受能力、理财目标相匹配的基金类型，即看基金的投资目标、投资对象、风险水平是否与个人目标相符。比如投资目标，每个人因年龄、收入、家庭状况的不同而具有不同的投资目标。

　　一般而言，年轻人适合选择风险高一些的基金，而即将退休的人适合选择风险较低的基金。一般来说，高风险投资的回报潜力也较高。然而，如果你对市场的短期波动较为敏感，便应该考虑投资一些风险较低及价格较为稳定的基金。假使你的投资取向较为进取，并不介意市场的短期波动，同时希望赚取较高回报，那么一些较高风险的基金或许符合你的需要。

　　投资者有5种类型：保守型、中庸保守型、中庸型、中庸进取型和进取型。这5类投资者的风险承受能力依次递增，根据他们的风险承受能力及偏好，通常给他们如下建议。

　　①保守型投资者。建议这类投资者选择购买货币型基金或者是保本型基金。因为这样的投资者极不愿意面对投资亏本，不会主动参与有风险的投资，即使投资回报率相对较低，仍希望将钱存放于相对保本的地方。

　　②中庸保守型、中庸型投资者投资者。这类投资者可以购买货币型基金、债券型基金和保本型基金的组合。因为这类投资者较之保守型投资者愿意承担一定的风险，但是承担风险的能力较弱。

　　③中庸进取型投资者。这类投资者可以选择股票型基金中投资风格稳健的基金，如混合型基金或者那些稳健成长风格的基金，也可以通过不同类型的基金的

资产配置，实现收益的稳定增长。

④进取型的投资者。这类投资者可以选择股票型基金中那些追求高额回报的基金或者指数基金。

上面这些建议仅是投资者根据风险偏好来匹配合适的基金类型，并不是绝对的。比如中庸保守型投资者只要做好投资组合的配置，照样可以投资高风险的股票基金，中庸保守型投资者完全可以构建一个由50％债券基金、35％保本基金和15％股票基金组成的投资组合。

另外，还必须考虑到投资者的投资目标、投资期限等具体情况。如果是年轻夫妇为孩子储备上大学的教育金，投资期限长达十几年，那么当然不能投资货币基金（因为货币基金很难跑赢通胀），而是可以考虑投资股票基金或者其他的偏进取的投资组合。即便是进取型的投资者，如果有一笔下个月要用来买房的钱，也不能投资别的基金，而是要投资货币性基金。

选出来要投资的基金类型或者构建好基金品种组合以后，怎样在众多的基金中选哪只基金呢？一般来说，可从以下几个方面进行考察。

第一，可以考察基金累计净值增长率。基金累计净值增长率＝（份额累计净值－单位面值）/单位面值。例如，某基金目前的份额累计净值为1.18元，单位面值1.00元，则该基金的累计净值增长率为18％。

可以将累计净值增长率与其他同类型的基金进行比较。一般来说，应该区别对待风险不同、类别不同的基金，将不同类别基金的业绩直接进行比较的意义不大。这可以通过东方财富网、新浪、和讯、金融界等网站来查阅基金的累计净值增长率等资料。

第二，可以考察基金分红比率。基金分红比率＝基金分红累计金额÷基金面值。以融通基金管理有限公司的融通深证100指数基金为例，自2003年9月成立以来，累计分红7次，分红比率为16％。因为基金分红的前提之一是必须有一定的赢利，才能实现分红甚至持续分红，这在一定程度上反映该基金较为理想的运作状况。

第三，可将基金收益与大盘走势相比较。如果一只基金大多数时间的业绩表现都比同期大盘指数好，那么可以说这只基金的管理是比较有效的，选择这种基金进行定期定额投资，风险和收益都会达到一个比较理想的匹配状态。

第四，专业能力较强的基金公司。可以查看基金的投资组合、在重要时间段

8

基金投资

的资产配置调整，衡量基金经理的选时、择股能力。

第五，了解基金经理是否有足够的基金管理的经验。如果基金经理有丰富的基金从业经验，投资者就可以"有迹可寻"，即通过该基金经理以往管理基金的业绩了解其基金管理水平。投资者可以从招募说明书、基金公司网站上获取基金经理的有关信息，并对其从业资历进行分析。

第六，参考专业公司的基金评级了解基金的综合经营业绩。所谓基金评级，就是独立的第三方权威评级机构通过收集有关信息，运用科学的定性和定量分析方法，依据一定的标准，对基金绩效表现作出的客观公正评价。它将基金类别、投资风险和基金收益三者有效地结合起来，全面评价基金的经营业绩。最为著名的基金评级有"晨星评级"、"理柏评级"。

第七，了解基金管理公司的管理水平。基金是由基金管理公司管理的，基金管理公司的管理水平如何，将直接影响到基金的表现，国内目前存在着部分小基金公司管理水平较差的情况，因此选择信誉卓著的基金管理公司管理的基金进行投资，也是一个重要方面。

第八，在其他条件相当的情况下，还可以关注一下基金的费用水平的高低。

投资基金的方法和策略

买入并长期持有

在经济持续高速发展，金融环境不断完善的市场中，这可能是一个不错的基金投资策略。

首先，操作成本较低。申购、赎回一只基金一般要承担 1.5% ~3% 的交易费用，这对于投资者来说是较大的成本。而长期持有可以避免频繁操作的交易成本，更可以减免赎回费用，无形中给了投资者更多的回报。其次，股票型基金也因为其不同的投资组合和投资策略，在相同的市场中产生不同的收益。这也就是老百姓所说的好的基金和一般的基金。

固定比例投资组合

基金投资者一般都知道，基金也分很多种类，有股票型、债券型、货币市场型等等。股票型基金中还根据不同的投资策略，一般分为成长型、收入型、平衡型。不同的分类也表明了不同的风险和收益。当投资者觉得未来的经济形势不明朗，或觉得市场风险相对较大时，可以采取固定比例投资组合的方式。投资组合可以有效减少非系统风险，简单地讲就是单只基金因自身投资决策和操作方法产生的净值波动较大的风险。其实，基金也是运用投资组合来降低自身风险的。你可以根据自己的投资理念或投资经验，选择 3 ~5 只不同类型的基金，并确保其中有 1 ~2 只债券型或货币市场型基金，这样可以有效避免股票市场的剧烈波动所带来的风险。

定期定额投资

定期定额投资基金是指在固定的时间（如每月 8 日）以固定的金额（如 500 元）投资到指定的开放式基金中，类似于银行的零存整取方式。这样，投资可以平均成本、分散风险，比较适合进行长期投资。

用定期定额方式投资开放式基金的优势有以下几点：

第一，定期投资，积少成多。投资者可能每隔一段时间都会有一些闲散资金，通过定期定额投资计划购买标的进行投资增值可以"聚沙成丘"，在不知不觉中积攒一笔不小的财富。

第二，不用考虑投资时点。投资的要诀就是"低买高卖"，但却很少有人在投资时掌握到最佳的买卖点获利，为避免这种人为的主观判断失误，投资者可通过"定投计划"来投资市场，不必在乎进场时点，不必在意市场价格，无需为其短期波动而改变长期投资决策。

第三，平均投资，分散风险。资金是分期投入的，投资的成本有高有低，长期平均下来比较低，所以最大限度地分散了投资风险。

第四，复利效果，长期可观。"定投计划"收益为复利效应，本金所产生的利息加入本金继续衍生收益，通过利滚利的效果，随着时间的推移，复利效果越明显。定投的复利效果需要较长时间才能充分展现，因此不宜因市场短线波动而随便终止。

第五，自动转账，方便省心。定时定额投资开放式基金的手续十分方便，只需去开办此类业务的银行申请办理即可，签一个"定时定额扣款委托书"，银行就会定期自动扣款，只要在银行转账日前保持足够的资金就可以省去来回跑银行的麻烦，省时省事。

金字塔形买卖法

金字塔形买卖法是股票投资的一种操作方法，是分批买卖法的变种。此法是针对股票价位的高低，以简单的三角形（即金字塔形）作为买卖的准则，来适当调整和决定股票买卖数量的一种方法。

金字塔形买卖法为金字塔形买入法和倒金字塔形卖出法两种。

金字塔形买入法（即正三角形）的下方基底较宽广且愈往上愈小，宽广的部分显示股价价位低时，买进数量较大，当股票股价逐渐上升时，买进的数量应逐渐减少，从而降低投资风险。例如，某投资者预计某种股票价格看涨，他以每股20元的价格购进1000股。当价格涨到每股23元时，他又买进了500股，如股价再涨至25元时，投资者仍然认为股价看好，可以再买进100股。至于该买进多少数量和何时终止购买行为，完全依资金的多少、股票的优劣程度、股市的人气状况，由投资者自行决定。

采用这种愈买愈少的金字塔形买入的优点在于：如果投资者在第一次购买行为完成后，仍处于上升之中，投资者还可以第二次、第三次追加投入，以增加获利机会，尽管在这种情况下，不如一次全部投入获利更多的盈利，但却能减少因股价下跌有可能给投资者带来的风险。如果股价是在第二次、第三次购买行为完成后再出现下跌，也会因第二次或第三次买入的股数较少，而不会造成太大的损失。由此可见，愈买愈少的金字塔形买入法是增加获利机会又能减少风险的一种股票购买方法。

倒金字塔形卖出法与正金字塔形相反，其下方较尖小，而愈往上则愈宽广。倒金塔型卖出法要求，当股票价位不断升高时，卖出的数量应效仿倒三角形的形状而逐渐扩大，以赚取更多的差价收益。仍如上述投资者购买的股票为例，假定当价格上涨到每股市价 30 元时，投资者认为价格在上涨一段时间后会出现下跌，因此，就采用倒金字塔形卖出法先出售 100 股，当股价升至 35 元时，又出售更多的部分（比如 500 股），又过了几天，股价涨至 37 元时，则全部售出。

倒金字塔形卖出法的优点是，能在人气旺盛的时候售出股票，股票出手容易，既能获得较好差价，又能减少风险。

在基金投资中，不仅要注重具体基金品种的选择，还要重视资产配置。因为历史情况表明，无论是基金经理还是个人投资者，投资收益中的大部分来自于资产配置的贡献。投资者在无法甄别基金经理个人能力的情况下，提高自身的资产配置能力是获取超额收益的不二法门。

金字塔形买卖法不只适用于股票投资，基金投资也可以参照金字塔形买卖法。

举例来说，投资者可以逆股市风向而动，在股市下跌过程中，不断加大偏股型基金配置，同时减少债券型基金投资，特别是当股市估值偏离历史均值较大幅度时更应加大偏股型基金配置的比重。相反，在股市高涨时，应不断减少偏股基金资产配置，增加债券基金配置比例，特别是当股市估值逼近历史高点时更应如此。

长期来看，股市围绕估值均值波动，只有拿到更低的筹码才能战胜市场。正如投资大师巴菲特所言："在别人贪婪时恐惧，在别人恐惧时贪婪。"道理虽然浅显易懂，但大多数人无法战胜自己的贪婪和恐惧做出理性选择，因而无法获得超额收益，这就是股市中少数人赚钱、多数人亏损的原因，基金投资同样如此。

定期赎回法

投资基金时，买卖方法是因人而异的。有人看好行情就会把钱全投进去，反之就全盘撤出；有人则分期购进，定期赎回。实践证明，后者比前者更胜一筹。因为是在不同的价位上赎回，既减少了时间性的风险，又避免了在低价位时无可奈何地斩仓，尤其适合一些退休老人定期支付生活费之用。该办法是一次性认购或分期投资某一基金，在一段时间后，开始每月卖出部分基金单位，投资者便可每月收到一笔现金。

5

基金投资案例

基金定投案例：如何用基金定投实现理财目标

【案例1】

小家庭如何理财储备子女教育金和养老金

基金投资中，每个基金品种在个人理财配置中都能起到不同的作用，在不同的时机、不同的风险承担能力、不同的回报需求的情况下，合理地配置这些产品将会让投资更加有效。简单地说，在风险和收益基本成正比的大前提下，产品的风险程度应是股票型基金＞混合型基金＞债券型基金＞货币型基金，应根据自身的情况合理配置，以求得到最合理的收益。

下面以一个实例说明基金资产配置的简单模式，假设该投资人的个人条件如下。

投资人A，男性，32岁，已婚，有3岁小孩一个，夫妇月收入9500元，家庭月支出2000元，小孩全托，每月托费600元，每月还房贷车贷2000元，老人暂时无需赡养，保险单位已买，基本无储蓄。此家庭为典型的青年家庭，家庭月收入9500－支出2000－小孩600－房贷车贷2000＝4900元，即每月有4900元可自由支配，扣除每月应急零用等杂费1000元，还有3900元可作投资。根据此家庭的特点，以后主要使用资金的方面在子女教育、自身养老两项，因此建议如下：

2000元定期定额购买管理能力较强的基金公司的股票基金，以备做子女教育经费；1900元定期定额购买混合型基金或债券型基金作自身养老储备，这种基金风险较小，收益相对稳定，适合超长期投资。

以上是针对此家庭作出的简单的基金理财方案，相信会给投资者带来一定的启发。虽然每个家庭的情况各不相同，但把风险控制在可承受的范围内并取得投资最大收益的目的都是一样的。

【案例2】

"月光族"月投3000元　4年买房

目前，动辄上百万元且波动不断的房价使年轻人的购房压力巨大，但基金定投能够帮助他们实现买房梦。

白领小刘工作3年，月收入8000元，单身，是典型的"月光族"，没有任何存款。他下定决心通过5年的时间，积攒一笔钱购买一套80平方米的房子，首付款约需30万元。理财专家建议小刘每月把4000元用于生活支出，另外至少留下4000元。其中，1000元用于活期储蓄，3000元用于基金定投。

以博时精选基金为例：如果客户从2005年1月至2009年3月以定投方式投资该基金每月3000元。在此期间投资金额共计153000.00元，期末总资产额为269699.23元，投资净收益116699.23元，投资回报率为76.27%，年化投资回报率为14.28%。

如果小刘像以上这位客户这样，4年零3个月通过基金定投积累将近27万元，加上每个月1000元的存款共51000元，那么小刘在4年多可以积累32万元，支付总价100万元房子的首付就不再是难事了。

【案例3】

每月6000元定投　圆子女海外名校梦

据测算，深圳一个普通家庭要把一个孩子培养到大学毕业，仅是上国内普通大学，就需要约55万元。而从1985年到2005年我国普通居民的工资增长是15倍，大学学费的增长是25倍。这意味着教育支出的增长速度明显快于家庭收入的增长速度。在通货膨胀压力可能持续存在的情况下，以传统的储蓄方式积攒子女的教育经费，家长可能面临入不敷出、财富缩水的困境。储备教育资金首选基金定投。

欧阳先生夫妇育有一女，9岁，小学三年级。两人身为企业高管，每月有5万元的收入，每月收入可结余3.9万元。他们计划女儿18岁高中毕业时出国留学，目前还有9年时间，至少准备100万元的费用。

在设定好9年100万元目标的前提下，每月定投6000元，定额定投9年，以每年10%的定投基金收益率计算，那么10年后欧阳夫妇将有较大把握筹到100万元出国教育金。

综合案例：中产家庭如何储备教育金和养老金

【案例】

基本情况：

杨先生，男，27岁，IT业工程师，女友何女士，27岁，银行职员。两人均在深圳工作，月收入为13000元，每月日常生活支出为3000元，房租为3000元。现有存款10万元，在老家有房产一处，总价52万元，贷款36万元，贷款期限30年，每月还款2800元，已还2年，打算在一年内把此处房产卖掉，在深圳买房。两人均有社保，无商业保险。

理财目标：

第一，想在2年内在深圳购置一套两房一厅的房子并结婚。

第二，3年后想要小孩，准备孩子的生育金。

基本财务状况：

杨先生及何女士正处于人生重要的阶段——即将告别单身，开始全新的夫妻家庭生活。作为刚刚毕业几年的年轻人，两人已在社会中找到自己适合的工作岗位，获得较稳定的收入并积累了一定的资产，二人的日常开销也属于合理范畴，这些都为新组建家庭奠定了良好的基础。

理财方案：

第一，预留相应的应急备用金。杨先生及女友现日常开销每月为3000元，房租每月为3000元，月支出为6000元，建议从现有的10万元存款中留出2万元作为应急备用金，以短期定存或货币型基金的方式保存，以备不时之需。

第二，补充相应的保障控制风险。二人在一两年内结婚，家庭的负担也会随之加重，目前仅有社保是远不能满足家庭风险保障的需求，应购买相应的商业保险作为补充。建议补充定期非返还型重疾险及意外险，保险低廉，保障较高。

第三，卖掉原有住房购置新房。因原来在老家已购买一套住房，如再购买新的住房即为第二套房产，在首付款及利率上都会有较多限制，建议尽快将老家原有住房卖掉，除去贷款及房价上涨的因素，应可以变现近20万元的资金，加之原有8万元存款及年结余8万元，共计会有36万元左右。以深圳目前约2万元/平方米的房价计算，应可在市区内购买一套50平方米、总价在100万元左右的房子。除去 30 万元的首付款外，剩余的 8 万元可用于装修及缴纳相关费用。贷款为 112 万元，30 年期，以优惠利率计算，月供为 5450 元，以二人目前的收入看，月还款压力可以接受。

第四，月结余准备结婚费用，定投基金储备养老金及子女教育金。购买住房后，二人每月结余有 5000 元，年结余有 6 万元左右，这些钱前期可用于结婚所需费用，剩余的资金及婚后的月结余建议以基金定投的方式积累，可分做两个账户进行投资，一个账户作为二人养老金准备，定投金 3000 ~ 3500 元/月；一个账户作为未来的子女教育金准备，定投股票型基金组合，定投金额 1500 ~ 2000 元/月。这样经过长期积累，必然带来丰厚的回报。

投资基金应注意的问题和应避免的误区

基金投资需要注意的问题

股票市场的跌宕起伏给所有投资者上了一场生动的风险教育课。投资者对基金投资的态度也日趋冷静。对很多在 2007 年下半年到 2008 年上半年进入市场的投资者来说，监管部门一再强调的市场风险都在自身投资经历中得到印证。无论对老基民还是新基民，调整好自己的投资心态，树立长期投资的理念是十分必要的。

首先，风险意识不可少。基金投资和股票投资一样，也存在风险。基金公司拥有专业团队进行投资，其投资决策有强大的研究平台支持，通过投资组合的方式为投资人降低了投资单只股票的风险，但并不能规避全部的投资风险。一是基金投资风险包括市场风险，即证券市场波动会影响基金投资品种的价格，导致可能的亏损；二是国家宏观经济中的通货膨胀风险，即当投资回报未能跟上物价上涨的风险；三是利率风险，指利率大幅变动所造成的风险，尤其债券型基金受到的影响最大；四是管理风险，即基金公司的公司治理、基金经理投资水平等，都会影响基金的回报。有了对风险的认识，也就有了投资基金的心理准备。

其次，要认识到基金是长期理财工具，而非获取短期暴利的工具。基金投资要目光长远，不能打"游击战"。在欧美等成熟的市场中，很多老百姓都把日常开支的节余部分用来投资基金，以期获得日积月累的长期回报。这是他们对一种理财生活方式的选择，他们往往坚守一生，而不是把基金投资作为一夜暴富的捷径。

再次，注意合理配置自己的基金组合。在市场上涨的过程中，股票型基金能够带来较多的收益，但是市场调整期间，债券型基金相对较低风险的优势就充分体现了。投资者合理做好自己的基金组合很重要，可以在适当时候配置债券型基金，降低自己的投资风险。近期，债券型基金的相对热销充分反映了投资者的认可。

此外，在实际的基金投资中，频繁进行波段操作会增加基金投资的成本。与股票投资不同，基金投资是一个长期渐进的过程。在这个过程中，基金净值的波动不会像股票波动那样大，因此投资者通过波段操作可能获取的收益相对较小。

最后，要正确看待基金经理。基金经理是投资专业人员而不是股神，再优秀的基金经理也存在短期判断失误的可能。但从 3 ~ 5 年甚至更长的阶段来看，许多优秀的基金经理做出的成绩都是值得称赞的。选择基金经理，应当更多关注那些在基金业服务时间较长、经历过完整的市场周期的基金经理。同时，基金经理也不是单兵作战，基金的投资决策需要有强大的投研平台，因此，选择实力雄厚的基金公司也应该成为投资者选择基金的必然要素。

总之，基金作为一种理财产品，为个人财富实现不断的保值增值是完全可能的。基金业 10 年的发展历程，已足以说明了这一点。

构建自己的基金投资组合时要注意的问题

实践证明，长期投资基金的基民们还是收益颇多的，无论是买了一只基金，还是通过基金的组合去投资。

不过，投资基金最好的方法是组合投资，通过基金组合来实现自己的理财规划。虽然基金有一些评价体系，但从长期投资的角度来讲，基金的好坏很难评价，也很难说哪只基金短期表现好就应该买，基金业绩的波动是很正常的。所以，对坚持长期投资的投资者来说，构建基金组合就显得非常重要。

投资者在构建自己的基金组合时，需要有多只不同的基金，以降低集中投资的风险。

首先，既要有主动型的股票基金，也要有被动型的指数型股票基金。任何主动型的基金都可能在某个市场阶段对市场的判断出现失误，而指数型基金一般可以避免由于基金经理对市场判断失误而造成的收益损失。指数型基金由于被动投资而承担了很大的系统风险，主动型基金可以通过主动的操作来降低系统性风险。通过主动型基金与指数型基金的组合配置，可以起到很好的互补作用，降低整体组合的风险。

其次，选择多家基金公司的主动型基金构成基金组合。由于大多数基金公司在投资配置方面有一定的统一性，为了避免单一基金公司对市场判断的失误，在选择主动型基金时，需要多选择几家基金公司的主动型基金。这样，在遇到某单一基金公司业绩出现整体性波动时，可以降低风险。

另外，选择主动型基金时，需考虑基金经理的投资选股风格，关注一下所选基金的重仓股，具有类同重仓股的基金分散风险的效果不大。主动型基金有的是价值型投资，有的是成长型投资，风险收益特征有所不同。比如，华安基金的华安宏利基金是价值型股票基金，而华安中小盘成长是成长型的基金，这两种风格的基金可以做一下配置，形成有效的互补，以降低单只基金单一风格的风险。

建立了自己的基金组合后，不宜经常进行更换，需要保持一定的稳定性，对一只基金的表现需要一定的时间进行观察。投资者也可以将自己对未来的市场的判断考虑进去，对组合进行一定程度的调整，以期获得较高收益，降低风险。

基金定投适合哪五种人

基金定投已经成为一种非常有效的投资理财方式，一般普通投资者均可以投资，但是具备以下特点的人尤其适合这种投资。

第一种：有固定收入的人。这些人每月都有相对固定的收入，在扣除了日常的生活开销之后，常常会有所结余，但是金额又不是太大。

第二种：有钱，但是没有时间去打理。比如有一些个体户或者生活节奏非常快的人群，他们没有过多的时间去关注股市或者其他投资市场的行情变动、行业新闻等，那么基金定投就是适合他们的投资方式了。

第三种：缺乏投资经验或投资能力较弱的人。因为没有投资经验，很多投资者陷入了追涨杀跌的泥潭而难以自拔，最终伤痕累累。因此对于那些没有投资经验，或者投资能力较弱而不适合独立投资的人来说，基金定投是一种比较有"规定"的投资。这样可以避免投资者再度陷入跟风的怪圈。

第四种：风险偏好偏中或偏低的人。这部分人不愿冒很大的风险，因而分期分配的投入对他们来说最合适不过了。基金定投不仅可以实现长期投资，而且分期投入的方式可以最大程度上实现投资成本的平均化。

第五种：有特定理财目标或者远期资金需求的人。比如，有人设定了5年之后买房的计划，而且当前有收入进行投资，那么通过定投来攒钱使资金增值，实现理财目标也是非常不错的选择。

无论哪一类人，最重要的是，一旦选择了定投，就要坚持下去，只有坚持下去，投资的效果一般会让你满意。贸然的决定停止定投或者赎回是非常不明智的行为。

四种情况下不宜盲目赎回基金

投资者在具体的基金产品投资过程中，选择赎回的时间是非常重要的。选择赎回时机不当，不但不能完成赎回基金的目标，还会带来一定的投资损失，需要投资者加以注意。

第一，保本型基金的避险期内尽量不要赎回。尽管对避险期内赎回基金没有明确的规定，但由于保本型基金主要保证投资者本金的安全，如果不对保本型基金保本期内的赎回做出规定，就无法保证保本期内基金收益的稳定。因此，投资者在避险期内赎回基金，不但不能够起到保本的作用，还会损失较多的赎回费用。

第二，短期证券市场震荡时。证券市场是一个涨跌变化的市场，不可能总是上涨而不存在短期调整。投资者遇到证券市场震荡就调整基金产品，或者选择赎回，就难以坚持长期投资和价值投资理念，并完成投资目标和计划。因此，证券市场的短期涨跌变化不应当成为投资者赎回基金的理由。

第三，牛市行情上涨途中。既然牛市行情已经确立，投资者就应当分享证券市场上涨而带来的投资收益，而不应当做频繁的基金净值价差操作，这种操作很容易增加一定的交易成本和机会成本，并不利于投资者获得较好的投资收益。因此，在对证券市场长期投资趋势有较大的把握的前提下，投资者应当减少盲目的频繁操作机会。

第四，同时持有风险较高的股票型基金、指数型基金和风险较低的债券型基金及货币市场基金时，不能只考虑赎回债券基金或货币市场基金。不同于股票型基金与指数型基金的是，低风险的债券型基金及货币市场基金基本不受证券市场行情波动的影响。由于投资于固定收益类证券，因此其收益相对稳定，赎回的成本也较低，而流动性也更强，这样投资者就更容易赎回债券型基金及货币市场基金。如果总倾向于赎回容易赎回的债券型基金及货币市场基金，有可能使投资者的投资组合风险加大。因此，投资者应该将投资目标和计划、风险承受能力与基金赎回计划结合起来。

建议：除了急用钱，当你想赎回基金时，自己提出几条不能赎回与想赎回的理由比较一下，如果较犹豫而不是坚定的赎回想法，可用部分不影响整体的试探性的操作一下，试着赎回一部分不影响整体的投资组合的基金，观察自己的思路是否正确。

购买基金时怎样更省钱

很多基民在购买基金时有个误区，认为只能在银行购买，事实上，目前，投资者购买基金主要有三个渠道：银行、证券公司代销和基金公司直销。怎样申购基金更省钱呢？有以下几招可以关注：

第一，基金公司网上直销、网上银行购买：省时省钱。

从不同的渠道买基金，费率各不同，网上购买基金是最省时、省钱的方式。特别是证券市场低迷时，投资人投资基金趋于谨慎，银行、基金公司为了促销，纷纷推出网上银行购买费率打折活动。

一般而言，在网上银行购买，或者直接登录基金公司的网站购买，大多基金的手续为8折，有些公司可以低至6折，甚至有些公司在营销期间打到了4折。

第二，证券公司购买：一般也有折扣。

在很多券商的营业网点也可以购买基金，有些小的券商为了吸引客户还打出了很低的折扣。

第三，基金转换：效率更高。

目前，大多数基金公司都提供基金转换业务，即在同一基金公司旗下的不同基金之间进行转换，可享受费率优惠，有些公司甚至不收取费用。但如果跨公司进行转换，将无法享受费率的优惠。

第四，红利再投：免申购费。

为了鼓励投资者继续购买基金，基金公司对红利再投的部分不再收取申购费用，因此投资者用红利买基金，不但能节省申购费用，还可以发挥复利效应。

基民是否选择红利再投也要看具体情况，在牛市环境下，红利再投资比较适合，这样份额多了，就可以有更多的收益。但如果市场刚好处于下行阶段，基民还是应该选择现金分红，保留部分现金收益，以达到落袋为安的目的。

第五，选择后端收费：长期持有摊薄成本。

后端收费模式是指选择在基金赎回时才缴纳认、申购费用，一方面可增加认、申购的份额，另一方面随着持有基金时间的增加，费率也随之降低，并且赎回费也会有相应的优惠。

不过，目前多数基金并没有推出后端收费的模式，因此，基民应该根据实际情况进行选择。

后端收费模式一般会随着投资者持有时间的延续，手续费会不断降低，持有3年以上甚至可以为零，以降低基金长期投资人的交易成本。因此，这也是未来投资者选择的交易方式之一。

总之，利用各个渠道的优惠折扣等信息，在交易的过程中尽可能地降低交易成本，减少交易次数，是理性投资者增加投资收益的不二法门。

基金投资常见误区

误区一：投资基金不需要认真选择

懒人们大多认为，面对市场上名目繁多的基金，只要听听朋友的意见，看看近期的介绍，大致了解一下行情，就能进行基金投资了。

改善方法：必须做好关键性选择。需事先对基金公司背景、过往业绩、产品类型、操作便捷等方面做好比较，最后选择一只优秀的基金产品，这样就可以在以后的理财中省心很多。

误区二：不必制定计划

有人说，投资基金，只要选好了适合投资的基金品种，只要将钱全部购买就行了，不用理会这些产品的优缺点。这种没有计划的购买，不合理的配置，只能让自己的资金处于更加无序的状态，很容易造成亏损，从而无法达到投资目标。

改善方法：须制订一个投资计划。根据自己的实际情况、未来预期收益，来选择购买适合自己的具体基金品种；构建一个基金投资组合，并做到长期、短期相辅相成，才能更顺利、更有把握地实现投资目标。

误区三：基金投资不需变动

有不少人选择投资基金就是因为没时间，或者懒于打理，这些人中有许多人不喜欢经常关注其基金账户、不喜欢变动。但是，投资基金虽然比股票省心，不用经常关注，但还是需要一个月内看上一两次的，虽然不需要关注每天股市小的波动，但还是需要关注大势，从而根据形势变动调整自己投资组合中的基金配置比例。投资基金正是根据市场变化，不断变动基金的配置来达到最优化的组合。

改善方法：注重新技术的应用。懒人们应该选择能给自己带来最大便捷的基金投资的操作工具，能在轻松的环境中时刻加强对基金产品的监控。如某些基金公司的网上交易系统提供了强大的基金转换、预约交易、定期定额等功能，让人们无需时刻关心市场走势而轻松理财。

误区四：在大幅上涨后股市热火朝天、群情鼎沸时加大对基金的投资金额，在大幅下跌市场冷清时赎回基金

改善方法：独立思考，不跟风，不过度关注市场的短期波动，了解资产配置中恒定混合策略的理念。

基金定投常见误区

基金定投虽然能平均成本，控制风险，操作简单，省时省心，但并不意味着没有什么策略。定投也有投资组合的和适时配置的艺术，稍不注意就容易落入误区。

误区一：因市场下跌而停止定投

基金投资首先必须坚持长期投资理念。基金的特点是集合投资、专家理财，优秀的股票型基金往往能够获得与大盘同步甚至超越大盘平均水平的收益。

基金是适合长期投资的工具。但是，当市场出现暂时下跌时，基金净值往往也会暂时地缩水，许多投资者因恐惧在下跌时停止了定投（甚至赎回基金）。其实，投资者只要坚持基金定投，就有机会在低位买到更多基金份额；长期坚持，平均成本自然会降低，从而无惧市场涨跌，最终获得不错的收益。

根据基金定投的原理，大盘震荡时更不应该停止扣款，因为基金净值高时买到的份额数少，净值低时买到的份额数多，从而起到摊平波动风险的效果。如果投资者看到大盘波动就想停止扣款，也就错失了定期定额的优势了。所以，市场下跌的时候买的基金净值更多，当市场回暖时收益也更多。

国内外统计数据均显示，投资时间越长，亏损的可能性越小，定期定额只要超过 15 年，亏损的概率几乎为零。

基金投资是一场马拉松长跑，没有一定的坚持精神，很难跑完整段赛程。一位基金经理建议，"只要基金的基本面没有改变，管理人管理和运作基金的能力在不断提高，投资者就可以持续定投，而不必做中途调整"。

总的来说，只要定投额度在投资者的承受能力之内，就可以保持定投的持续性；只要投资者有长期投资的计划和合理的收益预期，就能够树立定投的信心，从而避免走向形式或者将其作为一种短期的投资工具，才能发挥定投的作用，获得稳定的长期回报。

误区二：因上涨而赎回

一些投资者在定投一段时间之后，发现基金净值上涨，但担心市场反转而选

择了中途赎回，其实这样的做法与其进行基金定投的初衷是相违背的。事实上，许多人参加基金定投的原因是个人没有能力判断市场涨跌，因此必须借助定投来分享市场的平均收益。而一旦因净值上涨而赎回，实际上就是人为对股市涨跌进行了判断，从而再次陷入了"短视投资"的陷阱。

基金定投如同财富之旅上的长途列车，只有坐到终点（通常至少坚持5年以上），才能有最大机会完成财富之旅，达到实现购房、子女教育、养老等规划的理财目标。

误区三：选错定投品种

一些投资者对基金类型和风险收益特征缺乏了解，以为所有类型的基金都能够定投，从而选错了定投的基金。事实上，定投平均成本、控制风险的功能不是对所有的基金都适合，债券型基金和货币市场基金的收益一般较稳定，波动不大，定投没有优势；而股票型基金的长期收益相对较高，波动较大，更加适合定投。

如果在3~5年内需要使用定投资金，建议选择股票仓位较低的混合型基金，而回避风险较高的指数型基金和股票型基金。如果定投规划的时间较长，如10年或者更长时间后的子女教育、养老等，则可以选择优质的股票型基金。

基金定投还要关注基金业绩的持续性。选择投资业绩出色的基金进行定投，虽然单位成本高于其他劣势基金，但其建立在投资能力基础上的净值增长能力，仍可以保障获得更大收益。但如果选择了运作绩效较差的基金进行定投，就很可能遭遇像股票投资时越补仓亏损越大的情况。

误区四：对未来现金需求估计不足

许多投资者对自己未来的财务缺乏规划，尤其是对未来现金的需求估计不足，或者将过高比例的资金进行房产、实业等投资，一旦现金流出现紧张，可能中断基金定投。由于基金定投是一种长期投资方式，中途"下车"可能离目标还很远，尤其是股市有涨有跌，如果在股市低潮时急需用钱，就可能"被迫下车"而遭遇损失。

怎样让自己的钱再生钱
——投资规划

第 9 章

房 产 投 资

房产投资要看大势，了解市场趋势

由于中国投资者的投资渠道比较狭窄，可投的投资标的较少，在数量较为有限的投资标的中，房子是最重要的品种之一。像股票投资一样，房产投资也需要看大势，了解市场趋势。

首先，搜集市场信息，了解房价变化。

投资者可以通过一些专业的房产交易或者资讯研究网站（如搜房网、中房产信息网等）获取关于房产成交价格、成交量等方面的资讯和数据。国土资源局的每月市场情况的报表也可作为参考标准，留意商品房住宅的成交宗数变化情况，可摸清市场的冷热程度，了解房价是在涨还是在跌。

其次，需要了解房价上涨或下跌的原因。需要了解促使房价变化的主要矛盾和决定因素，从而判断市场是处在哪个时期——上升期还是回落期。

比如，最近几年房价涨幅较大，明显处在上升趋势中，这是什么原因造成的? 我认为主要有以下原因:

第一，中国目前处在城市化进程中，每年有大量的非城市人口进住城市，城市住房需求增加。随着经济的发展，大量人口从农村进入城市，从农业进入工业和服务业。如果在某些时期城市化进程过快，大量人口涌入城市，势必提高这些城区的住房需求，从而推动房价上升。在 1990 年全国城镇人口为 2.96 亿，到了2009 年城镇人口增加到 6.22 亿，平均每年净增城市人口 1716 万。在城市化加速时期，房价上升速度一般比较快。

第二，中国经济处在高速发展期，随着经济快速增长，居民的可支配收入增加，加大了包括改善性需求在内的对房产的需求。

第三，随着经济发展，居民的储蓄不断增加（见图 9-1），理财意识渐渐觉醒，非常低的利率使人们不愿将钱存在银行而是选择投资，对房产的投资性需求增加。现阶段，对普通投资者来说，中国最主要的投资市场是股市和房市，股市时而暴涨时而暴跌，且近 10 年来总体涨幅不大。俗话讲"一赚二平七亏"，散户在股市大部分都是亏钱的，因此相当一部分投资者知道股市风险大，从而选择投资房产。

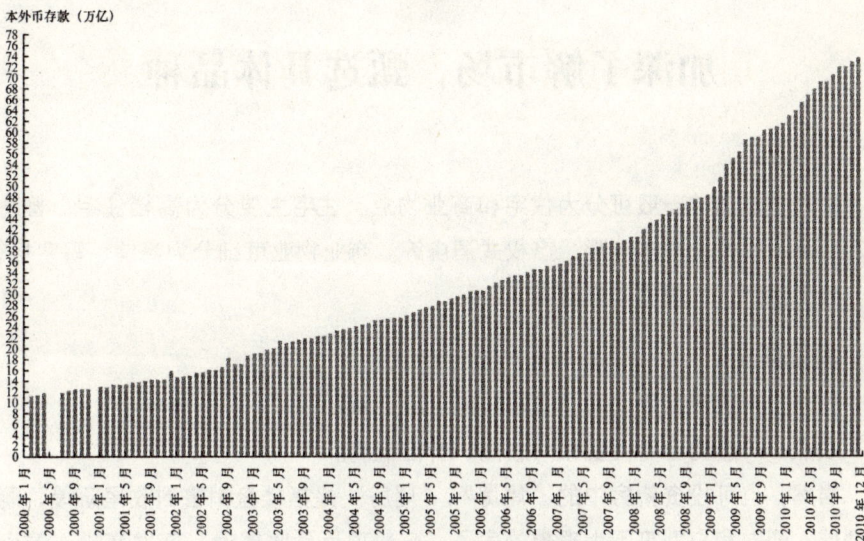

图 9-1　居民储蓄增长数据示意图

资料来源：银瀚投资服务网。

第四，政府垄断土地供应，依赖土地财政，导致每年的土地供应量较少、价格较高，每年投放市场的商品房远远不能满足市场的需要，所以导致供不应求，过多的资金追逐相对较少的商品，自然价格水涨船高。这是根本问题。

有人会说，房价涨不是供给的问题，是炒房的太多，这是不对的。因为商品房是一种商品，在市场经济下，谁都有买这种商品的自由，为什么有人会炒？就是因为有人看到房产供不应求，有上涨的潜力。这个是原因，有人炒房、炒房的人多是结果。

从总体上来看，以上推动房价上涨的几个因素相当强劲，因此可以比较有把握地判断，在近期内房价处于上升通道，即便政府用压制需求的方法屡次调控，在几年内也很难扭转。

加深了解市场，甄选具体品种

房产投资品种一般可分为住宅和商业物业。住宅主要分为高档住宅、普通住宅、公寓、别墅、联排别墅、产权式酒店等。商业物业可细分为商铺、写字楼等。投资房产，一般有以下选择。

投资新房

优点：一般户型好，房产品质较好，房产新。

缺点：一般物业管理费相对较高，价位偏高。

当然，也可投资新房中的"尾房"。"尾房"是指楼盘销售到收尾阶段，剩余的楼层、朝向和户型等不太理想的房子。一般项目到收尾时，开发商投入的资本已经收回，为了不影响其下一步的生意，开发商一般都会以低于平常的价格处理这些尾房，以便尽早回收资金，更有效地盘活资产。投资尾房有点像证券市场上投资垃圾股，投资者以低于平常的价格买入，再在适当时机以平常的价格出售，来赚取差价。尾房比较适合砍价能力强的投资者。

尾房的弊端在于缺乏选择的余地。而投资房产需要认真甄选。因此，只有在极个别的情况下，诸如价格较低，严重偏离于该地段价值时，才会考虑尾房。

投资二手房

优点：一般是位置好，交通便利，价格合适，配套设施成熟，承租人群稳定。

缺点：有的二手房户型设计较落后，楼龄较长。

在城区一些位置较好、交通便利、环境成熟的地段购置二手房，可以先用于出租，来赚取租金，然后再待机出售，可谓进可攻，退可守。在一线城市，二手房的交易非常活跃，其投资前景十分乐观。

投资期房

期房一般指尚未竣工验收的房产，在香港期房也被称作"楼花"。出售期房，开发商可将其作为一种融资手段，提前收回现金，有利于资金流动，减少风险，所以在制定价格时往往给予比较优惠的折扣，如10%，有的达到20%甚至更高。同时，投资期房有可能最先买到朝向、楼层等比较好的房子。但期房的投资风险较高，需要投资者对开发商的实力以及楼盘的前景有一个正确的判断。

投资待拆迁房产

在旧城改造过程中，会有很多待拆迁房产。在拆迁时，这些房产的所有者一般都会得到很优惠的补偿。所以，通过提前购置待拆迁房产，以获得拆迁补偿的方式赚取收益也不失为一种很好的投资方式。但投资这类房产，需要对城市建设的发展和规划有所了解。

投资别墅

一些位置好的别墅尤其是独栋别墅，是稀缺资源，不可复制。

投资产权式酒店

产权式酒店，即酒店的开发商将酒店的每一个客房的产权分别出售给多个业主，业主每年拥有一定的时间段免费入住，其余时间可以委托开发商或管理公司经营，并享受一定的分红。同时，业主可以转卖、继承、抵押、馈赠。

投资商铺

因为具有客流基础的商铺是经营场所，属于生产力资源，只要租赁稳定，商铺售价在通常情况下都将非常稳定。有些商场中的商铺的租金回报率非常高，并且升值潜力非常大。

目前，一些新建的小区中通常都建有配套的商铺。一般这些商铺的面积不大，在30~50平方米，比较适合于个体经营。由于在小区内经营有相对固定的客户群，因而投资这样的商铺的风险较小，无论是自己经营还是租赁经营，都能产生较好的收益。

投资写字楼

一般写字楼的租金回报率比住宅高很多。

那么，怎样在以上品种中选择呢？

商铺投资一般有较高的租金回报率，但也对商铺投资者的专业能力有较高要求：商铺进入市场后要面对两级客户，一级是经营者，另一级是消费者，两级客户无疑对商铺有不同的要求。假如投资者购买的商铺能够同时满足以上两级客户的需求，那么该商铺的投资就是成功的。但事实上，同时达到两级客户的需求比较难，这对商铺投资者是一个考验。

投资写字楼前，应对写字楼作全方位的评估，包括地段、交通、运营成本以及写字楼本身的配套、物业等方面的软硬指标。这些指标决定了写字楼的等级差别。一般来讲，等级越高的写字楼，其保值增值的能力越强。

商业物业比住宅更难选，更能考验投资者的眼光。与商业物业相比，投资住宅一般比较安全，只要区位不是特别偏远，升值会比较稳定。

普通投资者可以首选二手房，因为二手房存在着以下优点：

其一，好地段的二手房交通便利，人口稠密，商业发达，升值速度快，不容易下跌，风险小，非常容易出售。

其二，一般来说，二手房绝大多数是现房——现成的房子，对购房者来说，无论是房子的内部结构还是外部环境都一目了然，这是购买二手房的一大优点。

其三，一般来说地段好的二手房容易出租，且租金回报率较高。

其四，二手房的价格比新房低。但有的二手房存在房龄较长、户型较差、装修较旧等缺点，所以应当尽量选择次新二手房。

总体来说，对普通投资者而言，如果实力强，可以投资位置好的别墅；如果实力一般，则重点考虑地段好的二手房，尤其是次新二手房，其次可考虑一手房、商铺、写字楼、期房、产权式酒店、产权式公寓。

此外，在投资房产时，还需要注意：要综合考虑该项目开发商的实力、地点、周边环境、户型以及物业管理等方面。

地段的选择：在城市中，不同地段的房产，往往需求差距很大，比如在各种公司集中的地方，对高档公寓的需求就比较旺盛。另外，开发比较成熟、交通便利的地方，也常成为投资的首选。购买住宅也要选择已形成或即将形成一定居住氛围的地区。

房产界有一句亘古不变的名言："第一是地段，第二是地段，第三还是地段！"作为房地结合物的房产，其房子在一定时期内的建造成本是相对固定的，因而一般不会引起房产价格的大幅度波动；而作为不可再生资源的土地，其价格却是不断上升的，房产价格的上升也多半是由于地价的上升造成的。在城市中，好的地段又是有限的，因而更具有升值潜力。所以，在好的地段投资房产，虽然购入价格相对较高，但由于其有更强的升值潜力，因而也必将能获得可观的回报。

项目的选择：有的房屋虽然价格较高，但设计合理、质量优良、配套完善，可以给人较大的消费满足，且以后仍有升值空间，这种项目应该说是投资的最佳选择。

房产开发商的信誉和开发业绩：特别是在购买期房时，更应弄清开发商的实力，这关系到他能否按期竣工、准时交房。

周边环境的考察：作为投资，房屋所处的环境直接影响到它将来的升值潜力，所以要关注未来该地区的发展规划。市政建设、交通状况、人文环境，是决定楼盘投资价值的重要因素。租房者对房子的位置（主要是距工作地点的远近）、公共交通、生活和娱乐配套条件的要求相对较高，尤其是外籍人士，人文环境往往处于决定性的位置，是否有适合这类人群的生活环境和服务设施常常是他们选择的首要条件，价格问题反倒退居其次了。

户型的选择：房间布局是否合理、功能是否完善、隔热防雨设施是否可靠。选择户型前，首先根据自己的经济实力，结合市场的供需情况做一选择。比如，近年来小户型独领风骚，这是因为一方面小户型相对总面积较小，成交总额低，投资回报率高；另一方面，租赁市场需求量最大的也是小户型。

物业管理：考察物业管理水平，询问物业管理收费情况。物业管理状况也是影响居住舒适程度和今后房屋升值的一个重要因素。物业管理及小区配套服务质量是房产增值的必要条件之一。物业管理水平如何除了表现在对设备的日常维护之外，主要还在于对生活琐事的服务中。物业管理好、配套服务全，会使人产生情感上的留恋，在潜移默化之中增加人们对楼盘的认同，从而维持或增加楼盘的需求量。

3

房产投资实务

房产投资一般需要一系列的步骤，比如需要办理一些手续。由于目前在交易中买方处于弱势地位，承担的风险较大，本节主要介绍商品房现房和二手房的购房步骤及一些注意事项。

购买商品房的一般步骤

第一步，确认开发商是否是有合法手续的房产公司

房产公司销售现房，按照《中华人民共和国城市房产管理法》和《城市房产开发经营管理条例》的规定，应当具备"五证"和"两书"。

"五证"：《国有土地使用权证》、《建设用地规划许可证》、《建设工程规划许可证》、《建设工程施工许可证》和《商品房销售（预售）许可证》，

"两书"：《住宅质量保证书》和《住宅使用说明书》。关键是检查有无《商品房销售证》。

开发商应当明示的事项：一是开发资质和营业执照；二是商品房预售许可证及经批准销售的平面图、立面图；三是项目开发进度和竣工交付使用时间；四是项目及其配套设施的平面示意图；五是商品房的结构类型、户型、装修标准，公共和公用建筑面积的分摊方法；六是预售商品房的价格和付款方法；七是商品房预售的专用账户；八是物业管理事项；九是法律、法规规定的其他事项。

第二步，签订认购书

在和开发商沟通洽谈满意之后，购房者会到售楼处签订认购书，并交纳定金。在签订认购书前，作为销售方的开发商应将《签约须知》及相关的宣传资料和文件交给购房者，并应实事求是地介绍项目的进展情况。购房者一定要认真阅读《签约须知》及有关的宣传资料和文件。认购书中应约定：在签订正式购房合同时，因条款达不成一致意见，卖方应退回定金。

第三步，签订合同

购房者在售楼处签订认购书后，应在规定的时间内到售楼处签订正式买卖契约。买卖契约规定买卖双方的权利和义务。每个购房人可谓花巨资购买房产，所以要对契约的每一条进行审查、询问。在订立商品房买卖合同之前，房产开发企业还应当向买受人明示《商品房销售管理办法》和《商品房买卖合同示范文本》；对示范文本的补充部分要格外重视。

第四步，办理预售登记及转让

办理预售登记对保护房屋买卖双方的权益十分重要，对履约有所保障。只有办理完预售、预购登记，协议才生效。签订契约30日内，买卖双方应到房屋土地管理部门办理预售、预购登记手续。一般由开发商统一办理，买卖双方也可以共同委托律师办理上述手续。

买方如转让其预购的商品房，要与转受人在预售契约上做背书（即票据的收款人或持有人在转让票据时，在票据背面签名或书写文句的手续）。在背书签字后，双方持有关证件到房产管理部门办理登记，并在转让登记上签字。

第五步，办理入住

在购房人入住前，开发商要统一审查其付款情况，确认无误后再签收房屋交接验收单，同时安排签订物业管理合同。合同中有接受物业管理公司管理的条款，所以入住前，必须安排买方与物业管理公司签订物业管理合同，交纳物业管理费用。需特别强调的是，签收房屋后，视为购房人接受房屋，在开发商未取得竣工验收或房屋质量有问题时，购房者均可拒绝签收。

第六步，产权过户，领取产权证

开发商最后要为业主办理房产过户手续，最终办理房屋产权证。

购买二手房的步骤

第一步，查询房源

第二步，实地看房：卖方出示房屋产权证、土地证、产权人身份证等相关证件

第三步，双方协商购房，签署三方协议《二手房买卖合同》

三方是指买方、卖方和房产中介。买卖双方在此协议上要注明：成交价格和付款方式以此协议为准。

若是通过中介公司买的房子，需要与设立"专用账户"的房产经纪机构或交易保证机构签订《××市存量房交易结算资金划转协议》（以下简称"划转协议"）。买卖双方当事人自行办理转移登记手续并签署《存量房交易结算资金自行划转声明》的，可自行划转交易结算资金。

划转协议签订之日起的一个工作日内，保证机构或经纪机构持划转协议及其他材料到专用账户开户银行（以下简称"开户行"）为买卖双方开立个人存款账户（买卖双方也可提供现有账号）。开户行为买卖双方建立个人账户与专用账户之间的账户联系，确保交易结算资金在买卖双方个人账户与专用账户之间封闭流转。

第四步：买房人缴款

买卖合同及划转协议签订后，买房人将交易结算资金一次性或分期存入保证机构或经纪机构的专用账户内，除非买卖双方在划转协议内约定由卖房人直接收取购房定金（不超过房价款的20%），否则，全部房价款均应通过专用账户进行划转。自行过款交易的，款项交接由买卖双方协商解决，建议按交易办证进程分阶段缴纳房款，这样可以对买方利益起到保障作用。

根据合同约定付首付或者定金，双方办理贷款。如果需要贷款，建议直接咨询银行个人信贷部，一般商业银行都可以直接办理，并且不收手续费，当然几百元评估费是需要的。双方需要准备好房产证、购房合同、身份证、户口本等资料。如果已婚夫妻房产证上都有名字，双方都要到场，一起面签。之后银行会上门去评估房价并且给予贷款承诺书。拿到了贷款承诺书，一般就说明贷款肯定没问题了，后面就是办过户和抵押了。

以上是假设房屋没有贷款或者其他抵押。如果有贷款，就需要双方协商如何先还上并且办理解除抵押。解除抵押时，一般要找担保公司赎楼，赎楼是指付清卖方该物业的抵押贷款本息并注销抵押登记，将一手证赎出。只有解除了抵押，才可以再次申请贷款。

第五步：过户

过户分几个步骤：网签—缴税—过户—领证。

网签其实很简单，双方带上资料直接去房管局办理大厅，里面有网签的柜台，要一份《存量房买卖合同信息表》，准备好双方的身份证、房产证（如果双方本人不到场，代理人需要提供公证处开出的委托公证书），还需要交身份证复印件、公证书原件或者复印件。确认信息没问题，工作人员会打印出三份合同——《某市存量房屋买卖合同》（交易双方各一份，过户的时候交一份）、两份《存量房交易结算资金自行划转声明》（交易双方各一份）和两份《存量房买卖合同信息表（纳税）》。

填完这几张表之后，下一步就是缴税。买卖双方需到地税局办理手续，买方缴纳相关税费。不少城市为了方便市民，会在房管局设专门缴税的大厅或者窗口，不必去税务局。

缴税前需要填一张信息表，同样需要准备双方身份证并交复印件、房本复印件，如果有代理人，也需要交一份委托公证书或者复印件和一份《存量房买卖合同信息表（纳税）》。

缴税后就可以带着房本和缴税单去房管局办理过户手续。

第六步，放款给卖房人

银行将专用账户内的资金划转给卖房人。

第七步，办理土地证过户

此步骤有的城市有，有的城市没有。目前，深圳、上海等地已经两证合一，仅有房产证，但有的城市还是需要办理土地证的。

买方可单独办理，需准备新产权证、旧土地证、二手房买卖契约、买方身份证原件。

第八步，户口迁出，房屋交验，费用结清。

水、电、煤气、物管费、有线电视、电话等过户，钥匙交接，签署《物业交接确认书》。未支付房屋尾款的，支付尾款。

购房中的一些细节

第一，购房合同公证须知

由于一些购房合同需要公证，所以购房者需要了解什么是公证，哪些合同需要公证，如何进行公证以及公证所需的有关资料和费用。

什么是公证呢？所谓公证，是国家公证机关根据当事人的申请，依据法定程序对其法律行为，或有法律意义的文书和事实，确认其真实性和合法性的一种证明活动。其目的是保护有关当事人的权利和合法利益，尽可能地避免纠纷，减少诉讼。

办理公证手续的流程是：首先，申请与受理。合同当事人向公证机关提出办理公证申请，填写公证申请书，并提供有关材料。公证机关根据当事人的申请做出是否接受办理的决定。其次，审查。公证机关（公证员）对当事人进行询问，审查相关材料，进行其他相关调查，审查公证对象的真实性、合法性。再次，出具公证文书。公证机关根据审查结果，决定是否出具公证书。公证书包括当事人的基本情况、公证证词、公证员签名、公证机关（公证处）盖章、出证日期等。

商品房买卖合同公证所需的资料一般包括：

• 当事人的身份证明，护照、（港澳台胞）回乡证等，港澳办、台办、侨办出具的身份证明，委托书及代理人身份证明。

• 房产权证或国有土地使用证（期房）。

• 内（外）销商品房预售许可证（期房）。

• 建设工程规划许可证（期房）。

• 房产权证或房屋所有权证和国有土地使用证（现房）。

• 内（外）销商品房预售（出售）合同（商品房首次交易）或房屋买卖合同（二手房交易）。

• 付款凭证。

• 原来的购房合同，契税凭证（二手房）。

房产公证所收取的费用大概如下：

证明房屋转让、买卖的，一般按标的分段累加收取：

50万元以下的部分，收取比例为0.3%，最低不得低于200元；

50 万元 ~500 万元部分，收取比例为 0.25%；

500 万元 ~1000 万元部分，收取比例为 0.2%；

1000 万元 ~2000 万元部分，收取比例为 0.15%；

2000 万元 ~5000 万元部分，收取比例为 0.1%；

5000 万元 ~1 亿元部分，收取比例为 0.01%；

个人住房贷款申请资信审查，按贷款额的 0.4% 收取。

各地公证处都有优惠措施，开发商可与公证处洽谈优惠措施。

第二，购房付款注意事项

首先要强调的是，交付房款时，不论是一次性付清，还是分期，还是定金，都应该向开发商索要正式购房发票，不能用收据代替发票。且交款须交到开发商账户，而不能交到开发商老板个人账户。

在交付房款的时候，可能还要交一些其他款项，如预售合同登记备案费、出售合同交易手续费、他项权证抵押登记费、房屋保险费、权证登记费。

第三，购房如何交契税

契税是指房屋所有权发生变更时，就当事人所订契约按房价的一定比例向新业主（产权承受人）征收的一次性税收。它是对房产产权变动征收的一种专门税种。

①征收范围及纳税人。主要对个人和私营单位购买、承典、承受赠与或交换房屋征收契税。

②税率。1997 年 4 月 23 日，我国颁布了新的契税暂行条例，规定契税税率为 3% ~5%。具体契税适用税率，由省、自治区、直辖市人民政府在税率范围内按照本地区的实际情况确定。

第四，按揭贷款的基本程序是怎样的

一般情况下，按揭贷款的基本程序如下：

①购房者根据和开发商的协议，在规定日期内到指定银行申请贷款。

②贷款银行根据申请人提供的贷款资料进行调查核实，在此基础上提出贷与不贷，以及贷款金额、成数、期限、利率等的初步意见，以书面形式通知购房者。

③如贷款申请被接纳，购房者需在银行指定日期会同开发商到约定地点签订《房产抵押贷款合同》和《付款授权书》，与此同时，需在贷款银行指定的营业网点开立还款专用账户，并在户内保留足够偿还下期供款的存款余额。

④按揭办法确定以后，购房者应按《订购书》的要求及时与开发商签订正式的《房产预售合同》；已签有购房合同，但该合同中约定的按揭办法和贷款银行最终批准的按揭办法不同的，双方需另行签订有关的补充协议。

⑤《房产抵押贷款合同》与《房产预售合同》签订后，购房者还应会同贷款银行到房屋所在地公证部门和房产管理部门办理公证和抵押登记手续。经公证和核准登记后，抵押贷款合同方可生效。

第五，购房者可否提前归还按揭款

在征得贷款银行（抵押权人）同意的条件下，购房者（抵押人）为减少利息负担，可提前还款。但对这种业务的处理办法，各贷款行略有不同。如深圳发展银行规定，抵押人自愿提早缴付部分或全部款项时，须提前一个月以书面形式通知抵押权人并经认同，且应给予抵押权人相当于部分或全部款项一月利息之补偿金。

第六，购房付款方式有几种

购买商品房的付款方式主要有三种：一次性付款、分期付款和按揭贷款。

（1）一次性付款。这是过去最为常见的付款方式，目前一般多用于那些价位低的小单元的楼盘销售。一次性付款一般都能从销售商处得到房价款5%以上的优惠，如是现房则能很快获得房屋的产权，如果是期房则这种付款方式的价格最低。一次性付款需要筹集大笔资金且损失此项资金的利息，对经济能力有限的购房者压力较大。如果是期房的一次性付款，开发商有可能不按期交房，造成利息甚至全部房款损失，购房风险较大。

（2）分期付款。又分为免息分期付款和低息分期付款，是目前比较吸引人的付款方式。这种付款方式的好处就是，可以缓解一次性付款的经济压力，也可用房款督促开发商履行合同中的承诺。但是分期付款随着付款期限的延长，利率也会越高，房款比一次性付款的款额高。

（3）按揭贷款。即购房抵押贷款，是购房者以所购房屋之产权作抵押，由银行先行支付给开发商，以后购房者按月向银行支付本息的付款方式。因为它能使市场潜在需求迅速转化为有效需求，所以成为促进房产市场活跃的最有效手段。按揭付款可以筹集到所需资金，实现购房愿望。但是办理手续繁琐，限制较多，费用高。

《商品房销售管理办法》第十一条规定：房产开发企业不得采取返本销售或者变相返本销售的方式销售商品房，房产企业不得采取售后包租的方式销售未竣工的商品房。

投资房产时应注意的问题及事项

投资商品房现房、期房注意的问题

1. 如何选择适合自己的那一套房屋

选择自己的房屋，一定要考虑周到。在选择好是住塔楼还是住板楼、是独立别墅还是联排别墅等品质的住宅类型之后，接下来就是挑选一套具体的房屋了。

要从小区的整体规划入手，对整个项目有个通盘考虑。一般来讲，能占据最多小区绿化的楼盘位置最好，因为绿化不仅是赏心悦目的景观，它能隔离噪音、粉尘，制造良好的小气候，比如湿度、温度等。另外，要考虑到房子的朝向等。

2. 怎么考察施工现场

根据一些"过来人"的经验，你在作出了购买决定之后，如果是期房，要不定期地去现场考察。在查看房屋的内部时，你要对房屋的建筑面积和使用面积的大小，房屋的建筑质量，装修标准，装修质量，房屋的附属设施是否完备，房间的隔音效果如何，天花板、墙壁、地面、门窗是否有损坏，以及内部设计是否合理等方面进行仔细考察。

3. 检查房屋内外部情况

在对房屋外部进行查看时，要注意房屋的位置、朝向、外观造型、楼梯、电梯、走廊等情况。买房经验丰富的人士还要对户外景观、周边环境、交通条件以及各种公共配套设施的设置等情况进行了解。对一些无法实地考察到的情况，要向售楼人员咨询，同时，还要多方面打听相关的信息。

4. 看开发商是否"七证"俱全

近年来，房产项目不合法的投诉是一大热点，核实开发商提供的资料，是挑选房屋时要特别关注的。所以，除了看前面提到过的"五证"之外，还要看开发商的营业执照和银行按揭协议书。

看这些证件，一是为了了解项目的合法性，更是要留意开发商已付了多少地价款，这从有多少面积已被批准规划及准许预售上就可以看出来。一个小区的面积少则十几万平方米，多则几十万平方米，大部分开发商都是采取滚动开发，先做第一期，资金逐步回笼后再分阶段开发后续工程。有些开发商的土地款是一次性付清，有些开发商则是分期付清土地款。由此可以判断出开发商的资金实力，以及他们对作好项目的决心。

此外，你还应该向开发商要"两书"，即《住宅质量保证书》和《住宅使用说明书》。

5. 怎样细看《商品房销售（预售）许可证》

《商品房销售（预售）许可证》包括下列内容：预售许可证编号；开发商名称；项目名称；项目坐落地点；土地使用权出让合同号、地块编号；《房产证》编号、栋数；批准预售的建筑面积，其中包含的各类建筑面积和套数、间数；发证机关、有效期；销售范围；用途；附注内容等。开发商拿出该证时要仔细看清每个栏目和内容是否确实无误。

（1）看"开发商名称（售房单位）"这个栏目时，主要是摸清现在接触的售楼机构是否是合法的销售主体。一般售楼机构有两类：一类是开发商自身的一个下属部门，另一类是开发商委托的房产中介公司，如果是后者，最好能提供开发商的委托书以证明其合法身份。

（2）"项目名称"这个栏目挺麻烦，因为一些项目在开发的过程中会有很多名字，置业者就有必要搞清楚几个名词说的是不是一回事。

（3）"用途"这个栏目实际决定了物业类型。从开发商角度看，决定了项目土地出让金按哪类物业交及土地使用年限；从消费者角度看，直接影响了将来物业的收费标准的允许范围。一般为商业、住宅、公寓等。

（4）"销售范围"是最核心的问题。一个项目的《销售许可证》既可以按楼座发，也可以根据物业的具体情况按楼层发。同一项目的不同楼座办证虽有先后之别，但有些开发商因为急于收回楼款，往往会用一期的预售证冒充二期的预售证。有些项目申报时有开发商自用房或合作方分成房，只能另行办理补地价等手续后才能进入市场，而不能以商品房预售。因此，要搞清项目的建筑面积与预售批准的销售面积是否一致。

此外，发证机关及其公章必须清楚，必须是有权机构；且《许可证》本身的年限也是个需要留心的地方。

6. 商品房预售需要具备哪些条件

商品房预售需具备以下条件：

- 预售人已取得房产开发资质证书、营业执照；
- 按照土地管理部门的有关规定交付土地使用权出让金，已取得土地使用权证书；
- 持有建设工程规划许可证和建设工程施工许可证，并已办理建设工程质量和安全监督手续；
- 已确定施工进度和竣工交付使用时间；
- 7层以下的达到主体工程封顶；七层以上的，主体工程须建到工程预算投资总额的2/3以上层数；
- 已在项目所在地商业银行开设商品房预售款专用账户；
- 法律、法规规定的其他条件。

另外，凡是在以市场地价取得的土地上兴建的商品房产，在建筑竣工验收合格并办理房产登记和领取了《房产证》后，都可以直接公开发售。

7. 怎样签订认购书

买房前先签认购书并交纳定金是现在售楼过程中的习惯性做法。认购书约定购房者在限定时间内签订正式合同，否则视为购房者违约，定金将被扣除。搞清认购书及其定金的法律作用是避免纠纷的第一步。

我国相关法律和法规并未明确规定购房者在签订正式合同前，必须签订认购书。一般来说，买卖双方所签订的认购书的主要内容包括以下几个方面：

- 卖方，即开发商名称、地址、电话；销售代理方名称、地址、电话；认购方名称或姓名、地址、电话、身份证件种类；代理人名称、地址、电话。
- 认购物业。房价、户型、面积、单位价格（币种）、总价。
- 付款方式。如一次付款、分期付款、按揭付款。
- 认购条件。如签订认购书应注意的事项，定金，签订正式契约的时间、付款地点、账户、签约地点等。

为了防止售房单位利用认购书制造陷阱，侵害购房者的合法权益，建议购房者在认购书中约定协议生效条件，如"只有在买卖双方就所有交易条件达成一致时，本认购书方始生效"，对认购书中类似"如乙方（买方）在15天内不到甲方指定地点签署商品房预（出）售合同，则没收已付定金，甲方（卖方）有权把乙方订购的房屋转售给他人"的条款加以拒绝。

如果房产商把尚不符合预售条件的"楼花"以"内部认购"的形式进行销售，与购房者签订认购书，收受定金，则所签订的认购书无效。这种情况在实践中较为常见，检验"五证"就可以避免。

8. 什么时候用预售合同？什么时候用现售合同

在销售尚未竣工交付使用但已取得《房产预售许可证》的房产时，使用预售合同；当销售已经竣工验收合格交付使用并办理了初始登记的房产时，使用现售合同。预售许可证上标明的有效期是该预售房产的预售期限。当有效期到期，而该项目房产的销售又不符合上述使用现售合同的条件时，开发商需重新申请领取新的预售许可证，方可继续销售房产。

9. 签购房合同易忽视的问题

（1）合同有没有建筑及装修质量标准的细则。投资者因为购买的是期房，而不是现房，所以买房时看到的是图纸。建成后，外墙是什么材料、什么颜色，内墙是纸筋灰还是已刷好涂料等，如果只凭开发商的口头一说，是难以成为买卖双方约定的受法律保护的内容的。房屋建成后的面积与其图纸面积完全一样的情况，是不多见的。前者比后者大，需补钱还好说；后者比前者大，合同上又没有约定，让开发商往回退钱就很麻烦了。如果合同上没有具体的装修标准，很可能购房者接收入住时收到的只是一个空壳子。

（2）有没有对附属配套设施的有效制约条款。一般来说，凡出售公寓小区或别墅小区的住房，开发商都许诺有若干配套设施，如健身俱乐部、网球场院、游泳池等。如果楼盘出售情况不好，这些配套设施往往遥遥无期。但合同中如果没有对此种情况规定有效的制约条款，购房者也只能无可奈何了。

（3）有没有规定开发商延期交房的具体罚则。楼房建造过程中可能会遇到很多不可预见的困难，如资金、材料、施工等，从而延误交工的日期。若对此没有具体的处罚条例，不仅可能打乱购房者的计划，而且侵犯购房者的合法权益。因此，购房者有权获得经济上的补偿。这类条款应当是购买期房合同中的必备条款。

（4）有关房屋面积方面的条款。购房者在签订购买现房合同时，在此条款中要写明建筑面积，建筑面积中含共用面积的组成部分及具体平方米数、使用面积平方米数、建筑面积与使用面积的比例；另外，所购楼房的楼号、房号、单元在整幢楼中的位置示意图、单元的平面图也应在合同中写明或作为附件。

(5) 关于价格、收费、付款额方面的条款。在一般合同中，价格条款应是比较明确的，即每平方米多少元钱。购房者付出的各种款项、税费，都可要求售房方出示有关的规定和证明文件。对于一些不合理的缺少依据的收费，如开发商聘请律师的费用、委托中介费、银行手续费等，购房者有权拒付。

(6) 在合同中，有关房屋质量的条款也是容易产生纠纷的地方。购房者在签合同时一定要详细地把质量要求写进去，如：卧室、厨房、卫生间的装修标准、等级；建材配备清单、等级；屋内设备清单；水、电、气、管线通畅；门、窗、家具瑕疵；房屋抗震等级；等等。上下内外的质量要求都应涉及。同时，合同中还可以规定房屋的保质期、附属设备等。

10. 签合同时要注意的几个细节问题

(1) 购房合同的各项内容要尽可能全面、详细，各项规定之间要避免与国家的政策法规相冲突；文字表述要清晰、准确；签订合同的买卖双方身份、责任要明确，合同中的甲方（卖方）不能是地产中介或律师事务所，而应是项目立项批准文件的投资建设单位，签字人是法人代表本人，或公司章程上授权的主要负责人。

(2) 合同上的项目名称，一定要与项目位置联系在一起，以免日后有出入。标明项目位置时，一定要具体、明确，如某市某区某街某号某花园某号楼某房。房屋的户型、面积一定要标示清楚，建筑面积、使用面积及公用面积的分摊原则等都要明确说明。

(3) 房屋的档次和装修标准一般采用附件形式附在购房合同之后，这一内容的表述一定要详细、具体。如技术的等级、材料的品牌、内部设施的种类、负荷标准、供应能力等要一一予以说明。水、暖、电、通信等设施要说明安装到什么程度。

(4) 其他如付款方式、产权保证等都应详细、具体地加以说明。同时，合同中一定要确定物业管理单位的产生办法或具体的物业管理单位以及物业管理的收费标准，并对房屋的整体结构、各部位配套设施及其部件的保修期给予明确规定。

(5) 违约责任的约定一定要双方对等，否则吃亏的还是投资者。一般承担违约责任的违约事项包括：购房者不按期交款；开发商不按期交房；面积变动超过约定幅度；房屋装修标准和质量不合要求，保修不到位；产权过户手续不全或不能按期办理；公共设施不到位；宣传或广告承诺不兑现。

11. 购房时交定金要注意什么

根据《合同法》有关规定："当事人在签订正式的房产买卖、租赁等合同前，有订立《意向书》、《预订书》等的，如确系双方真实意思表示，权利义务内容不违反现行法律、法规的，该《意向书》、《预订书》等对双方均有约束力。"购房者签订《房屋认购书》与签订正式合同同样须谨慎。

（1）确认房产的资质。《预售合同》有规范文本，但《房屋认购书》条款较简单，有些房产商可能利用《认购书》中未必要写明《预售许可证》等资质情况，来规避法律，购房者不可忽视这一点。

（2）具体基本生效条款。尽管并没有明确的法律规定《认购书》中必须写明哪些条款，但从法律原则上讲，既然是有约束力的意向书，至少对双方达成一致的基本内容尤其是达成意向的房屋位置、面积、单价、总价、交付时间、生效条件等必须有明确的约定。

（3）内容合法。形式上虽无限制规定，双方可以就违约责任等达成一致的意思表示。但这些意思表示都必须在合法的前提下达成，定金、违约金的约定同样不可超出法律法规限定的范围。

如果购房者对某套房确实很满意，一定要订购该房，可直接签订房屋预售合同。这样，购房者就有充分的主动权与开发商就合同内容进行平等协商。如果实在要签房屋认购书，则要对在何种情况下扣定金、扣多少以及何种情况下要将定金退还作明确规定。

消费者在订立定金条款时，应当把握这样几个问题：

• 定金条款并不具有强制性，它仅是指导性的，消费者可以依法自主决定是否订立定金条款；

• 应当在定金条款中注明不履行合同的具体情况；

• 虽然已订立了定金条款，但只有消费者在交付了定金后，合同才生效；

• 要分清定金和预付款的区别，预付款就是预先支付，但预付款不能适用定金的罚则。

• 谨防有的开发商利用购房者缺乏相应的购房知识和经验，在某些条款内容上设下陷阱，故意让消费者违约。

• 定金和订金在法律上性质是不同的。依据《担保法》的规定，当事人可以约定一方向对方给付定金作为债权的担保。债务人履行债务后，定金应当抵作价款或者收回。给付定金的一方不履行约定的债务的，无权要求返还定金；收受定金的一方不履行约定的债务的，应当双倍返还定金。订金则属于预先支付的一部分价款，不具备担保的性质，如果收取订金的一方不能履行约定，则交付订金的一方只可要求返还订金而不能要求双倍返还。

12. 如何查询所购买的物业是否取得预售许可证

（1）网站查询。如访问深圳市规划和国土资源委员会网站（http：//ris. szpl. gov. cn/bol/），可以了解深圳的房产项目是否已领取预售许可证；

（2）直接向所购物业所在地的国土分局了解物业的预售批准情况；

（3）要求开发商出示《房产预售许可证》。但须留意的是，有此证并不意味着全部楼盘都可以放心购买。对于某些分期开发建设的楼盘，开发主管部门会根据工程建设的具体情况，分期发放预售许可证；同时亦有些预售许可证只对某一栋综合楼的某些楼层批准预售。《房产预售许可证》中已详细注明了可预售房产的内容和范围，包括宗地号、项目名称、栋号、层数、用途、套数、面积等信息。在购买前必须认真核对所购买房产的栋号、楼层、名称等是否与许可证上注明的内容相符。

13. 不准买卖（转让）的房产有哪些类型

《中华人民共和国房产管理法》第三十条规定，下列房产，不得转让：

- 以出让方式取得土地使用权的，不符合本法第三十八条规定的条件的；
- 司法机关和行政机关依法裁定、决定查封或者以其他形式限定房产权利的；
- 依法收回土地使用权的；
- 共有房产，未经其他共有人书面同意的；
- 权属有争议的；
- 未依法登记领取权属证书的；
- 法律、行政法规规定禁止转让的其他情形。

14. 为未成年子女购房可以申请贷款吗

根据《个人住房贷款管理办法》第四条的规定，个人住房款的贷款对象应是具有完全民事行为能力的自然人。因此，如果购房人仅是未成年人，其不属于个人住房贷款的贷款对象，不可以申请贷款。

15. 是否可与开发商的"售楼部"、"代理部"、"经营部"签合同

法人的分支机构，如房产开发公司的经营部、销售部、售楼处，不能作为合同主体，不具备订立合同的行为能力。与购房者签合同的必须是房产开发公司。

9
房产投资

16. 套内建筑面积售房与建筑面积售房有何异同

套内建筑面积售房，实际上是以套内建筑面积为交易面积，按套内建筑面积计算房价，其应分摊的公用建筑面积的建设费用计入套内建筑面积销售单价内，不再另行计价。同时在购房合同中记载该商品房项目的总公用建筑面积及本单元或整层应分摊的公用建筑面积，其权属属于各产权主共同所有，任何单位和个人不得独自占用。

建筑面积售房，实际是以套内建筑面积与分摊公用建筑面积之和作为交易面积，按建筑面积计算房价。由于分摊的公用建筑面积的存在，使售房面积复杂化、专业化，非房产测绘专业技术人员无法弄清"分摊的公用建筑面积"的合理性和准确性，购房者不能直观了解自己究竟购买了多大的房屋。

套内建筑面积售房与建筑面积售房相比，前者只是少了分摊的公用建筑面积，而应分摊的公用建筑面积建设费用计入套内建筑面积销售单价内，因此房屋交易总价不变，但售房面积更明确、具体、直观。两者对分摊的公用建筑面积享有同等的权益。

17. 实行套内建筑面积售房时物业管理费收取是否会改变

物业管理费标准是按建筑面积制定的，物业管理部门按建筑面积收取物业管理费，实行套内建筑面积售房，售房合同及房产证上注有建筑面积，因此物业管理费收取没有改变。

18. 开发商承诺送花园、露台、家具、汽车可信吗

为了促进房屋销售，有些房产商使出搭送的手段，这实际上是一种变相降价的做法。但是，很多时候房产商声称的送花园、露台等是带有欺诈性的。因为如果花园面积属于房屋占有范围之内，那就是房屋应摊土地面积，本来就应归购房者所有；如果花园面积为公用面积，更谈不上奉送，应归全体业主共有。同样的道理，露台也分独用露台（专为某一房屋设计）和公用露台（整栋房屋共用），露台的使用权和所有权是业主房产的一部分，不能与房产权分割，所以谈不上由开发商"奉送"。实际上开发商在送的背后，已将房价提高。

送轿车、家具、空调等，也都是变相降价的一种形式。"羊毛出在羊身上"，这部分钱还是要由买房人掏的。买房人只要想一想，卖方会无缘无故地降价吗？会无缘无故送东西给购房者吗？或为了促销或是变相降价，或是市场大势使然，或是企业内部原因，或者兼而有之。

购房者当然可以不接受卖方的搭送，与开发商协商直接要求降低相应的房价，因为搭送的东西不一定会让人满意。

投资二手房需要注意的事项

第一，注意交易主体从事二手房交易的资格。如卖方是否有房产证，产权是否清晰；还没有拿到产权证的现房不能买卖；若是期房出售，则必须由开发商作出担保等。同时，交易前，作为买方，可要求卖方提供房屋的权属证明文件、身份证明及相关证件，并到所属房产交易中心查验房屋的权属登记情况。只有对交易主体的资格进行审查和判断，获得确认后，交易才可进行。

第二，注意交易房屋的评估价是否正确真实。在这个环节中存在的风险，就是对房屋评估价偏高或偏低，有些评估价含的水分很多，就容易造成评估价的不真实。有些中介试图低价收入、高价卖出，是导致与房屋市场价值偏离的主因，而这必然将直接影响买卖双方的利益。

这里介绍一个简单的估价办法：二手房价格应为周边区域新建商品房市价的2/3左右，过高价格买入者，将存在贬值的风险；反之，将有利可图。在交易过程中，交易双方应委托信誉良好、具有市房地局颁发的房产评估资质证书的专业评估机构估价，必要时还可要求出具评估报告，作为实际售价的依据。

第三，检查二手房质量上有无瑕疵，了解房屋结构。购房者应当在买房时注意检查住宅本身的质量，如是否存在漏水、墙面开裂、下水道堵塞、水压电压不足等情况。相邻关系也十分重要，应当询问一下邻里之间是否存有公用面积纠纷等矛盾。此外，原居住人如果存有过于复杂的社会关系，也可能给购房者带来意想不到的麻烦。

第四，交易手续要在交易场所完成。购买二手房时要亲自到交易场所办理转让手续。有些人购房时，一怕麻烦，二容易轻信别人，三为了节省一点交易手续费，在售房人的花言巧语下，由售房人全权代办交易手续，结果拿到手的产权证有可能是假的，房屋所有权得不到应有的法律保护，引起纠纷；或是在多年之后再转让房产时，才知上当受骗，这方面的案例即使在法律制度比较健全的香港也都时有发生。因此，购买二手房时，买卖双方一定要到政府指定的房产交易场所办理产权转让手续，按国家规定交纳各种交易费用，领取政府颁发的产权证。切不可因小而失大。只有这样，才能买到放心合适的房子。

购房洽谈技巧

开发商制造业务鼎盛场面的方法

制造业务鼎盛场面的方法有：

● 向买方出示客户来访记录、购房意向书等，说明多少人来看楼、多少人有购房意向；

● 公开挂出售楼业绩表，说明哪些已签约售出，哪些已付定金，即将成交；

● 请人做托，让一些人冒充购房者前来看房，不断赞美房屋，渲染气氛，甚至假意付定金签约；

● 电话自打自听，卖方内部人员互打电话，听话人故意大声与购房者说话，让买方听到；

● 每遇成交全体销售人员起立鼓掌，大声唱和，鼓动买方跟风；

● 销售人员讲"即将涨价，最后一次便宜机会"；

● 销售人员讲"只有最后一套（或几套），错此良机，终生后悔"。

买房杀价方法

● 不要表露出非常强烈的对物业的好感。

● 告之对方已看中其他物业并付定金。

● 告之对方已看中其他物业并已付定金，但亦喜欢此物业，是否能再便宜点以补偿已付出不能退还的定金。

● 告之对方已购置物业，但要等现有物业出售后才能买，因此要求卖方在付款方法上优惠。

● 不停地找物业的缺点要求降价。

● 告之自己很满意，但家人有其他的想法，希望便宜点可以解决问题，或者表现出强烈的购买欲望，迫使对方降价。

- 告之准备一次性付款，要最优惠的价。
- 带着5000元，说只要售价合适就马上决定购买。
- 实在谈不下去，抬腿就走，让卖方担心失去你这个有强烈购买欲的客户。
- 与其他物业的价格作比较，要求再降价。
- 告之能力有限买不起，要求再便宜一点。
- 告之资金在外地或外国，购房款需慢慢支付，争取更优惠的付款条件。
- 告之物业管理费太贵，不能支付，要求送物业管理费。
- 告之自己现金积压在股市上或其他生意上，想购置但希望付款条件或售价能优惠。
- 告之这房子是别人送的，自己不想掏钱买，预算有限，就这么多钱。
- 告之从朋友处已知能有多少优惠，要求同样的待遇。
- 告之自己没有代理行，直接与开发商交易能免佣金。
- 与谈判人员、销售人员成为朋友，凭交情争取拿到该项目的最优惠价格。
- 找多位不同的销售代理，试探销售价的最低价，或声东击西探知更便宜的价格。
- 要求开发商给毛坯房的价，同意后再要求提供装修。
- 先选一个比较次的单元把价格谈好，再要求以同样的价格买更好的单元。
- 告之此物业主要想用于出租，自己不在国内也没有时间，是否能帮助出租事宜，并要求送装修及家电。
- 告之自己有不少朋友也会跟着自己买，只有最优惠的价格才能带来更多买家。

记住：比购房者的时间更宝贵的是房产商的时间，拖延时间，慢慢磨，主动权在自己手上，每次都要求更便宜的价格。

售楼员对待选房者的常用策略

（1）不知道策略。营销人员在遇到有备而来的购房者时常用此法。在谈判过程中面对比较棘手的或不想正面回答的问题时，常以不知道、不太懂或不了解来搪塞，使对方的问题没有办法深入下去，同时以一种低调姿态来减少对方的防御。

（2）合理拒绝。在买卖未成交之前，如果买主要求降价或提出其他额外优惠条件时，对方常会苦着脸举出一大堆不能降价的理由，这些理由听起来都很合理，其实这是卖方利用买主对房产知识的缺乏了解而运用的策略。也就是说，表面上看起来已是底价了，而事实上，卖主心中有一个底价，只要购房者能攻破前面的价格，则往往会有一段不菲的差价或优惠。

（3）事前行销。营销人员常利用房屋定价先低后高的规律，在计划涨价前先告诉客户，房子马上就要涨价了，再不决定可就错过良机了。如此一来可以给顾客造成心理压力，"现在的价位是最低价，买了就能赚钱"，使买方不好意思再开口压价，甚至匆忙买下自己并不满意的住房。

（4）"人质"策略。谈判中极个别的素质较低的营销人员会采用此种不道德的策略。比如以较低的首期款和代为办理购房按揭等优惠条件付款买房，而购房者一旦交了第一笔钱，就等于将"人质"送到他的手上，其后只能被动挨宰。

（5）面子策略。中国人最讲究面子，所谓士可杀不可辱，而在购房谈判中，营销人员会努力迎合顾客的心理，对顾客一知半解的房产知识予以称赞，于是顾客在虚荣心的极大满足中常忽略对房屋的一些细节问题的考察而签下日后有可能后悔的合同。

（6）低价策略。一般来说，房屋销售价都是从低走高，房屋开发公司不到万不得已是不会主动降价的。如果开发公司主动调低房屋的售价，这里可能另有玄机。如某开发公司在售房时称因房产市场不景气，为周转资金，以成本价出售积压房，并承诺后续配套设施很快完成。等消费者入住后才发现，此房不仅质量低劣，而且水、电、气等附属设施皆未配套。不仅如此，开发公司还要求购房者补交测量费、登记费、手续费、管理费等多项费用，否则不予办理过户手续。至此消费者发觉上当，要求退房，而开发公司却不予理睬。

（7）"拍卖"策略。我们在房屋销售处有时会看到这一场面，当买卖洽谈过程中，营销人员的呼机或手机不时响起，而对话内容一定与这栋房子有关。谈话时间不长，可句句是重点。营销人员的几个电话，使买主心绪不宁，急于敲定这桩买卖了。而此时行销员则顺水推舟收下定金，一桩买卖即大功告成。其实营销人员是利用人们的心理特点：大家都想买的东西一定是好东西，而如果一件商品有几个投标者，那无疑更是物以稀为贵了，岂有坐失良机之理，即使贵点也认了。

怎样洽谈算精明

购房洽谈有如足球比赛的临门一脚，洽谈是否顺利决定了这场购房比赛谁会获胜。由于每个人的个性不同，语言表达和社会经验的差异，洽谈的方式也不尽相同。看了前面售楼人员的诸多手段，购房者必须牢记以下几点：

（1）多听、多看、多提问。到售楼现场后要多听售楼人员的介绍，不要打断他们的介绍马上进行洽谈；多看模型、样板房、说明书，充分了解产品；洽谈时要多提问（可以事先准备提问内容），售楼人员回答不准确或比较含糊时，要紧迫不舍，不要轻易放过。

（2）沉默是金。有经验的售楼人员一般喜欢充分了解购房者的需求，知己知彼后加以引导，这样购房者往往比较被动，所以购房者在洽谈时要尽量保持沉默，让售楼人员多讲话、多介绍，而不将自己的底牌过早亮出，这样可以始终处于比较有利的位置。

（3）敢于说"不"。优秀的销售人员往往会提出选择性的问题来让购房者回答，而往往任何一种回答都不是很有利于你。购房者要学会说"不"。

（4）分头出击，火力侦察。遇到比较满意的房屋，除了购房者自己参与洽谈外，也可以让家人一起参与，但需分别前往洽谈。购房者和家人在不同时间分别和不同的销售人员谈，往往可以得到不同的信息、不同的优惠，就可以最理想的价格成交。

（5）避免因小失大。如果购房者的洽谈过分顺利时，就要冷静地想想为什么。如销售员很爽快地答应了自己的折扣要求，要想一下他是否还有更低的底价没有透露，还是这套房有其他问题，销售员急于脱手。

（6）不要轻信涨价。目前流行的销售技巧中，涨价成了促使顾客尽快成交的手段之一。首先，购房者要看一下是否真涨，其次要看一下涨多少，有些开发商明着涨价，其实暗中放折扣。

（7）不要一时冲动而去抢购。购房是人生大事，谁也不会感情用事地去抢购，当购房现场出现抢购现象时，购房者尤其要冷静，要以自己为中心，不要轻信抢购，多坐一会，看个究竟。即便是确实供不应求，也应认清形势、考虑清楚后冷静应对。

（8）不要怕欠人情。有时购房者会因为销售人员不倦的热情服务觉得欠了人情，而在谈判中不断让步。其实顾客才永远是上帝。

（9）搜集信息，广泛联络。购房者应设法了解过去的成交价或意向定价与房屋情况，与自己意欲购买的房屋进行比较。如有可能，则与其他购房者结成同盟，共同向卖方施压。

（10）时间选择有差别。在上午还是下午，正常上班时间还是双休日谈判，效果也有差别。一大早就上门，说明买方的诚意，但也暴露出急切的心理。一般第一次正式谈判不要安排在上午，因为上午售楼人员精力充沛，期望也高，不容易迁就买方。在双休日、节假日也不要进行关键场次的谈判，这个时候卖方决策人物可能不在场，卖方不会在拍板人不在时做出最大的让步。另外，在销售高峰时最好不要进行实质性的谈判，这时售楼人员心气很高，不会作太大的让步，除非是削价清盘。

（11）注意服饰行头。房产营销人员对每一位客户的服饰举止都十分注意，因为服饰反映出人的性格、身份和地位、收入水平。购房者上门谈判时乘坐的交通工具与服饰具有同样的功效。驾驶自备轿车与骑自行车给营销人员的印象是不会相同的。

6

房产投资中需要特别注意的几点

（1）不投资偏远地方的房产。好地段的房子即使在市场恐慌下跌时也比较抗跌，而市场上升时它的升值速度较快。而差地段的房子，在市场恐慌下跌时会跌幅较大，而在市场上升时升值速度会较慢，且升值幅度比较有限。房产投资者买入偏远的、差地段的房子而被套牢甚至亏损的例子比比皆是。比如深圳大亚湾，十几年以来，"死"在那里的房产投资客一堆一堆的。

（2）尽量不投资自己不熟悉的城市的房产。

（3）资金实力一般的投资者尽量不投资异地房产。异地房产管理困难，管理成本高，对于资金量不大、仅投资一两套房的投资者来说，尤其如此。

（4）尽量不投资小城市房产，一般省会及计划单列以上城市问题都不大，但小城市即使房价上涨也存在变现困难问题。目前在二三线以下城市，无房户的需求其实并不大，真正的需求来自改善性住房。这种全面上涨，不能理解为全面泡沫，而是有基础存在的。不能理解为全国炒房。特别是四线及以下城市尽管新盘价格高涨，老旧住宅却乏人问津，县级市二手房变现也比较困难。

（5）不投资距离大城市、较偏远的小的旅游城市的房产，因为变现比较困难。

（6）无论做什么样的投资，自己一定要做足功课。就房产来说，对于该地区的区域经济发展，要有深刻的理解，否则就不要轻易出手。

（7）房产税费高，交易成本高，尽量不要抱着短炒的想法投资房产；而是抱着收取租金回报和兼顾升值的想法，或者主要收取租金兼顾升值的想法投资房产。

（8）在房产市场处在上升通道中时投资，在市场趋势判断不准时，尽量观望，不可太激进，要保守些。因为按揭投资的房产一旦无法租出，每月较高的还款额会给投资者带来流动资金压力，另外房产在有较大跌幅时往往会出现潜在买方观望、房产流动性变差的情况。投资者应该做好资产配置，手头应多保留现金或加大流动性强的投资标的配置比重，以防流动资金短缺造成资金链断裂。

第 2 篇

怎样让自己的钱再生钱
——投资规划

第 10 章

债券投资要点

为什么可以投资债券

债券是政府、金融机构、工商企业等机构直接向社会借债筹措资金时，向投资者发行，承诺按一定利率支付利息并按约定条件偿还本金的债权债务凭证。由于债券的利息通常是事先确定的，所以，通常债券又被称为固定利息证券。它有如下几个特点：

债券投资的风险较小

债券具有规定的还本付息日，此外，在企业破产时，债券持有者享有优先于股票持有者对企业剩余资产的索取权，债券投资一般到期能够收回本金，特别是政府发行的债券，由于有政府财政作后盾，其本金的安全性比较高，通常视为无风险证券。

由于国库券具有期限短、政府担保、无违约风险的特点，从而成为风险最小的债权。随着期限的延长，长期政府债券的风险也在增加。而公司债券的风险较之政府债券的风险就会偏大，因为任何一个公司破产的风险都会高于政府，这是显而易见的。

和股票相比，债券波动较小，风险也较小。债券投资者不必像股票投资者，尤其是短线投资者那样每天惊心动魄地关注于股票市场的跌落起伏，以致承担很大的风险。

债券投资的收益较稳定

债券投资的收益是按照票面金额和票面利率计算的利息收入及债券转让的差价，与发行公司的经营状况无关，因而其投资的收益比较稳定。

债券投资属于债权性投资，因此债券持有人只是定期获取利息，并到期收回本金，无权参与公司的经营管理。

债券价格的波动性较小

债券的市场价格尽管有一定的波动性，但由于前述原因，债券的价格毕竟不会偏离其价值太多，其波动性相对较小。

市场流动性较好

许多债券如政府及大企业发行的债券，一般都可以在金融市场上迅速出售，具有较好的流动性。随着我国金融市场的进一步开放，债券的流动性将会不断加强。

不同的经济周期有不同的债券投资种类

不同类别的债券在不同的市场中表现各不相同，这样可以平滑债券市场的波动。债券市场长期走势较为稳健，是资产组合中稳健收益的重要基石。

总之，普通投资者应该意识到：市场存在着一个既能获得高于银行储蓄存款收益率，又能保持安全和稳定的金融投资，可以将自己投资期限较长、不能承受过高风险的部分资产配置到债券上去。

债券的分类

债券的七种类型

第一，按发行主体不同，可划分为国债、地方政府债券、金融债券、企业债券。

第二，按付息方式不同，可划分为贴现债券（零息债）与附息债。

第三，按利率是否变动，可分为固定利率债券和浮动利率债券。

第四，按偿还期限长短，可划分为长期债券、中期债券、短期债券。一般说来，偿还期在 10 年以上的为长期债券；偿还期限在 1 年以下的为短期债券；期限在 1 年或 1 年以上、10 年以下（包括 10 年）的为中期债券。我国国债的期限划分与上述标准相同。但我国企业债券的期限划分与上述标准有所不同。我国短期企业债券的偿还期限在 1 年以内，偿还期限在 1 年以上 5 年以下的为中期企业债券，偿还期限在 5 年以上的为长期企业债券。

第五，按募集方式，可划分为公募债券和私募债券。这里的公募和私募，可以简单地理解为公开发行和私下发行。公募债券的发行人一般有较高的信誉，发行时要上市公开发售，并允许在二级市场流通转让。私募债券发行手续简单，一般不用到证券管理机关注册，不公开上市交易，不能流通转让。

第六，按担保性质，可划分为无担保债券、有担保债券。

第七，特殊类型的债券，如可转换公司债券。

国债的种类划分

国债的种类繁多，其基本的划分方法就是以券面形式为依据，其他分类特征均与此有很大关系。依国债的券面形式可分为三大品种，即无记名式、凭证式和记账式。其中，前者已不多见，而后两者则为目前的主要形式。

（1）无记名式国债。无记名式国债是一种票面上不记载债权人姓名或单位名称的债券，通常以实物券形式出现，又称实物券或国库券。券面上印有"中华人民共和国国库券"字样，通常面额有100元、500元、1000元等，背面印有"中华人民共和国财政部"印章，并印有防伪识别符号。我国从建国起，50年代发行的国债和从1981年起发行的国债主要是无记名式国库券。

无记名式国库券的一般特点是：不记名、不挂失，可以上市流通。由于不记名、不挂失，其持有的安全性不如凭证式和记账式国库券，但购买手续简便。由于可上市转让，流通性较强。上市转让价格随二级市场的供求状况而定，当市场因素发生变动时，其价格会产生较大波动，因此具有获取较大利润的机会，同时也伴随着一定的风险。一般来说，无记名式国库券更适合金融机构和投资意识较强的购买者。

（2）凭证式国债。凭证式国债是指国家采取不印刷实物券，而用填制"国库券收款凭证"的方式发行的国债。我国从1994年开始发行凭证式国债。凭证式国债具有类似储蓄又优于储蓄的特点，通常被称为"储蓄式国债"，是以储蓄为目的的理想的投资方式。

与储蓄相比，凭证式国债的主要特点是安全、方便、收益适中。具体说来是：

● 国债发售网点多，购买和兑取方便，手续简便；

● 可以记名挂失，持有的安全性较好；

● 利率比银行同期存款利率高1～2个百分点（但低于无记名式和记账式国债），提前兑取时按持有时间采取累进利率计息；

● 凭证式国债虽不能上市交易，但可提前兑取，变现灵活。投资者如遇特殊需要，可以随时到原购买点兑取现金；

● 利息风险小。提前兑取按持有期限长短、取相应档次利率计息，各档次利率均高于或等于银行同期存款利率，没有定期储蓄存款提前支取只能按活期计息的风险；

● 没有市场风险。凭证式国债不能上市，提前兑取时的价格（本金和利息）不随市场利率的变动而变动，可以避免市场价格风险。

购买凭证式国债不失为一种既安全、又灵活、收益适中的理想的投资方式，是集国债和储蓄的优点于一体的投资品种。凭证式国债可就近到银行各储蓄网点购买。

（3）记账式国债。记账式国债又称无纸化国债，它是指将投资者持有的国债登记于证券账户中，投资者仅取得收据或对账单以证实其所有权的一种国债。我国从 1994 年推出记账式国债这一品种。

其一般特点是：

- 以无券形式发行，可以防止证券的遗失、被窃与伪造，安全性好；
- 可上市转让，流通性好；
- 期限有长有短，但更适合短期国债的发行；
- 通过交易所电脑网络发行，从而降低证券的发行成本；
- 上市后价格随行就市，有获取较大收益的可能，但同时也伴随有一定的风险。

可见，记账式国债具有成本低、收益好、安全性好、流通性强的特点。

无记名式、凭证式和记账式三种国债相比，各有其特点。在收益性上，通常无记名式和记账式国债的票面利率要略高于相同期限的凭证式国债。在安全性上，凭证式国债略好于无记名式国债和记账式国债，后两者中记账式又略好些。在流动性上，记账式国债略好于无记名式国债，无记名式国债又略好于凭证式国债。

零息、附息、贴现国债的区别

相信很多人对债券的"零息"，"附息"和"贴现"的概念比较陌生，有的人认为"零息"就是没有利息，"贴现"就是国家将债券亏本卖给你，其实不然。所谓"零息"、"附息"和"贴现"，主要是针对国债的利息支付方式而言。

（1）零息国债是指国债到期时和本金一起一次性付息，利随本清，也可称为到期付息债券。我国发行的无记名国债一般属于零息国债。零息国债有确定的票面利率，利息额根据面值、利率和偿还期限计算，计算公式是：利息＝面额×票面利率×期限。

（2）附息国债是指票券上附有息票、按每年（或者每半年、每季度）在规定的日子剪息票分期付息的国债。无记名式附息国债附有息票，凭剪息票每年（半年或季）领息；记账式无纸化附息国债无息票，可凭证券账户在分期付息的付息日期内领取利息。附息国债也有规定的票面利率，每次的利息额（以按年取息为例）等于面值与票面利率的乘积，即年利息＝本金×利率到期利息＝年利息×期限。

需要指出的是，附息国债的每期利息是按年利率的单利计息方法计算，由于分期所得利息用于再投资能获取再投资收益，所以附息国债在全部偿还期间从性质上相当于按复利计息的债券，因此其票面利率与相同期限的零息国债相比要低些。国外大部分中长期债券采取附息债券的形式。附息国债因分期获取的利息收入可存入银行或购买债券等进行再投资，在国债偿还期限内相当于复利性质的国债。附息国债满足那些依靠一定的资本定期取得收入的投资者的需求，丰富了国债市场的品种。

（3）贴现国债又称贴息发行国债，是指券面上不含利息或不附有息票、以贴现方式发行的国债。贴现国债发行价格与票面额的差额即为所得利息。贴现国债票面上不规定利率，其发行价低于票面额，到期按票面额偿还。不过其利率可根据每百元面值贴现国债的发行价和贴现国债的期限计算出来，计算公式是：

$$利率 = [（面值 - 发行价）÷（发行价 × 期限）] × 100\%$$

从利息支付方式来看，贴现国债以低于面额的价格发行，可以看做是利息预付，因而又可称为利息预付债券。贴现国债一般期限较短，我国于 1996 年推出贴现国债品种。根据财政部 1997 年的规定，期限在一年以内（不含一年）以贴现方式发行的国债归入贴现国债类别，期限在一年以上以贴现方式发行的国债归入零息国债的类别。

固定利率债券与浮动利率债券

固定利率债券指在发行时规定利率在整个偿还期内不变的债券。固定利率债券不考虑市场变化因素，因而其筹资成本和投资收益可以事先预计，不确定性较小，但债券发行人和投资者仍然必须承担市场利率波动的风险。如果未来市场利率下降，发行人能以更低的利率发行新债券，则原来发行的债券成本就显得相对高昂，而投资者则获得了相对现行市场利率更高的收益，原来发行的债券价格将上升；反之，如果未来市场利率上升，新发行债券的成本增大，则原来发行的债券成本就显得相对较低，而投资者的收益则低于购买新债券的收益，原来发行的债券价格将下降。

浮动利率债券是与固定利率债券相对应的一种债券，它是指发行时规定债券利率随市场利率定期浮动的债券，也就是说，债券利率在偿还期内可以进行变动和调整。浮动利率债券往往是中长期债券，其利率通常根据市场基准利率加上一定的利差来确定。美国浮动利率债券的利率水平主要参照 3 个月期限的国债利率，欧洲则主要参照伦敦同业拆借利率（指设在伦敦的银行相互之间短期贷款的利率，该利率被认为是伦敦金融市场利率的基准）。浮动利率债券的种类较多，如规定有利率浮动上、下限的浮动利率债券，规定利率到达指定水平时可以自动转换成固定利率债券的浮动利率债券，附有选择权的浮动利率债券，以及在偿还期的一段时间内实行固定利率，另一段时间内实行浮动利率的混合利率债券等。

由于债券利率随市场利率浮动，采取浮动利率债券形式可以避免债券的实际收益率与市场收益率之间出现任何重大差异，使发行人的成本和投资者的收益与市场变动趋势相一致。但债券利率的这种浮动性也使发行人的实际成本和投资者的实际收益事前带有很大的不确定性，从而导致较高的风险。

可转换公司债券

可转换公司债券是一种被赋予了股票转换权的公司债券，也称可转换债券。发行公司事先规定债权人可以选择有利时机，按发行时规定的条件把其债券转换成发行公司的等值股票（普通股票）。可转换公司债券是一种混合型的债券形式，当投资者不太清楚发行公司的发展潜力及前景时，可先投资于这种债券。待发行公司经营业绩显著，经营前景乐观，其股票行情看涨时，则可将债券转换为股票，以受益于公司的发展。可转换债券对于投资者来说，是多了一种投资选择机会。因此，即使可转换债券的收益比一般债券收益低些，但在选择投资机会的权衡中，这种债券仍然受到投资者的欢迎。

可转换公司债券在国外债券市场上颇为盛行。这种公司债券最早出现在英国，目前美国公司也多发行这种公司债。日本于 1938 年"商法"改正后一些公司开始发行这种债券。由于可转换债券具有可转换成股票这一优越条件，因而其发行利率较之普通债券为低。

可转换公司债券在发行时预先规定有三个基本转换条件：转换价格或转换比率；转换时发行的股票内容；请求转换期间。

3

投资债券的风险及规避方法

利率风险

利率是影响债券价格的重要因素之一，当利率提高时，债券的价格就降低。例如，某人于 1996 年按面值购进国库券 10000 元，年利率 10%，三年期。购进后一年，市场利率上升为 12%。国库券到期值 = 10000 × （1 + 10% × 3）= 13000（元），一年后国库券现值 = 13000 ÷ {（1 + 12%）×（1 + 12%）} = 10364（元），10000 元存入银行本利和 = 10000 × （1 + 12%）= 11200（元），损失 = 11200 − 10364 = 836（元）。并且债券期限越长，利率风险越大。

规避方法：应分散债券的期限，长短期配合。如果利率上升，短期投资可以迅速的找到高收益投资机会；若利率下降，长期债券却能保持高收益。总之，"不要把所有的鸡蛋放在同一个篮子里"。

购买力风险

购买力风险是指由于通货膨胀而使货币购买力下降的风险。通货膨胀期间，投资者的实际利率应该是票面利率扣除通货膨胀率。若债券利率为 10%，通货膨胀率为 8%，则实际的收益率只有 2%，购买力风险是债券投资中最常出现的一种风险。

规避方法：最好是分散投资，以分散风险，使购买力下降带来的风险能为某些收益较高的投资收益所弥补。

流动性风险（即变现能力风险）

变现能力风险是指投资者在短期内无法以合理的价格卖掉债券的风险。如果投资者遇到一个更好的投资机会，他想出售现有债券，但短期内找不到愿意出合理价格的买主，要把价格降得很低或者很长时间才能找到买主，那么，他要么低价卖出遭受损失，要么持有丧失新的投资机会。

· 177 ·

规避方法：投资者应尽量选择交易活跃的债券，如国债等，便于得到其他人的认同，冷门债券最好不要购买。在投资债券之前也应考虑清楚，应准备一定的现金以备不时之需，毕竟债券的中途转让很可能让债券收益大打折扣。

经营风险

经营风险是指发行债券的单位管理与决策人员在其经营管理过程中发生失误，导致资产减少而使债券投资者遭受损失。

规避方法：为了防范经营风险，选择债券时一定要对公司进行调查，通过对其报表进行分析，了解其盈利能力和偿债能力、信誉等。由于国债的投资风险极小，而公司债券的利率较高但投资风险较大，所以，需要在收益和风险之间做出权衡。

违约风险

违约风险是指发行债券的公司不能按时支付债券利息或偿还本金，而给债券投资者带来的损失。

规避方法：违约风险一般是由于发行债券的公司经营状况不佳或信誉不高带来的风险，所以在选择债券时，一定要仔细了解公司的情况，包括公司的经营状况和以往的债券支付情况，尽量避免投资经营状况不佳或信誉不好的公司债券。在持有债券期间，应尽可能对公司经营状况进行了解，以便及时做出卖出债券的抉择。同时，由于国债的投资风险较低，保守的投资者应尽量选择投资风险低的国债。

再投资风险

购买短期债券，而没有购买长期债券，会有再投资风险。例如，长期债券利率为14%，短期债券利率13%，为减少利率风险而购买短期债券。但在短期债券到期收回现金时，如果利率降低到10%，就不容易找到高于10%的投资机会，还不如当期投资于长期债券，仍可以获得14%的收益。归根到底，再投资风险还是一个利率风险问题。

规避方法：应分散债券的期限，长短期配合，如果利率上升，短期投资可迅速找到高收益投资机会；若利率下降，长期债券却能保持高收益。也就是说，要分散投资，以分散风险，并使一些风险能够相互抵消。

4

如何交易债券及交易规则

债券市场分类

1. 根据债券的发行过程和市场的基本功能分类

根据债券的发行过程和市场的基本功能，可将债券市场分为发行市场和流通市场。

债券发行市场，又称一级市场，是发行单位初次出售新债券的市场。债券发行市场的作用是将政府、金融机构以及工商企业等为筹集资金向社会发行的债券，分散发行到投资者手中。

债券流通市场，又称二级市场，指已发行债券买卖转让的市场。债券一经认购，即确立了一定期限的债权债务关系，但通过债券流通市场，投资者可以转让债权，把债券变现。

债券发行市场和流通市场相辅相成，是互相依存的整体。发行市场是整个债券市场的源头，是债券流通市场的前提和基础。发达的流通市场是发行市场的重要支撑，流通市场的发达是发行市场扩大的必要条件。

2. 根据市场组织形式分类

根据市场组织形式，债券流通市场又可进一步分为场内交易市场和场外交易市场。

证券交易所是专门进行证券买卖的场所，如我国的上海证券交易所和深圳证券交易所。在证券交易所内买卖债券所形成的市场，就是场内交易市场，这种市场组织形式是债券流通市场的较为规范的形式。交易所作为债券交易的组织者，本身不参加债券的买卖和价格的决定，只是为债券买卖双方创造条件，提供服务，并进行监管。

场外交易市场是在证券交易所以外进行证券交易的市场。柜台市场为场外交

10

债券投资要点

易市场的主体，许多证券经营机构都设有专门的证券柜台，通过柜台进行债券买卖。在柜台交易市场中，证券经营机构既是交易的组织者，又是交易的参与者。此外，场外交易市场还包括银行间交易市场，以及一些机构投资者通过电话、电脑等通信手段形成的市场等。目前，我国债券流通市场由两部分组成，即沪深证券交易所市场、银行间交易市场。

3. 根据债券发行地点的不同分类

根据债券发行地点的不同，债券市场可以划分为国内债券市场和国际债券市场。

个人投资者如何投资债券

在我国的债券一级市场上，个人可以通过以下渠道认购债券：凭证式国债和面向银行柜台债券市场发行的记账式国债，在发行期间可到银行柜台认购；在交易所债券市场发行的记账式国债，可委托有资格的证券公司通过交易所交易系统直接认购，也可向指定的国债承销商直接认购；企业债券可到发行公告中公布的营业网点认购；可转换债券，如上网定价发行，可通过证券交易所的证券交易系统上网申购。

在债券的二级市场上，个人可以进行债券的转让买卖，主要通过两种渠道：一是通过商业银行柜台进行记账式国债交易，二是通过交易所买卖记账式国债、上市企业债券和可转换债券。

国债交易规则

1. 现货交易规则

现货交易规划，见表 10 − 1。

表 10 − 1 　　　　　　　　　　　现货交易规则

交易时间	每周一至周五，每天上午 9：30 至 11：30，下午 1：00 至 3：00。法定公众假期除外
交易原则	价格优先、时间优先
报价单位	以张（面值 100 元）为报价单位，即"每百元面值的价格"，价格是指每 100 元面值国债的价格
委托买卖单位	以手为交易单位，每次交易最小数量是 1 手，以人民币 1000 元面额为 1 手（10 张），以 1 手或其整数倍进行申报

价格最小变化档位	债券的申报价格最小变动单位为 0.01 元人民币
涨跌幅限制	不设涨跌幅限制
申报撮合方式	实行净价申报和净价撮合成交的方式，并以成交价格与应计利息额之和作为结算价格
行情报价	报价系统同时显示国债全价、净价及应计利息额
申报上限	单笔申报最大数量应当低于 1 万手（含 1 万手）
交易方式	T + 0，国债现货交易允许实行回转交易，即当天买进的债券当天可以卖出，当天卖出的债券当天可以买进
竞价方式	与其他证券交易一样，债券交易一般采用电脑集合竞价和连续竞价两种方式
竞价时间	上交所 集合竞价：上午 9：15 ~ 9：25 连续竞价：上午 9：30 ~ 11：30 　　　　　下午 1：00 ~ 3：00 深交所 集合竞价：上午 9：15 ~ 9：25 连续竞价：上午 9：30 ~ 11：30 　　　　　下午 1：00 ~ 2：57 收盘集合 竞　　价：下午 2：57 ~ 3：00
交易清算	债券结算按 T + 1 方式进行
交易费用	投资者委托交易商买卖债券时，向交易商交纳佣金，佣金每笔起点 1 元，最高不得超过成交金额的 0.2‰

2. 国债回购交易规则

国债回购交易，是指证券买卖双方在成交时就约定未来某一时间以某一价格反向成交的交易，是一种以有价证券为抵押品拆借资金的信用行为。其实质内容是：证券的持有方（融资者、资金需求方）以持有的证券作抵押，获得一定期限内的资金使用权，期满后须归还借贷的资金，并按约定支付一定的利息；而资金的贷出方（融券方、资金供应方）则暂时放弃相应资金的使用权，从而获得融资方的证券抵押权，并于回购期满时归还对方抵押的证券，收回融出资金并获得一

10

债券投资要点

定利息。假如一家公司拥有一笔国债，需一笔资金用于短期周转，但又不想放弃国债，这时就可以通过以国债做抵押，以较低的利率融入资金。

国债回购交易规则见表 10 -2。

表10 -2 **国债回购交易规则**

交易时间	每周一至周五，每天上午9：30至11：30，下午1：00至3：00。法定公众假期除外
交易原则	价格优先、时间优先
委托价格	直接填写资金收益率（去掉百分号），即"每百元资金到期年收益"，价格是指每100元标准券的价格
委托方向	拆入资金方填买单，拆出资金方填卖单
最小委托单位	100手（1手 = 10张 × 面值，即10万元人民币）
委托数量	1000的整数倍

国债交易常见问题

（1）**问**：为什么国债成交扣款比当时委托的价格高出那么多？

答：由于国债实行净价交易，即投资者申报时，其价格是不包含应计利息的，交易后产生的成交价以净价表示，但结算价仍是全价，即净价加上应计利息才是实际的结算价。成交后扣款或回款时必须计入这一部分利息。例如，某国债当天的现价是100.00，投资者按照该价格填申报单买进，应计利息为0.72元，则成交时，应该按照结算价（100 + 0.72）计算费用并扣款。因此，按申报价格计算的成交金额和实际扣款金额不同。

（2）**问**：实行净价交易，国债交易佣金、手续费如何计算？

答：实行净价交易的国债，其交易佣金、经手费等均以结算金额（结算价 × 成交量）为基数进行计算。其中的结算价是成交净价和每百元国债应计利息额之和。

（3）**问**：当天买入国债，可否当天卖出？

答：可以。深沪市国债现货交易实行 T +0 回转交易。

（4）**问**：买卖国债需要缴纳印花税吗？

答：不用。

（5）**问**：什么是债券质押式回购交易？

答：债券质押式回购交易，是指债券持有人在将债券质押并将相应债券以标准券折算比率计算出的标准券数量为融资额度向交易对方进行质押融资的同时，交易双方约定在回购期满后返还资金和解除质押的交易。其中，质押债券取得资金的会员或特定机构为融资方，作为其对方的会员或特定机构称为融券方。

(6) **问**：回购交易委托方如何规定？

答：以券融资方填买入，以资融券方填卖出。

(7) **问**：如何通过行情系统查看回购成交行情？

答：在成交行情中，交易所即时显示回购交易到期购回价（利率）的竞价结果，该利率水平的高低直接反映市场资金的利率水平。

(8) **问**：回购交易时如何填写委托价格？

答：直接填写资金收益率（去掉百分号），即"每百元资金到期年收益"，价格是指每100元标准券的价格。

(9) **问**：回购交易的最小委托单位如何规定？

答：委托单位为100手或其整数倍（1手＝1000元标准券）。

(10) **问**：回购交易成交原则如何？

答：价格优先、时间优先。

(11) **问**：回购交易时间？

答：每周一至周五，每天上午9：30至11：30，下午1：00至3：00。法定公众假期除外。

企业债券交易规则

企业债券是公司依照法定程序发行、约定在一定期限还本付息的有价证券。

企业债券交易规则如表10－3。

表10－3　　　　　　　　　　　企业债券交易规则

交易时间	每周一至周五，每天上午9：30至11：30，下午1：00至3：00。法定公众假期除外
交易原则	价格优先、时间优先
报价单位	以张（面值100元）为报价单位，即"每百元面值的价格"，价格是指每100元面值企业债券的价格
委托买卖单位	以手为交易单位，每次交易最小数量是1手，以人民币1000元面额为1手（10张），以1手或其整数倍进行申报

价格最小变化档位	债券的申报价格最小变动单位为 0.01 元人民币
涨跌幅限制	不设涨跌限制
申报上限	单笔申报最大数量应当低于 1 万手（含 1 万手）
交易方式	T + 0
竞价方式	与其他证券交易一样，一般采用电脑集合竞价和连续竞价两种方式
竞价时间	上交所 集合竞价：上午 9：15 ~ 9：25 连续竞价：上午 9：30 ~ 11：30 　　　　　下午 1：00 ~ 3：00 深交所 集合竞价：上午 9：15 ~ 9：25 连续竞价：上午 9：30 ~ 11：30 　　　　　下午 1：00 ~ 2：57 收盘集合 竞　　价：下午 2：57 ~ 3：00
交易清算	债券结算按 T + 1 方式进行
交易费用	投资者委托交易商买卖债券时，向交易商交纳佣金，佣金每笔起点 1 元，最高不得超过成交金额的 0.2‰

企业债券交易常见问题

（1）**问**：企业债券按照净价交易吗？

答：上交所企业债券和分离交易的可转换公司债券中的公司债券从 2008 年 10 月 13 日起实行净价交易、全价结算。深交所企业债券实行全价交易方式，即申报价格中已包含了应计利息。

（2）**问**：企业债券能否办理转托管或转指定？

答：由于企业债券只托管在券商的席位下，而没有登记到投资者的证券账户上，企业债券无法跟随证券账户的转托管或撤销指定交易而转移。一般情况下，在哪里买进的，要在哪里卖出。不过，现在你可以通过原证券营业部申请转托管或者撤销该企业债券的指定交易，然后由转入方券商营业部向总部申请登记托管或重新指定交易。登记公司收到两家总公司的申请后，可以将该企业债券转托管到新的席位上。由于该项业务涉及的程序较为繁琐，需要一定的时间才能办好。投资者需要安排好时间，以免耽误交易。

（3）**问**：企业债券能做回购交易吗？

答：可以。

公司债券交易规则

公司债券，目前是指上市公司依照法定程序发行、约定在一年以上期限内还本付息的有价证券。

公司债券交易规则如表 10 - 4 所示。

表 10 - 4   **公司债券交易规则**

交易时间	每周一至周五，每天上午 9:30 至 11:30，下午 1:00 至 3:00。法定公众假期除外
交易原则	价格优先、时间优先
报价单位	以张（面值 100 元）为报价单位，即"每百元面值的价格"，价格是指每 100 元面值国债的价格
委托买卖单位	以手为交易单位，每次交易最小数量是 1 手，以人民币 1000 元面额为 1 手（10 张），以 1 手或其整数倍进行申报
价格最小变化档位	债券的申报价格最小变动单位为 0.01 元人民币
涨跌幅限制	深市：无涨跌幅限制 沪市：有涨跌幅限制 集合竞价价格限制：申报价格最高不高于前收盘价格的 150%，且不低于前收盘价格的 70% 连续竞价价格限制：申报价格不高于即时揭示的最低卖出价格的 110%，且不低于即时揭示的最高买入价格的 90%，同时不高于上述最高申报价与最低申报价平均数的 130%，且不低于该平均数的 70%
申报撮合方式	深市：实行全价申报和全价撮合成交的方式，并以成交价格与应计利息额之和作为结算价格 沪市：实行净价申报和净价撮合成交的方式，并以成交价格与应计利息额之和作为结算价格

行情报价	深市：报价系统显示公司债全价价格 沪市：报价系统显示公司债净价价格
申报上限	单笔申报最大数量应当低于1万手（含1万手）
交易方式	T+0，实行当天回转交易，即当天买进的债券当天可以卖出，当天卖出的债券当天可以买进
竞价方式	与其他证券交易一样，一般采用电脑集合竞价和连续竞价两种方式
竞价时间	上交所 集合竞价：上午9：15～9：25 连续竞价：上午9：30～11：30 　　　　　下午1：00～3：00 深交所 集合竞价：上午9：15～9：25 连续竞价：上午9：30～11：30 　　　　　下午1：00～2：57 收盘集合 竞　　价：下午2：57～3：00
交易清算	债券结算按T+1方式进行
交易费用	投资者委托交易商买卖债券时，向交易商交纳佣金，佣金每笔起点1元，最高不得超过成交金额的0.2‰

公司债交易常见问题

（1）**问**：老股东优先配售的公司债券如何进行缴款？

答：投资者可根据公司债券公告的申购缴款日，在交易时间内选择买入委托，输入配售的债券代码、张数，输入委托价格100，下单即可。

（2）**问**：普通投资者如何申购公司债券？

答：在网上发行日的正常交易时间内，公司债主承销商通过交易所交易系统进行"卖出申报"，参与网上发行的投资者通过交易系统进行"买入申报"，交易所将按照"时间优先"原则，对投资者有效申报时间先后的顺序进行成交处理。

（3）**问**：网上发行公司债券时，投资者最早什么时候可以委托申购？

答：沪深交易所发行公司债券时，最早委托时间不同。深交所发行公司债券最早委托时间为申购日的9：15，而沪市则是9：30。另外，由于深交所发行公司债券时，有时几只公司债券共用一个申购代码。例如某只公司债券发行时，交易所使用的申购代码在之前发行其他公司债券时已用过，那么证券公司委托系统于申购日的前一天晚上清算后即可接受委托，系统暂存客户的委托单，次日9：15分报交易所。

（4）问：网上申购公司债券按照什么原则成交？

答：按照时间优先原则，先到先得，不采取抽签方式。

（5）问：未认购到公司债券的申购资金何时解冻？

答：发行结束后的第2天解冻。

（6）问：债券起息日如何规定？

答：债券的发行起始日为该债券的起息日。

（7）问：当天买入的公司债券可以当日卖出吗？

答：可以。

（8）问：公司债券在交易所行情显示中的价格是否包含应付利息？

答：深交所的公司债券行情揭示中包含应付利息，采取全价交易方式；而上交所的公司债券行情揭示中扣除了应付利息，采取净价交易方式。

（9）问：公司债券是否需要缴纳利息税？

答：需要。

可转换债券交易规则

目前在深、沪证券交易所上市的可转换债券（以下简称"可转债"）是指能够转换成股票的企业债券，兼有股票和普通债券双重特征。

可转债交易规则如表10-5所示。

表10-5 可转换债券交易规则

交易方式	深市：T+1交易；沪市：T+0交易
交易报价	可转换公司债券交易以1000元面值为一交易单位，简称"一手"（一手＝10张），实行整手倍数交易。计价单位为每百元面额。单笔申报最大数量应当低于1万手（含1万手）。价格升降单位为0.01元。每次申报最低不少于一个价位
交易时间	与A股相同

交易清算	可转换公司债券交易实行 T+1 交收，投资者与券商在成交后的第二个交易日办理交割手续
交易终止	可转换公司债券在转换期结束前的 10 个交易日终止交易，终止交易前一周交易所予以公告
指定交易	沪市可转换公司债券适用于上证所的全面指定交易制度
转托管	可以转托管，参照 A 股规则
交易费用	投资者委托交易商买卖债券时，向交易商交纳佣金，深市规定最高不得超过成交金额的 0.1%，沪市最高不超过成交金额的 0.02%，起点 1 元

可转债交易常见问题

（1）**问**：我发现账户的资产中突然多了中行配债（764988），数量是 100，是什么原因？

答：中行配债（764988）是指中国银行（601988）在 2010 年 6 月 2 日发行可转换公司债券时向老股东配售的可转债。老股东对此有优先认购的权利。数量 100 是指你获配了 100 张中行转债。在配售缴款日进行认购缴款后（每张 100 元），你的账户就可以获得该部分可转债。

（2）**问**：我已经认购了获配的可转债，款也扣了，为什么账户里却看不到了？

答：老股东配售的可转债，在成功缴款后，未上市之前是看不到的。上市日前一个交易日，登记公司会将其登记到投资者账户中，你可以在上市日当天查询到或卖出。

（3）**问**：可转换债券可以由股票转换成债券吗？

答：可转换债券只是指由公司债券转换成对应的公司股票，而对应的公司股票并不能转换成对应的公司可转换债券。

（4）**问**：如何计算我的股票可配售可转债比例？

答：上市公司发行可转换债券对公司老股东进行配售，采用的配售比例方法并不一定相同，以深市的锡业转债（125960）和沪市的恒源转债（110971）为例：

锡业转债（125960）的配售比例与配售方法为原股东可优先认购的锡业转债数量为其在股权登记日（2007年5月11日）收市后登记在册的"锡业股份"股份数乘以2元，再按100元/张转换成张数，不足1张的部分按照中国证券登记结算有限公司深圳分公司配股业务指引执行。

社会公众股股东可配售的锡业转债手数计算公式为：可配售可转债手数＝股权登记日收市后持有股数×2/100。

例如，在配售权登记日下午收市后某锡业股份A股股东持有400股锡业股份A股股票，按配售比例计算配售数量可得8张100元面值的可转债（400×2/100），优先认购最大数量即为8张，可以选择部分或者全部认购。

原股东持有的"锡业股份"股票如托管在两个或两个以上的证券营业部，则以托管在各营业部的股票分别计算可认购的张数，且必须依照登记公司配股业务指引在对应证券营业部进行配售认购。

恒源转债（110971）在对老股东配售时，规定的配售方法为：以截止股权登记日收市后登记持有的股份数，乘以1元后按1000元/手转换成手数，不足一手的按照精确算法原则处理。

社会公众股股东可配售的机场转债手数计算公式为：可配售可转债手数＝股权登记日收市后持有股数×1/1000。

每个股票账户的认购数量不得低于1手（10张），超过1手的必须为1手（10张）的整数倍。

欲了解详细信息，投资者可参阅可转债募集说明书中关于配售部分的内容。

（5）问：可转债如何申请转股，如何操作？

答：深市转股时投资者可通过证券公司交易系统的专用转股菜单或柜台申报，代码与可转换债券的代码相同，无须填写新代码；沪市转股时，投资者应向其指定交易的证券经营机构进行申报。上海证券交易所提供专门的转股代码，填写专门的转股代码，方可"卖出"，申报单位为10张或其整数倍，价格填写债券面值100元。

（6）问：上市公司发行可转换债券配售时间有多长？

答：与上市公司配股不同的是，上市公司发行可转换债券提供给投资者认购缴款的时间仅为1天，逾期未缴视为自动放弃配售权。因此，投资者应特别注意配售的时间，以免错过缴款时间。

（7）**问**：同一个交易日可以多次申报转股吗？

答：可以。投资者可以将本人账户内的可转换债券全部或部分申请转为股票。每次申请转股的面值数额须是一手（1000元面额）或一手的整数倍，转换成股份的最小单位为一股。同一交易日内多次申报转股的，将合并计算转股数量。

（8）**问**：转股申报可以撤单吗？

答：根据深交所的规定，转股申报可以撤单。但是上交所的可转股申报不可以撤单。因此，投资者在下单申报转股前确定是否做出决定了。

（9）**问**：超额申报转股怎么办？

答：如申请转股的可转换公司债券数额大于投资者实际拥有的可转换公司债券数额，交易所确认其最大的可转换股票部分进行转股，剩余部分自动予以取消。

（10）**问**：买入可转换债券后什么时候可以转股？

答：除了初次认购的上市公司可转换债券必须在发行6个月以后才能办理转股外，即日买进的可转换债券当日就可以申请转股。不过，当日（T日）转换成的股票只能在T+1日卖出。

（11）**问**：非交易过户的可转债也可以在当日申请转股吗？

答：不可以，根据沪市的规定，非交易过户的转债在过户的下一个交易日方可进行转股申报。

（12）**问**：在同一个交易日出现可转债的交易、转托管、转股、回售报盘作何处理？

答：如在同一交易日内分别收到可转换债券持有人的交易、转托管、转股、回售等两项或以上报盘申请的，交易所按以下顺序处理申请：交易、回售、转股、转托管。

（13）**问**：股票停牌或临时停牌期间，能否进行转股申报？

答：只要是在可转债发行公告规定的转股期内（约定的或交易监管部门规定的暂停转股时间段除外），不论该股票是否停牌，均可进行转股申报。

（14）**问**：怎样可以知道公司调整转股价格？

答：发行可转换公司债券后，公司因配股、增发、送股、分立及其他原因引起发行人股份变动的，会调整转股价格，并予以公告。投资者对可转债公司公告上述的行为预期时，应引起投资者的注意，关注公司在各种信息披露媒体和交易所网站的有关公告。

因按规则需要调整转股价时，可转债公司将公告确定股权登记日，并于公告中指定从某一交易日开始至股权登记日暂停可转债转股。从股权登记日的下一个交易日开始恢复转股并执行调整后的转股价。

（15）问：可转债持有人是否可以如公司的股东一样享有分红和派息？

答：不可以。根据可转换公司债券的特性，可转换公司债券持有人只能享有该债券每年在发行时承诺的年利息，而只有在持有人将债券转换成股票时，才能成为该公司股东，与其他股东一起享有该公司分红派息。

（16）问：可转换债券持有人是否可以享有股东权益？

答：根据可转换公司债券的特性，可转换公司债券持有人只能享有该债券每年在发行时承诺的年利息，可转换债券的持有者不是公司的股东，只是公司的债权人，只有在持有人将债券转换成股票时，才能成为该公司股东，与其他股东一起享有该公司股东权益

（17）问：可转换公司债券期限多长？

答：根据规定，可转换公司债券的期限最短为 3 年，最长为 5 年，由发行人和主承销商根据发行人具体情况商定。

（18）问：上市公司发行的可转换债券上市后即可以开始转股吗？

答：不可以。根据规定，上市公司发行的可转换公司债券自发行之日起 6 个月后方可转换为公司股票。可转换公司债券的具体转股期限由发行人根据可转换公司债券的存续期及公司财务情况确定。

（19）问：可转换债券什么时候开始计息？

答：可转换公司债券计息起始日为可转换公司债券发行首日。

（20）问：可转债什么时候支付利息？

答：可转换公司债券每半年或一年付息一次，具体时间根据公司发行可转换债券公告时确定，到期后 5 个工作日内即偿还未转股债券的本金及最后一期的利息。具体付息时间、计息规则等由发行人约定。

（21）问：我想将持有的 10 张金牛转债（125937）申请转股，当天金牛转债的现价是 115.00 元/张，是否按照 115.00 元/张的价格转股？

答：不是。转股公式为："转债"转换成股票的股份数（股）＝转债手数 ×1000÷转股价格。股票的数量与持有可转债的面值及转股价格相关，而与可转债的交易价格无关。

（22）**问**：转股不足 1 股的如何处理？

答：可转换公司债券转股当年的利息、股利以及转股不足 1 股金额的处理办法由发行人约定。根据规定，转股后不足 1 股金额的可转债，上市公司通过证券交易所当日以现金兑付或到期还本付息。

（23）**问**：转股价格确定后不再变更了吗？

答：不一定。根据规定，当发行可转换公司债券后，因配股、增发、送股、分立及其他原因引起发行人股份变动的，将调整转股价格，并予以公告。转股价格调整的原则及方式在发行公告书中事先约定，投资者应注意该信息内容。

（24）**问**：什么是可转换公司债券的回售？

答：它是指公司股票价格在一段时间内连续低于转股价格达到某一幅度时，可转换公司债券持有人按事先约定的价格将所持债券卖给发行人。这是一种保护投资者利益的条款，设置目的在于可以有效地控制投资者一旦转股不成带来的收益风险，同时也可以降低转债的票面利率。

（25）**问**：什么是可转换公司债券的赎回？

答：它是指公司股票价格在一段时间内连续高于转股价格达到某一幅度时，发行公司可按事先约定的价格买回未转股的可转换公司债券。赎回条款是为了保护发行人而设计的，旨在迫使转债持有人提前将转债转换成公司股票，从而达到增加股本、降低负债的目的，也避免了利率下调造成的利率损失。

（26）**问**：如何获得公司可转债赎回的信息？

答：根据规定，发行人行使赎回权时，在赎回条件满足后的 5 个工作日内在中国证监会指定报刊和互联网网站连续发布赎回公告至少三次，赎回公告应载明赎回的程序、价格、付款方法、时间等内容。赎回公告发布后，不得撤销赎回决定。赎回期结束，公告赎回结果及对发行人的影响。

（27）**问**：公司送红股，转股停止需多长时间？

答：公司因增发新股、配股、分红派息而调整转股价格时，交易所将停止该转换公司债券转股，停止转股的时间为一个交易日或其整数倍，最长不超过 15 个交易日，具体安排由公司与交易所商定。同时交易所还依据公告信息对其转股价格进行调整，并于股权登记日的下一个交易日恢复转股。恢复转股后采用调整后的转股价格。

（28）**问**：老股东一定获得可转债的优先配售吗？

答：不一定。上市公司发行可转换债券决定是否优先向老股东配售，需经过股东大会决定；如有优先配售，将有明确进行配售的数量和方式以及有关原则。例如，上交所的可转债配售数量不足一手，按照精确算法原则，投资者可能无法获得优先认购权。投资者欲了解优先配售的信息，可查阅可转债发行公告。

（29）**问**：什么是精确算法？

答：它是指在可转换公司债券发行时，按照规定，老股东必须以一手或其整数倍认购获配的可转债。上交所对于流通股老股东获配的转债数量不足一手（10张）时，安排如下：先按照配售比例和每个账户认购股数计算出可认购数量的整数部分，对于计算出不足一手的部分，将无限售股东所有账户按照从大到小的顺序进位（尾数相同的则随机排序），直到每个账户获得的认购转债加总与无限售股东转债网上可配售转债总量一致。

（30）**问**：可转债交易需缴纳印花税吗？

答：不用。可转债的交易无须缴纳印花税。

5

债券投资策略

债券交易总体的策略

和股票等投资相比，债券投资看似简单，其实并不完全如此，完全掌握它需依赖于投资者知识面的拓展和经验的积累。因为债券投资也有一定的策略和技巧。

债券投资和股票投资的基本套路是一样的，即先通过对整体市场走势的判断来决定是否积极介入，然后在总体方向确定的情况下，根据特定的市场情形选取个券。

1. 主动交易法

债券作为固定收益类工具，是典型的利率产品，其价格受利率波动的影响。如果投资者自信有把握市场利率走势的能力，就有可能跑赢大市，获得超额的收益。一般的，在预计利率会下降时，可以买进债券，或增持期限较长的债券；在预计利率会上升时，可以卖出债券，或增加期限较短的债券比例。预期利率变动的策略是风险最大的策略，因为市场状况经常变化，很难预测，所以投资者必须具有较强的市场判断能力和较高的风险承受能力。

2. 积极部位持有法

这种方法是在市场行情变化时，通过调整持有债券的久期值而达到增加收益或减少损失的目的，又称久期平衡法。当预计市场总体利率水平降低时，将持有的债券组合的久期值延长。具体的，可以增加期限长、票面利率低或到期收益率低的债券的比例，一旦利率真的下降，则久期值长的债券价格上升的幅度更大；相反，当利率上升时，持有久期值短的债券价格下跌幅度较小。

3. 控制收益率法

收益率曲线是由一组期限从短到长的债券的到期收益率构成的曲线，一般情况下，收益率曲线是一条向右上方倾斜的曲线，也就是说，期限较长的债券一般有较高的收益率。

所谓控制收益率曲线法，即投资人购买债券持有一段时间后，在期满前卖出，再投资于另一个同样期限的债券，从而能够始终获得较高的收益率。

4. 构建债券投资组合法

构建债券投资组合指在大方向既定的情况下，选不同期限的债券组成资产池。

收益率曲线的整体变动趋势是判断整体市场走向的依据，所以一旦认为宏观经济出现过热，央行有可能通过升息等紧缩性货币政策来调控经济时，就意味着收益率曲线将整体上移，其对应的就是债券市场的整体下滑，所以这个时候采取保守的投资策略，缩短债券组合久期，把投资重点选在短期品种上就十分必要；反之，则相反。

为什么在这中间还要加入一个组合的概念呢？因为债券收益率曲线的变动并不是整体平行移动的，曲线的局部变动较为突出，带动整体收益率曲线变动是收益率曲线变化的常态。而这种常态造成了曲线的某些部位和其他部分经常会出现不平衡，而这种不平衡就为集中投资于某几个期限段的债券提供了条件。

主要可以用哑铃形、子弹形或阶梯形三种方式进行债券组合。所谓哑铃形组合，就是重点投资于期限较短的债券和期限较长的债券，弱化中期债的投资，形状像一个哑铃。而子弹形组合就是集中投资中等期限的债券，由于中间突出，所以叫子弹形。阶梯形组合就是当收益率曲线的凸起部分均匀分布时，集中投资于这几个凸起部分所在年期的债券，由于其剩余年限呈等差分布，恰好就构成了阶梯的形状。

在大方向和组合策略选定后，就是个券操作了，这主要包括以下几种选券策略。

骑乘策略：又称收益率曲线追踪策略，由于债券的收益曲线随时间变化而变化，债券投资者就能够以债券收益曲线形状变动的预期为依据来建立和调整组合头寸。骑乘策略是债券投资中常用的策略之一。所谓骑乘策略，是指当债券收益率曲线比较陡峭时，即相邻期限利差较大时，可以买入期限位于收益率曲线陡峭处的债券，即收益率水平处于相对高位的债券，随着持有期限的延长，债券的剩余期限将会缩短，债券的收益率水平将会较投资期初有所下降，对应的将是债券价格的走高，而这一期间债券的涨幅将会高于其他期间，这样就可以获得丰厚的价差收益（即资本利得收入）。

杠杆放大策略：即当回购利率低于某只债券的收益率时，通过回购融资投资于该债券，等该债券的收益兑现后再弥补回购融资成本，这样就可以稳赚这两者的利差收益。

利差策略：如果我们借助某些分析手段，了解到某两只期限相近债券的收益率走势将来会有所不同，那么可以和其他投资者约定，在未来某一时点将这两只债券进行置换，买入将要走低的品种，卖出将要走高的品种，这样等到收益率变动到位后，两者的价格一高一低，可以稳赚双份价差。

5. 放大交易和套利交易

放大交易是债券投资者利用回购机制放大资金的使用效率。债券回购交易是一种以债券作抵押的短期融资行为，在交易中买卖双方按照约定的利率（年利率）和期限，达成资金拆借协议，由此融资方（正回购方）以相应的债券作足额抵押，获取一段时间内的资金使用权，另一方融券方（逆回购方）则在此期间获得债券抵押权，并于到期日收回本金及相应利息。这样，债券投资者可以利用买入－回购融资－再投资的机制放大资金使用效率，有机会博取更大的差价收益。

套利交易是指当短期投资收益较高时，投资者可以利用回购交易融入资金，进行短期投资，只要投资收益高于回购利率，投资者就能实现套利的目的。一个最常见的例子就是投资者利用债券回购融入资金从事新股申购。

国债投资策略

从总体上看，国债投资策略可以分为消极型投资策略和积极型投资策略，每位投资者可以根据自己的资金来源和用途等具体状况来选择适合自己的投资策略。具体的，在决定投资策略时，投资者应该考虑自身整体资产与负债的状况以及未来现金流的状况，以期达到收益性、安全性与流动性的最佳结合。

一般而言，投资者应在投资前认清自己，明白自己是积极型投资者还是消极型投资者。积极型投资者一般愿意花费时间和精力管理他们的投资，通常他们的投资收益率较高；而消极型投资者一般只愿花费很少的时间和精力管理他们的投资，通常他们的投资收益率也相应较低。有一点必须明确，决定投资者类型的关键并不是投资金额的大小，而是他们愿意花费多少时间和精力来管理自己的投资。对大多数投资者来说，一般都是消极型投资者，因为他们都缺少时间和缺乏必要的投资知识。以下几种比较实用的操作方法可以参考。

1. 消极型投资策略

消极型投资策略是一种不依赖于市场变化而保持固定收益的投资方法，其目的在于获得稳定的债券利息收入和到期安全收回本金。因此，消极型投资策略也常常被称作保守型投资策略。下面介绍最简单的消极型国债投资策略——购买持有法，并介绍几种建立在此基础上的国债投资技巧。

(1) 购买并持有策略。购买并持有是最简单的国债投资策略，指在对债券市场上所有的债券进行分析之后，根据自己的爱好和需要，买进能够满足自己要求的债券，并一直持有到到期兑付之日。在持有期间，并不进行交易活动。

这种投资策略虽然十分粗略，但却有其自身的好处：首先，这种投资策略所带来的收益是固定的，在投资决策的时候就完全知道不受市场行情变化的影响。它可以完全规避价格风险，保证获得一定的收益率。其次，如果持有的债券收益率较高，同时市场利率没有很大的变动或者逐渐降低，则这种投资策略也可以取得相当满意的投资效果。再次，这种投资策略的交易成本很低。由于中间没有任何买进卖出行为，因而手续费很低，从而也有利于提高收益率。因此，这种购买持有的投资策略比较适用于市场规模较小、流动性比较差的国债，并且更适用于不熟悉市场或者不善于使用各种投资技巧的投资者。

实行这种投资策略时，投资者应注意以下两个方面：

● 根据投资者资金的使用状况来选择适当期限的债券。一般情况下，期限越长的债券，其收益率也往往越高。但是期限越长，对投资资金锁定的要求也就越高，因此最好是根据投资者的可投资资金的年限来选择债券，使国债的到期日与投资者需要资金的日期相近。

● 投资者投资债券的金额也必须由可投资资金的数量来决定。一般在购买持有策略下，投资者不应利用借入资金来购买债券，也不应该保留剩余资金，而是最好将所有准备投资的资金投资于债券，这样就能保证获得最大数额的固定收益。

(2) 梯形策略。梯形策略是指根据自己要投资债券的资金量，把资金均匀地投资在不同期限的同质债券上，在由到期债券提供流动性的同时，可由占比重较高的长期债券带来较高收益率。由于该方法中的投资组合很像阶梯形状，故得此名。

具体到国债上，就是每隔一段时间，在国债发行市场认购一批相同期限的债券，每一段时间都如此，接连不断，这样，投资者在以后的每段时间都可以稳定地获得一笔本息收入。

梯形策略的优点在于，投资者能够在每年得到本金和利息，因而不至于产生很大的流动性问题，不至于急着卖出尚未到期的债券，从而不能保证收到约定的收益。同时，在市场利率发生变化时，梯形投资法下的投资组合的市场价值不会发生很大的变化，因此国债组合的投资收益率也不会发生很大的变化。此外，这种投资方法每年只进行一次交易，因而交易成本比较低。

（3）三角策略。三角策略就是利用国债投资期限不同所获本息不同的原理，使得在连续时段内进行的投资具有相同的到期时间，从而保证在到期时收到预定的本息和。这个本息和可能已被投资者计划用于某种特定的消费。三角策略和梯形策略的区别在于，虽然投资者都是在连续时期（年份）内进行投资，但是，这些在不同时期投资的债券的到期期限是相同的，而不是债券的期限相同。

这种投资方法的特点是，在不同时期进行的国债投资的期限是递减的，因此被称作三角策略。它的优点是能获得较固定收益，又能保证到期得到预期的资金以用于特定的理财目标。比如用于自己的旅游计划或其他消费计划。

2. 积极型投资策略

（1）利率预测法。利率预测法，是指投资者通过主动预测市场利率的变化，采用抛售一种国债并购买另一种国债的方式来获得差价收益的投资方法。这种投资策略着眼于债券市场价格变化所带来的资本损益，其关键在于能够准确预测市场利率的变化方向及幅度，从而准确预测出债券价格的变化方向和幅度，并充分利用市场价格变化来取得差价收益。这种方法要求投资者具有丰富的国债投资知识及市场操作经验，并且要支付相对较多的交易成本。投资者追求高收益率的强烈欲望导致了利率预测法受到众多投资者的欢迎，同时，市场利率的频繁变动也为利率预测法提供了实践机会。

利率预测法的具体操作步骤是：投资者通过对利率的研究获得有关未来一段时期内利率变化的预期，然后利用这种预期来调整其持有的债券，期以在利率按其预期变动时能够获得高于市场平均的收益率。因此，正确预测利率变化的方向及幅度是利率预测投资法的前提，而有效地调整所持有的债券就成为利率预测投资法的主要手段。

在预测了市场利率变化的方向和幅度之后，投资者可以据此对其持有的债券进行重新组合。这是因为，市场利率将直接决定债券的投资收益率：在市场利率上升时，债券投资的要求收益率也会相应上升；在市场利率下降时，债券的要求收益率也会相应下降。一般的，在计算债券价格时投资者就直接用市场利率作为贴现率，对债券的未来现金流进行贴现。因此，可以对市场利率变化和债券价格变化之间的关系做出准确的判断，据此来调整持有的债券。

市场利率和债券价格的关系主要有以下几方面：

● 由于市场利率与债券的市场价格呈反向变动关系，因此，在市场利率上升时，债券的市场价格会下降，反之会上升，因而前者的正确调整策略是卖出所持有的债券，而后者的正确调整策略是买入债券。

● 债券的期限同债券价格变化之间的关系是有规律可循的：无论债券的票面利率的差别有多大，在市场利率变化相同的情况下，期限越长的债券，其价格变化幅度越大。因此，在预测市场利率下降时，应尽量持有能使价格上升幅度最大的债券，即期限比较长的债券。也就是说，在预测市场利率将下跌时，应尽量把手中的期限较短的债券转换成期限较长的债券，因为在利率下降相同幅度的情况下，这些债券的价格上升幅度较大。反之，亦然。

● 债券的票面利率同债券的价格变化之间也是有规律可循的：在市场利率变化相同的情况下，息票利率较低的债券所发生的价格变化幅度（价格变化百分比）会比较大，因此，在预测利率下跌时，在债券期限相同的情况下，应尽量持有票面利率低的债券，因为这些债券的价格上升幅度（百分比）会比较大。但是这一规律不适用于周年期的债券。反之，亦然。

比如近几个月来，通货膨胀率上升，经济有过热迹象，中国人民银行上调金融机构人民币存贷款基准利率两次，投资者就可以综合判断中国已经进入加息周期，利率在未来还有上调可能，相应的就可以调整自己的国债组合配置。

（2）逐次等额买进策略。逐次等额买进策略就是在确定投资于某种国债后，选择一个合适的投资时期，在这一段时期中定量定期地购买国债，不论这一时期该国债价格如何波动都持续地进行购买，这样可以使投资者的每百元平均成本低于平均价格。运用这种策略投资时，要严格控制所投入资金的数量，保证投资计划逐次等额进行，这样可以稳妥地获取收益。

（3）金字塔形买卖法。该方法在基金投资概述一节已经有介绍，在此不再赘述。运用金字塔形买卖法买入国债，必须根据自己的风险偏好和风险承受能力，做好操作计划，对资金作好安排，防止出现在下跌的过程中最初投入资金过多，最后无法摊平成本的局面。

怎样让自己的钱再生钱
——投资规划

第 11 章

银行理财产品、信托产品、
阳光私募基金投资

1

银行理财产品

银行理财产品分类及特点

银行理财产品是商业银行在对潜在目标客户群分析研究的基础上，针对特定目标客户群开发设计并销售的资金投资和管理计划。在理财产品这种投资方式中，银行只是受客户的授权管理资金，投资收益与风险由客户或客户与银行按照约定方式承担。银行理财产品一般有以下分类。

1. 按风险和收益特征分类

按风险和收益特征大致可分为保证收益型产品、保本浮动收益型产品、非保本浮动收益型产品。

所谓保证收益型产品，顾名思义，是指无论投资结果如何，到期银行均向投资者支付本金及固定收益的银行理财产品。这类产品最大的特点为收益固定，所以部分学者认为该类产品中，银行和投资者是借贷关系，投资者将资金借给银行，产品到期银行还本付息（约定的固定收益）。这类产品与存款的显著区别，在于嵌入了一个选择性期权，即不允许客户提前赎回资金，但银行可以提前终止产品，客户存在流动性风险。同时，这类产品一旦成立，收益率就固定下来，即使在产品存续期间通货膨胀率上涨、利率上涨，收益率也不会随之提高，所以，面临着较大的利率风险。

保证收益类理财产品，乍眼一看，既能保本又能保收益，对投资者来说好像不用承担什么风险，其实不然，投资者在购买理财产品之前都会被要求签订一份投资协议，很多投资者也没有仔细阅读就直接签名了。这时候一定要当心了，很多理财产品的合同条款中都会有一条叫"银行有权提前终止合约"的条款，这也是保本保收益类理财产品的风险所在。假如银行提前终止合约，本应该一年到期的理财产品，半年就到期了，这时投资者获得的收益率也由一年期的收益率变成了半年期的收益率，收益减少一半。除此之外，投资者还会面临将手里的闲置资金进行再投资的风险。因为投资者需要花时间去寻找合适的投资项目，即便找到了合适的投资项目，又要考虑新项目面临的风险。资金都是有时间价值的，尤其对于大额资金的投资者来说，这样来回折腾既损失收益又浪费精力。

保本浮动收益型产品是指产品到期后，向投资者保证本金安全，本金以外的投资风险由投资者自担的一类银行理财产品。有的学者认为，银行在此类产品中，不仅扮演了资金管理人的角色，而且扮演了担保人的角色——以保证担保的形式为投资者担保投资的本金安全。

值得注意的是，这里讲的"保证本金安全"，仅是针对持有到期或产品提前终止的情况而言，如果客户提前赎回，则本金可能发生损失。另外，如果是外币产品，该类产品也不保证兑换成人民币后的本金安全。这种产品面临着市场风险、流动性风险和汇率风险（外币产品）。

对于保本浮动收益类理财产品而言，从字面理解也很有诱惑性，起码可以在保证本金不受损失的情况下获取最大收益。其实，这类理财产品也是有风险的。保本浮动收益类理财产品又被称为"结构性存款"，它是由普通存款和衍生产品组合而成的，它的风险主要来自于衍生产品这一部分，收益是与汇率、利率、债券、一篮子股票、基金、指数等金融市场参数挂钩的。投资该类理财产品需要投资者对衍生产品部分所挂钩的标的物有足够的了解，如果盲目买入，最后的收益率很可能大打折扣或者颗粒无收。即使投资者对挂钩标的物的走势判断正确了，其收益率也有可能会受到影响。因为该类理财产品的收益计算方式对其收益率的影响也很大。保本浮动收益类理财产品的收益计算方式可分为区间累积型、挂钩型和触发型三类。拿区间累积型来说，它是指银行会先确定最高、最低的年收益率并设置利率参考区间，根据利率、汇率、指数等标的物在参考区间内运行的情况确定收益率。因此，即使产品设计者对某一挂钩市场走势判断正确，但假设参考区间设计的幅度过于狭窄，一旦投资标的物的表现在短时间内大幅上扬或下挫，直接跳开该设定区间，则会直接影响实际投资成果。

非保本浮动收益类产品指商业银行根据约定条件和实际收益水平向投资者支付收益，并不保证投资的收益和本金安全的一类银行理财产品。该类产品的投资风险完全由投资者承担。

一般说来，保证收益型产品的投资风险小于保本浮动收益型产品，它们都小于非保本浮动收益型产品，但不能一概而论。如有的结构性产品虽然采用的是保本浮动收益型设计，但由于结构设计不合理，零收益的可能性较大。而有的债券类产品虽然为非保本浮动收益结构，但其收益较稳定，风险较小。

2. 按照期限分类

银行理财产品一般可分为超短期产品（委托投资期限一个月以内）、短期产品（委托投资期限1~3个月）、中期产品（委托投资期限3个月~1年）、长期产品（委托投资期限1年以上）以及开放式产品（产品可以每天或者在约定的日期申购、赎回）。

通常，期限越短，流动性风险越小；反之，则流动性风险越大。

3. 按投资方向分类

一般可以分为货币市场类产品（投资于同业拆借、短期证券市场、债券衍生市场）、资本市场类产品（投资于股票、债券、基金）、产业投资类产品（投资于信贷资产类、股权投资类）。其风险排序基本与其投资的标的市场风险排序相近，单款产品的风险与投资的具体标的风险相关。

下面对其中的一些类型做简单介绍。

（1）投资于货币市场工具类产品。具体如下：

●投资标的：国债、金融债、央行票据、短期融资券、中期票据、债券回购、同业拆借、汇票承兑等。

●期限较短：一般最长不超过6个月，大部分期限在3个月以下，实际收益率相对投资其他标的产品稳定，属于固定收益类投资产品。

●保本，甚至保收益。

●代表产品：中行（中银安稳回报系列）、招行（日日盈系列）

此类产品一般在所有产品种占比最大，对于那些对流动性要求较高的稳健投资人来说，此类产品是不错的选择。

（2）投资于证券市场工具的产品。具体如下：

●投资标的：股票、基金、指数、大宗商品、证券衍生产品等工具。标的物一般为香港或美国证券市场工具。

●属于结构性产品，一般保本，采用较为复杂的静态保本策略或动态保本策略。

●预期收益率较高，但实现较难。

●期限较长，一般在1年以上，有的甚至达8年，流动性较差。

●风险较高：银行对产品预期收益的实现会设置很苛刻的条件。另外，投资人除了面临产品标的物的风险外，还要承受汇率风险。

●代表银行：荷兰银行、花旗银行、汇丰银行等外资银行。

●此类产品在刚进入中国时比较受高端客户青睐，但在2008年也给投资人带来了较大的损失。在2008年8月份以后，大部分银行暂停了此类产品的发行，但随着全球证券市场的反弹复苏，各家银行又陆续有此类产品发行。对于资金量较小、风险承受能力较弱的投资人，不建议介入此类产品。

(3) 投资于外汇市场的产品。具体如下：

●投资标的：外汇市场某两个币种的汇率。

●属于结构性产品。

●投资币种一般为外币。

●期限不定，但风险较高，预期收益也较高。此类产品在外资银行较为多见，其中叫"双利存款"的较多。

(4) 投资于信贷资产类产品。具体如下：

●投资标的：银行贷款、集合资金信托计划。

●此类产品投资期限不定，但一般都在3个月以上。根据其信托贷款的长短决定，其实际收益率受基准利率变化影响较大，2010年10月开始的央行加息使得部分企业提前还款，一定程度上影响了其产品的实际收益率。

●相对于投资于货币市场的产品，此类产品收益较高，但风险也较高，一般不保证收益和本金安全。适合有一定风险承受能力的人。

●代表银行：光大银行、北京银行等中小银行。

此类产品属于银信合作类产品，采取二级信托的方式：银行与信托公司签订单一信托合同，然后银行再与客户签订集合信托合同，同时将收益降低。由于投资人在银行买此类产品与在信托公司买此类产品承担的风险是一样的，但享有的收益却远小于在信托公司所买产品，所以建议投资人去信托公司买。此类产品数量在所有银行产品中占比也较大。

(5) 其他产品。如打新股产品、创新类产品、另类理财产品（挂钩红酒、古董、普洱茶、艺术品），同时投资于银行间市场工具和信贷资产类的混合类产品等其他产品，在银行产品中并不多见。其中打新股类的产品在2007年银行发行比较多，但在2008年新股上市暂停以后，此类产品暂停，到2009年又开始发行。

4. 按照设计结构分类

银行理财产品分为单一性产品和结构性产品。

所谓结构性产品，是指交易结构中嵌入了金融衍生产品的一类理财产品。这类理财产品的投资对象通常可以分为两个部分，其一是固定收益证券，其二是金融衍生产品（主要是期权）。其中，投资于金融衍生品的部分，现金流不确定，且由于金融衍生品一般是保证金交易，具有以小搏大的特点，风险较大，收益率也较高。

5. 根据投资币种不同分类

一般银行理财产品分为人民币理财产品、外币理财产品和双币理财产品。如外币理财产品只能用美元、港币等外币购买，人民币理财产品只能用人民币购买，而双币理财产品则同时涉及人民币和外币。

人民币理财产品可细分为债券类产品、信托类产品、结构性产品、新股申购类产品、QDII 产品等。如表 11－1。

表 11－1 人民币理财产品分类

产品类型	产品介绍	产品特点	适合投资人群
债券类产品	主要投资于国债、央行票据、政策性金融债等非信用类工具，也投资企业债、企业短期融资券、资产支持证券等信用类工具	投资标的风险较低，收益比较固定	一种是投资风格较保守的投资者，可以低风险获得较定期储蓄高的收益；另一种是构建投资组合的投资者，可用此类产品降低组合风险
信托类产品	投资于商业银行或其他信用等级较高的金融机构担保、回购的信托产品或商业银行优良信贷资产收益权信托产品	虽然产品不保本，但产品收益较为稳定，风险相对较小	适合追求较高收益，有一定风险承受能力的投资者
结构性产品	以拆解或组合衍生性金融商品如股票、利率、指数等，或搭配零息债券的方式组合而成的各种不同回报形态的金融商品	一般不以理财本金作投资，仅用利息部分，大多为100%保本，产品收益与挂钩标的有某种关系，通过公式等反映在合同上	适合追求高收益，有较强风险承受能力的投资者

产品类型	产品介绍	产品特点	适合投资人群
新股申购类产品	集合投资者资金，通过机构投资者参与网下申购提高中签率	产品不保本，直接和新股申购获利有关，风险中等	适合想参与股票市场但是又不具备投资资本市场知识或时间或是厌恶炒股风险的投资者
QDII产品	取得代客境外理财业务资格的商业银行接受投资者的委托，将人民币兑成外币，投资于海外资本市场，到期后将本金及收益结汇后返还给投资者	产品一般不保本，多为投资港股、欧美股票、商品基金，资金全额投资该类标的，风险相对较大	对直接参与海外市场有信心，能够承受本金损失风险的投资者

国内银行外币理财产品的资金投向主要在货币市场工具，包括债券、票据、信用拆借、信托计划、债券回购、货币互换、利率互换等。这类产品风险较低，且不少银行为吸引投资者推出的是保证收益类产品，较适合稳健投资者。但是，在人民币升值的大背景下，存在着一定的汇率风险，所以需要谨慎投资。

银行理财产品和储蓄、货币基金的比较

1. 银行理财产品和储蓄的区别

银行的理财产品并不是储蓄存款，而是银行在向投资者提供理财顾问服务的基础上，接受投资者的委托和授权，按照与投资者事先约定的投资计划和方式进行投资和资产管理的业务活动，投资收益与风险由投资者或投资者与银行按照约定方式承担。所以银行理财产品更偏重于投资。

具体来讲，银行理财产品与储蓄存款相比，在流动性、风险、收益、税收、交易方式、产品类型等方面都有很大的不同。

（1）流动性。储蓄存款的流动性强，投资者可以随时支取，本金不会有任何损失，利息也都是按规定利率计算。银行理财产品的流动性相对较差，通常银行都会事先规定能否提前终止、终止的日期等，有时投资者提前终止还需要承担一些损失。

（2）风险。储蓄存款是最安全的，投资者只需要面对的是通货膨胀风险和存

款机构破产不能偿付本息的风险。储蓄利率如果低于通货膨胀率，实际利率就是负数，获得的利息很可能不够弥补本金贬值部分；存款机构如果破产，在没有国家保护或存款保险作保障的情况下，储蓄者也是有可能受到损失的。

银行理财产品的风险要视其投资方式和投资标的而定，比如利率挂钩型产品包含利率风险，汇率挂钩型产品包含汇率风险，信用挂钩的产品包含信用风险等。投资者应理解的是，经过银监会批准发行的银行理财产品，并不代表银监会保证这个产品能赚钱，只是说明这家银行在内部管理和业务能力上具备发行和管理这些产品的能力，产品本身合法合规，并且相应的销售文件完备，向投资者披露了足够的信息。

（3）收益。在中国内地，商业银行都要执行中国人民银行制定的统一存款利率，因此储蓄存款的收益是确定的。

银行理财产品的收益率是不能事先明确的，因此在你购买这些产品时看到的收益率只是预期收益率，最终实现的收益率要视整个理财期间投资标的表现而定。每个银行的理财产品都由其自行定价，因此，哪怕是期限、结构等完全相同的产品，在收益率上也有可能不同。这是投资者必须明确的。

（4）税收规定。储蓄存款按规定必须由银行代扣代缴利息税。

银行理财产品因结构不同，在税收方面的处理也不相同，有的是银行只代扣代缴基础存款部分的利息税，有的是全部不代缴。但银行不代缴并不等于这个产品是免税的，如果国家税务机关有明确规定，还需要投资者自行申报缴纳。

（5）办理流程。办理储蓄存款时，投资者只需带上本人有效身份证件和要存入的现金到银行柜台即可开户存钱。

购买银行理财产品时，投资者不仅需要提供身份证件、认购资金，还需要在签署理财协议前由银行理财人员为投资者进行风险属性测试，认真阅读理财产品说明书，并在协议书上抄录签字，以证明投资者已理解并愿意承担相应的投资风险。

2. 货币基金和银行理财产品比较

（1）收益率比较。从综合投资风险来看，银行理财产品中的保本型理财产品和固定收益率理财产品的投资风险较小，而实际收益率也比较适中，多比同期的定期存款利率稍高，年收益率一般可达到 2.5% ~4.2%。同时，部分银行理财产品都有"收益分档"设计，投资数额越高，收益率就越高。但有的结构性理财产品则有零收益或者负收益的可能，有时比例还不低。

货币基金一般实行浮动收益率制度，无保本设计，其收益率也比同期的定期存款利率稍高，一般不会零收益或负收益。

（2）投资起点比较。在投资起点上，货币基金比银行理财产品有优势，目前市场上95%以上的货币基金的投资起点在1000～5000元之间；一般货币基金的投资起点都在1000元上下，增加数额多无倍数限制，比较适合普通市民。

短期银行理财产品的投资起点较高，以5万元、10万元居多，最低的也不会低于5000元。

（3）流动性比较。相对于银行理财产品来说，货币市场基金的流动性优势突出。近日发行的银行理财产品，按协议规定不能提前兑付，但如投资者存在资金应急需求，要通过分行向总行提出质押申请，质押率一般为70%，同时还将承担质押贷款利息。

而所有的货币市场基金都可随时申购、赎回，且不收取任何手续费，提出赎回申请后一般在2天内款项就可到账。

银行理财产品没有其他产品可供相互转换，即使是同产品不同期限也不存在转换空间；货币市场基金则可与同一基金公司旗下其他类型的基金产品相互转换，使投资者可以有赎回之外的选择。

（4）风险比较。银行理财产品受储蓄利率影响的可能性较大，币货币市场基金可以更灵活地应对储蓄利率的变动风险。

（5）购买方便度比较。对于购买方式，货币基金与银行理财产品基本是相同的，都要拿上身份证去银行柜台办理。

值得一提的是，部分货币基金支持网络交易服务，可在网上进行交易，但绝大多数的短期银行理财产品并不支持这一功能。

如何选择银行理财产品

银行理财产品没有绝对的好坏之分，关键看你是不是买到了适合自己的理财产品。那么，怎样购买适合自己的理财产品呢？一般应该从以下方面考虑。

1. 了解自己的"情况"

这里的"情况"主要指风险特征，包括自己的风险承受能力和风险承受态度。前者是客观的，比如年龄、家庭收入等情况；后者是主观的，如自己对风险的厌恶程度。比较简单的了解方式是通过本书第2章中的风险偏好测试问卷和风险承受能力调查表了解自身情况，看自己属于哪一类型，不同类型的投资者在产品选择上应该有所不同。

2. 了解产品的投资方向

在银行理财产品销售火爆的情况下，切忌盲目跟风。投资者在了解自身情况后，要对希望购买的银行理财产品做一个了解：该银行理财产品的投资标的是什么，是投资债券，还是股票或挂钩汇率，收益率如何计算。如果自己不理解，一定要请银行的理财顾问解释清楚再买。如上节所提到的，产品投资方向直接决定该产品的风险和收益。

3. 了解产品流动性

拿到产品合同后，除了要看产品的投资方向、期限、收益外，还需要看该产品是不是可以赎回，费率是多少，能不能质押，也就是产品流动性情况。理财产品能够获得比储蓄存款更高的收益，是有某些附加条件的，比如要客户承担产品投资风险，要牺牲资金的流动性等，所以购买时也要看清楚与流动性相关的条款，以免将来急需资金时无法解约。

4. 了解产品的风险

购买时及时看清楚合约上的风险条款。以下是几种基本的产品风险：

(1) 政策风险。国家法律、法规或者货币政策、财政政策、产业政策等变化。新股申购类产品就由政策变化导致所持有的股票在可流通时股价跌破发行价而导致收益下降甚至出现亏损的风险。

(2) 市场风险。随着市场的变化，重大事件的发生，直接影响到产品投资标的情况。如投资的股票价格大跌。

(3) 流动性风险。产品不允许客户提前终止交易，如客户发生提前支取等违约情形，其将损失全部风险金并且无法获得理财收益。

(4) 利率风险。利率的波动可能导致客户收益低于以定期存款或其他方式运用资金而产生的收益。

(5) 信用风险。委托方发生违约事件时，使银行理财产品资金无法如期归还，造成客户损失。

5. 看清收益率

如宣传广告中的收益率到底是年收益率还是累积收益率；产品是否代扣税，

广告中的收益率是税前收益率还是实际收益率。

总之，一定要仔细阅读银行理财产品协议和产品说明书的内容，以免日后出现问题。

【案例】

如何购买理财产品

R 产品为一款新股申购和挂钩新股指数相结合的理财产品。在了解产品具体内容前，要首先自测一下或者向银行理财顾问咨询一下自己的风险承受能力是不是与该产品的风险程度匹配，如果是一位退休后靠养老金生活的投资者，客观上实际风险承受能力较差的，不建议购买这类中高等风险的产品。如果风险测试后适合购买的，对于产品合约，我们要了解产品期限，委托谁运作的，两部分投资各占多少比例，新股申购是网上还是网下申购，挂钩指数部分的收益率如何计算，有没有历史产品表现可以参考，产品中途是否可以解约，能不能质押，违约金或者质押率是多少，产品存在哪些风险，产品有没有固定费率等。通过银行理财顾问一一了解清楚了，投资者就可以放心购买该理财产品了。

投资银行理财产品常见的陷阱和误区

1. 银行理财产品常见陷阱

陷阱一：夸大收益率。

银行理财产品宣传广告上所写收益率往往都颇为吸引人，而据社科院金融研究所对 2006 年银行理财产品的统计，过半理财产品的预期收益率都有夸大嫌疑。

根据财汇资讯平台不完全统计，截至 2010 年 11 月 30 日，2010 年以来共有 3406 款理财产品到期。其中，实际收益与产品介绍中的"预期收益"不符的共有 141 款产品。根据统计数据发现，这些产品中为数不少的非但达不到投资者的心理预期，且实际收益和预期之间相差最大的可达 53.27%，有着严重的夸大收益之嫌。

据媒体报道，高女士连同其亲朋好友于 2007 年 12 月 21 日在某商业银行北京安贞支行以 91 万元人民币购买了一款名为"某某理财之蓝筹计划 2 号"的银行理财产品，该产品为期两年，从 2008 年 1 月 11 日起到 2010 年 1 月 11 日止，产品现已到期，收益为亏损 4.51%。

高女士当初购买时，产品宣传在最醒目的地方写有"预期最高年化收益率为36%（且上不封顶）"的字样，可到期时该产品却亏损 4.51%，产品的实际运作和销售人员的承诺大相径庭。

某商业银行 2010 年 1 月 16 日到期的"非凡理财 FOF—基金精选人民币理财产品（1 年）"的预期年化收益率高达 50%，但实际收益率为 -3.27%。尽管该产品的亏损幅度在所有到期产品中看起来并不大，但两个数据之间相差 53.27%的"水分"使其成为百余款"不达标"产品的代表。

陷阱二：风险提示被忽视。

部分银行理财顾问和产品销售人员为推销产品，常常忽视风险提示。

在银行营业大厅经常可以看到，投资者在咨询购买银行理财产品时，银行销售人员在热情地招呼后，就马上为投资者办手续，只字不提潜在风险。

此外，有的银行理财产品说明书使用专业难懂词句，投资者无法完全理解。例如，"三年之后，如果该公司不破产，将归还本金并按实际情况支付收益"。事实上，一旦公司破产，投资者可能会血本无归。

银行理财产品在其说明书中均对可能面临的风险作了比较详细的揭示，然而银行许多营业网点并没有在明显的位置张贴风险提示公告。许多银行在宣传其理财产品时，主要篇幅都是在夸耀其产品的优点。一些商业银行理财产品的营销人员缺乏严格的要求和必要的培训，在理财产品的宣传和销售过程中，对于理财产品的风险、投资者利益如何保障等问题，只字不提，只是在不显眼的地方写上一句"投资有风险"而已。这直接造成日后一旦本金受损就将引发许多纠纷的后果，对银行声誉造成负面影响。

投资者在购买银行理财产品时，一定要主动询问该产品是否保本，以及投资风险。

陷阱三：汇率风险。

对外汇理财产品来说，陷阱可能更不容易为投资者认识到。

例如，据媒体报道，2008 年，某银行惠州分行共销售了 5 期澳元类汇得盈理财产品，募集资金大约 598 万元，有几十人购买。汇得盈理财产品是保本浮动收益类产品，由于全球金融危机影响，澳元汇率出现近 40% 的跌幅，该银行总行提前终止了部分澳元汇得盈产品。该银行说，客户其实是汇兑亏损，汇得盈所称的保本是为澳元本金提供保本，并不是为人民币本金提供保本，一切以合同为准。

其中一名遭受损失的张女士告诉记者，她的 14 万元定期存款到期了，7 月 31 日，该银行一名员工游说她购买汇得盈，称该理财产品很好，而且是 100% 保本。于是她才购买了 22 万多元的汇得盈"外币理财产品—澳元 6 个月"，2009 年 2 月到期。10 月 29 日，银行通知提前终止汇得盈产品，张女士亏损人民币 6 万元，"比炒股票亏得还快。"

另一人投资汇得盈 30 多万元人民币，3 个月就亏损 10 多万元。他说，如果不是销售员游说保本、无风险的误导，他们是不会购买汇得盈产品的。

购买外汇理财产品时需要特别关注汇率波动对产品的影响。比如，某银行的一款理财产品收益率是与某种外汇波动的范围挂钩的，每个季度的第一天，如果欧元/美元的汇率在 1.2～1.225 范围内，就有 1.5% 的利润派给投资者；如果不在这个范围内，本季度利润为零。投资者在选择与汇率波动挂钩的产品时，应尽量选取区间取值大的产品。

此外，投资者还应该意识到，当产品到期时，一般都会兑换成人民币。可目前的大背景是人民币升值，这使得投资者面临的损失会越来越大。而且，理财产品期限越长，可能遭受的损失就越大。

陷阱四：普通客户有可能成为优先客户的利益牺牲品。

有些银行理财产品在设计时分优先级客户和普通级客户。在一定情况下，普通投资者并不能平等分享收益。

银行业内人士一般都清楚，产品指向哪类客户，则这类客户很可能会成为优先级客户。此外，一些机构也经常成为优先级客户。

优先级客户会受到收益保护。比如某银行申购新股第 10 期中，有打新股的产品，预计年收益率在 5% 以上。如果超过这个收益率，优先级客户还可以享受到额外 10% 的收益；如果收益率没达到，不够部分则由普通客户承担。

举例来说，如果一个打新股的产品，年收益率达到 20%，优先级客户除拿到银行承诺的 5% 收益，剩下 15% 收益中，他还可以再拿到其中的 10%，即总收益率的 1.5%，这样算下来，优先级客户则能拿到 6.5% 的年实际收益率。

投资者如果不分清楚该产品有没有分优先和普通级别，很可能就成了优先级客户和银行的利益牺牲品。

陷阱五：产品说明，雾里看花。

无论选择哪一款理财产品，投资者都应该对该产品有所了解。然而在当前各家银行推出的林林总总的理财产品、理财计划书面前，投资者往往面临无法选择的窘境。其主要原因就在于理财产品结构越来越复杂，产品说明书越来越难懂，说明书中充斥着大量的"专业术语"，普通投资者理解起来根本都是"雾里看花"。

银行理财产品的说明是一回事，而宣传又是另一回事，对于大多数非专业的投资者来说，看不懂说明书只能咨询工作人员或者看宣传资料。俗话说，"王婆卖瓜，自卖自夸"，工作人员大多数的时候都是在避实就虚，重点突出产品的优势，淡化相应的风险。投资者因在购买所谓"保本固定收益"的产品后，在赎回时却亏损的事例比比皆是。说明书晦涩难懂，宣传材料和宣传人员避实就虚成了银行理财产品的一个陷阱。

陷阱六：预期收益，永远"预期"。

银行理财产品的第六个陷阱就是令人捉摸不透的"预期收益"。几乎所有银行在推销理财产品时都打出了"预期收益率"来大肆宣传，但在说明书中关于"预期收益率"的具体计算方法则了无踪影。与目前市场中的开放式公募基金相比，银行理财产品在投资方向和投资收益计算方面显得非常不透明。

银监会2005年发布的《商业银行个人理财业务管理暂行办法》明确规定，商业银行与客户签订合同前，应对非保证收益理财计划提供预期收益率的测算数据、测算方式和测算的主要依据。2008年，银监会又特别强调，对于无法在宣传和介绍材料中提供科学、准确测算依据和测算方式的理财产品，不得在宣传和介绍材料中出现"预期收益率"或"最高收益率"字样。但目前许多银行在操作上还很不合规。

陷阱七：信息披露，隔帘观影。

买了银行理财产品，却不知道自己的投资去向如何、表现怎么样，这是目前银行理财产品又一被大家诟病的地方。此前，热议一时的"渣打银行理财产品巨亏"一事，就被投资者点名批评信息披露不够。一位购买了渣打银行的 QDII 产品的李先生就曾在某金融网站发帖称，购买的头两个月收到的账单上都显示了账面价值和赎回价格，但是随后一年多内，每个月寄来的对账单上都没有赎回价格。

目前，银行理财的基本信息披露远不及基金。无论是净值计算、申购和赎回日期、投资组合等方面都远落后于其他的理财产品。有些理财产品在设计之初明显有瑕疵，运作也比较混乱，它的资金流向、利益分配都不透明。资金运用方向上没有监管的条文，对信息披露没有强制要求，只能靠银行系统内部风险监管，这本身就具有很大的风险和隐患。

陷阱八：延期转换，暗藏玄机。

目前，银行理财产品在亏损以后，大多数银行的处理办法主要是三种，第一种是延期亏损的产品，第二种是免费转换成其他产品，第三种是赎回。

以 2010 年初到期的某银行"金葵花"增强基金优选系列之"金选双赢"理财计划为例，该产品到期亏损了 36.69%，该银行随后在到期清算公告中表示，向投资者提供产品延期的投资机会。同时，还建议赎回的投资者选择一些风险低、保本的产品进行投资，以尽可能减少损失。

然而，并不是所有银行均将其理财产品延期情况光明正大的告知投资者。一些银行产品的延期规定"偷偷摸摸"，当投资者发现后却又"死不认账"。有投资者就曾在未接到任何通知的情况下，其所购买的理财产品被延期。当投资者向银行质询时，得到的回答却是"因为没有联系到你，因此银行默认你认同延期"。

2. 投资银行理财产品时的常见误区

误区一：只关注产品的收益率。

据调查显示，在客户关注的理财产品各项指标中，首要被关注的是产品收益率，占比 22%，第二位被关注的才是产品投资标的及风险程度，占比 13%。收益率真的那么重要么？举例来说，A 产品的预期收益率 20%，B 产品的预期年收益率 4%，表面看 A 产品更有吸引力，但是细看：A 投资的是沪深证券市场，期限一年，而 B 产品是期限一个月，投资央行票据。显然 A 产品的风险较大，因此预期收益率较高，并且是浮动的；B 产品风险低，因而收益低，收益是固定的。我们不能简单地通过收益率比较两个产品，其实 A 和 B 产品没有可比性。如果你是一个保守投资者，A 款产品并不适合，关注产品的投资方向更为重要。

误区二：预期最高收益率就是最终收益率。

在现实中有这样的情况：看到产品的预期最高收益率，就认为是最终收益率，不仔细看合同就购买了，在最终兑现产品时如果出现了未获得预期的最高收益的情况，就认为自己受了欺骗。显然客户在购买产品时陷入了把预期收益率当成最终收益率的误区。预期最高收益率到底是不是最终收益率，还要看该产品是属于什么类型的产品。举例来说，C产品是一款与LIBOR（伦敦银行同业拆借利率）挂钩的个人美元结构性理财产品，期限1年，LIBOR观察区间为2.25~3.50。如果产品运作期内LIBOR一直位于该区间，则执行5%的高收益率；如果存期内任意一天LIBOR超出范围，则执行1%的低利率，到期还本付息。产品预期最高收益率5%，但实际上有获得1%收益率的可能。

误区三：只买合同上写明保本保收益的产品。

有的客户对理财产品合同中有关是否保本保收益的条款特别看中，认为这个要素最为关键。实际上这是不全面的，银行推出的理财产品中大部分都属于不保本型，但是银行会通过各种保障措施，来保障产品本金和利息如期支付给客户。举例来说，D产品是某高速公路项目信托理财产品，产品到期有国家开发银行做后续贷款，保障客户资金安全。实际上该类产品反而比写明100%本金保证的结构性理财产品风险要小。

误区四：不敢买不写预期收益的产品。

有的投资者对合同上写不写预期收益很在乎，认为写了就一定可以拿到这样的收益率。实际上，有些产品的预期收益率只是一个估计值，如新股申购投资方向的理财产品，可能产品合同上面写的只是收益可能性较大的一个预期收益率区间，无法写明具体数字。举个例子，E产品是投资全球资源类基金精选配置的理财产品，合同上面没有写明预期收益率是因为该产品是创新类理财产品，并没有历史数据可以参考，但不代表产品设计有缺点，反而这类产品最可能是较快抓住投资机会的新产品。

投资银行理财产品常见问题

（1）问：银行理财产品的大概分类？

答：按币种分，可分为人民币理财产品和外币理财产品。人民币理财产品分为保本的和具有浮动收益的。一些人民币短期理财产品是保本的，比如国债、存单、银行发行的票据等具有固定收益的产品。一般银行的理财产品有一定的封闭期，也就是多长时间不能抽回本金。这种方式的收益比定期存款的收益会好一些。

银行给出的收益率都是年化收益率。外资银行有推出时间比较长的，但流动性差，收益率相对就会高一些。银行收益率有的是固定收益率，有的是预期收益率。固定收益率是保本的，但是一年超过百分之三四以上的收益率，一般都是预期收益率，这是有风险的，未必能够实现，尤其是外汇、与外币挂钩的产品。尽量谨慎投资银行所谓挂钩型理财产品，因为连很多专业人士都看不懂。

所谓银行的理财产品，其实在某种意义上也是一种公募基金，是集合大家所有的钱，由银行代客理财。有的银行还是委托国外的专门代投机构运作。像外资银行有期限为 5~8 年的理财产品，就相当于一个长期封闭基金。基金没有流动性，肯定要求高收益；中间也可以赎回，但是也有可能失去本金。记住：高收益不是失去了安全性，就是失去了流动性，有得必有失。

（2）问：保本基金和 QDII 哪个更好一些？

答：QDII 也是有保本的，但保本的不能指望有高收益。一般保本基金会拿资金的 90% 做固定收益的产品，拿 10% 去搏浮动性的东西，再扣除代理的手续费，就不可能得到很高的回报。但是不保底的收益，能达到 12% 的就是不错的。有不少预期是百分之十几，可最后客户拿到手的只有百分之一二，甚至亏本的都有，如果是外汇理财还有汇率风险。因此，普通的投资者如果有 5 年以上不用的闲钱，可以去买国内的股票型基金；如果是三五年之内要用的钱，就应该存在银行里存定期，买国债，或者是保本型的基金。

（3）问：哪些人和哪些资金适合投资银行理财产品？

答：家里应急的钱和生活费要去投资保本的理财产品，存银行、买国债，以及其他的有固定收益的产品。如果买证券股票或基金等，就要用 5 年以上不用的钱。一些不保底的银行理财基本上可与开放式基金画等号，只不过是开放式基金不会给出预期收益率。

（4）问：固定保底的理财产品收益率高于存款利息，可否将存款都用于投资理财产品？

答：一般的理财产品都会有一定的封闭期，如果把存款都买成理财产品，就不能随意赎回。银行理财产品流动性差，虽然可以抵押贷款，但是抵押贷款是要付息的，这要比你获得的收益高很多，所以不划算。因此，一定要保存一定流动应急的钱。虽然存款、买国债，或是买理财产品都可以通过银行进行，但还是有本质的区别。

(5) **问**：投资银行理财产品还有哪些原则？

答：应急的钱，比如一年之内要用的钱，对应的应是短期的人民币保本型银行理财产品；养老的钱对应中期的保本理财产品，能输得起的钱才能买不保本的产品。存款是安全性最好的东西。不要受迷惑，把钱用到不该用的地方去。

(6) **问**：张女士说她家里现在有部分外币，看到有的外资银行的预期收益理财产品，同时给人民币汇率升值一个保值，半年是4%，可买吗？

答：有保值保障就会好一点，但是未必代表能够保底。目前看来人民币升值在未来是很确定的，不必迷信外资银行。

(7) **问**：人民币理财有按日计息的保本投资产品，银行方面总说是有观察期，观察期到底是怎么回事儿？

答：银行投资的一些挂钩理财产品，要根据市场波动来付给客户收益，有利的情况下银行就会做下去，无利的情况下就会终止。有些挂钩型理财产品连专业人士都看不明白。如果你搞不懂，就不买，这也是一个原则。

(8) **问**：我有美元，在银行做了半年一期的保本美元理财产品，固定收益为年5.2%。现在看是否是吃亏了？是否应该把它换成人民币理财产品？

答：现在换美元也很方便。多余的美元最简单的做法就是卖给银行，银行会通过外汇管理抵消外汇波动，但是个人却很难对冲汇率风险。在人民币升值的大背景下，建议你最好还是卖了美元理财产品，换成人民币理财产品，或者存入银行都行。

2

信托产品投资

信托及信托业概述

1. 信托的含义

大多数投资者对信托、信托公司、信托产品所知甚少，因此我们先从最基本的讲起。

（1）信托的一般含义。所谓"信"，即信任、忠实可靠；"托"，即委托和嘱托。"信"、"托"两字合起来就有"相信而托付"和"信任而委托"之义。"信"是"托"的前提。只有在了解对方的情况，认为其诚实可靠，又有条件可以托付，才有信托行为产生的可能。

（2）信托的法律含义。按照《中华人民共和国信托法》，信托是指委托人基于对受托人的信任，将其财产权委托给受托人，由受托人按委托人的意愿以自己的名义，为受益人的利益或者特定目的，进行管理或者处分的行为。简言之，信托是一种为了他人利益或特定目的管理财产的一项制度安排，即"受人之托，代人理财"。

利用信托原理，一个人（委托人）在没有能力或者不愿意亲自管理财产的情况下，可将财产权转移给自己信任并有能力管理财产的人（即受托人），并指示受托人将信托财产及其收益用于自己或者第三人（受益人）的利益。

2. 信托与委托、代理的区别

信托作为一项关于财产转移和财产管理的独特的法律设计，与委托、代理存在巨大差异。简言之，这种差异表现为以下几个方面：

（1）成立条件不同。设立信托，必须要有确定的信托财产，如果没有可用于设立信托的合法所有的财产，信托关系便无从确立。而委托、代理关系则不一定要以财产的存在为前提。

（2）名义不同。信托关系中，受托人以自己的名义行事，而一般委托和代理关系中，受托人（或代理人）以委托人（或被代理人）的名义行事。

（3）财产性质不同。信托关系中，信托财产独立于受托人的自有财产和委托人的其他财产，委托人、受托人或者受益人的债权人一般不得对信托财产主张权利。但委托、代理关系中，委托人（或被代理人）的债权人可以对委托财产主张权利。

3. 信托的制度优势

与类似的法律制度相比较，信托是一项更为有效地进行财产转移与管理的制度设计，它的优势主要表现在以下三个方面：

第一，信托制度有利于长期规划。信托存续具有连贯性。信托不因受托人的死亡、解散、破产、辞任、被解任或者其他情形而终止，具有一定的稳定性和长期性，因而更适合于长期规划的财产转移与财产管理。

第二，信托制度运用较为灵活。这表现在：

● 信托设立方式多样化：可以采取信托合同、其他书面形式和遗嘱等方式。

● 信托财产多元化：凡具有金钱价值的东西，不论是动产还是不动产，是物权还是债权，是有形的还是无形的，都可以作为信托财产设立信托。

● 信托目的自由化：只要不违背法律强制性规定和公共秩序，委托人可以为各种目的而创设信托。

● 信托应用领域非常宽泛，信托品种繁多。

第三，受益人的利益能够得到有效的保障。一方面，信托财产的所有权与受益权分离。在法律上，信托财产不属于委托人所有，也不属于受益人所有，而是被置于受托人名下。受托人根据法律和信托文件，享有信托财产的财产权，有权以自己的名义管理、运用和处分信托财产。委托人和受益人无权管理和处分信托财产，但是，信托所产生的利益归受益人享有。另一方面，信托财产具有独立性，这使信托财产免于委托人或受托人的债权人的追索，从而赋予受益人对信托财产享有优先于委托人或受托人的债权人的权利。

4. 信托财产的独立性

《信托法》规定，受托人因承诺信托而取得的财产是信托财产。另外，受托人因信托财产的管理运用、处分或者其他情形而取得的财产，也归入信托财产。但是，法律、行政法规禁止流通的财产，不得作为信托财产。法律、行政法规限制流通的财产，只有依法经有关主管部门批准后，才可以作为信托财产。

信托财产的独立性包括以下四点内容：

第一，信托财产与委托人未设立信托的其他财产相区别。设立信托后，委托人死亡或者依法解散、被依法撤销、被宣告破产时，委托人是唯一受益人的，信托终止，信托财产作为其遗产或者清算财产；委托人不是唯一受益人的，委托人死亡或者依法解散、被依法撤销、被宣告破产时，其他受益人仍然存在，信托财产从整体上不能作为委托人的遗产或清算财产，只有委托人享有的信托受益权才作为其遗产或者清算财产。

第二，信托财产与属于受托人所有的财产相区别。信托财产与属于受托人的固有财产相区别，不得归入受托人的固有财产或者成为固有财产的一部分。受托人死亡或者依法解散、被依法撤销、被宣告破产而终止，信托财产不属于其遗产或者清算财产。换言之，信托财产对受托人来说具有非继承性，在其死亡时不列为其遗产；在受托人破产时不得列为其清算财产。

第三，信托财产强制执行的限制。《信托法》规定，除因下列情形之一外，对信托财产不得强制执行：

● 设立信托前债权人已对该信托财产享有优先受偿的权利，并依法行使该权利的；

● 受托人处理信托事务所产生债务，债权人要求清偿该债务的；

● 信托财产本身应担负的税款；

● 法律规定的其他情形。也就是说，一般情况下，因信托财产与受托人固有财产相分离，所以某一信托一经产生，该信托所设定的财产即"自我封闭"，不论是受托人固有财产的债权人，还是受托人所管理的其他信托财产的债权人，均不能对该信托财产申请强制执行。

第四，信托财产抵消的限制。受托人管理运用、处分信托财产所产生的债权，不得与其固有财产产生的债务相抵消。受托人管理运用、处分不同委托人的信托财产所产生的债权债务，不得相互抵消。这一法律规定旨在保护信托财产免受受托人的侵害。

5. 信托的功能

（1）财产管理。财产所有人将财产交付信托，达到财产增值的目的，体现信托的财产管理功能。例如，张三没有精力亲自炒股，而将资金信托给信托公司进行证券投资。

（2）财产转移。财产所有人将财产交付信托，通过受托人的中介设计，使第三人享受到与直接转移相同甚至更为优厚的好处，体现信托的财产转移功能。例如，李四将财产信托给信托公司进行管理，其收益用于其子女未来出国留学所需费用。

（3）破产隔离。信托财产具有的独立性，使信托财产免于为委托人或受托人的债权人所追索，从而具有破产隔离的功能。

（4）聚集资金。通过资金信托的集合运用和以信托为原理的契约型投资基金，可以把众多投资者的小额的、分散的资金聚集起来，形成规模较大的集团性运作的资金，实现专家理财、组合投资，不仅可以分散风险，而且因为规模经济效应可以降低交易成本。

（5）积累财富。信托一经设立，除非法律规定或者信托文件另有约定，委托人不得随意解除信托；信托不因委托人或者受托人的死亡、丧失民事行为能力、依法解散、被依法撤销或者被宣告破产而终止，也不因受托人的辞任而终止。信托的长期性和连续性使其成为积累财富的最佳手段。

6. 信托的起源与发展

现代信托起源于 13 世纪英国的尤斯制，已有 800 多年的历史。在中世纪的英国，财产转移受到法律限制，人们就采用信托方式规避这种法律限制，因此，信托一开始并不具备财产管理的功能。随着社会和经济的发展，有关财产转移的限制逐渐被取消，信托的主要功能由最早的转移财富转变为现代的专业化财产管理。

19 世纪末以来，信托机构作为一种盈利性组织在美国蓬勃发展起来。20 世纪初，日本引入欧美的信托制度后积极创新，由信托银行主导的信托业发展迅猛，目前也已跻身于信托业发达的国家行列。

随着信托制度发展，信托工具商业化倾向日益明显。主导现代信托活动的是各种以盈利为目标的信托机构。在美国，主要有专业的信托公司以及商业银行里的信托部；日本的信托机构是主营信托业务兼营银行业务的信托银行；其他国家都有这样一些信托机构主导着现代信托活动。

现代信托呈现出金融化的趋势。信托活动越来越成为一种金融活动，信托业的金融业务性质日益明显，这可归结为以下两个原因。一是财富的日益金融化。

在信托发展的早期，用来信托的财产主要是土地，后来出现了一些动产。随着经济货币化程度的加深，财富也开始金融化。由于用于受托的财产越来越金融化，整个信托活动也越来越金融化。第二个原因是财产管理方式的金融化。早期的财产管理方式更多的是带有保管、处分的性质。现代理财主要通过金融工具来实现，信托机构一般是金融机构，并与银行、证券和保险构成现代金融业的四大支柱之一。

发达国家的信托业务按委托对象，可分为个人信托、法人信托以及个人和法人兼有的信托。个人信托包括为个人管理和监护财产、执行遗嘱、管理遗产、财务咨询及代理财务等信托业务。法人信托主要包括发行公司债券的受托业务、商务管理信托的受托业务、代理股票过户登记和支付股息业务，以及提供企业合并、改组和清算服务等。个人和法人兼有的信托主要包括公益信托、年金信托及职工持股信托等。

7. 中国信托业的历史与现状

中国信托业的发展可以追溯到 20 世纪初。1918 年浙江兴业银行开办具有信托性质的出租保管箱业务；1919 年聚兴城银行上海分行成立信托部；1922 年上海商业储蓄银行将保管部改为信托部并开办个人信托存款业务。这是我国最早经营信托业务的三家金融机构，标志着中国现代信托业的开始。新中国成立后，由于在计划经济体制下，信托存在的客观条件消失，到 50 年代中期信托业务全部停办。1979 年以中国国际信托投资公司的成立为标志，中国的信托业得到恢复。从 1979 年中国国际信托投资公司成立至今，信托业在 20 多年的发展过程中，为中国的经济建设做出了非常大的贡献，但也由于种种原因，中国信托业的发展历经曲折、几经调整。

中国信托业的第一次整顿发生在 1982 年，当时的基建投入规模过大，其中尤以信托贷款方式的进入为甚。为了加强对信托投资业务的管理和改良基建投资行为，中国人民银行决定对信托行业进行整顿。

第二次整顿是在 1985 年，起因是 1984 年以前大量使用信托方式进行信贷活动，而信托资金来源却不明朗，容易造成金融信贷过快增长而造成失控。因此，中国人民银行发布《金融信托投资机构管理暂行规定》，明确框定信托资金来源。

第三次整顿发生在 1988 年，此前信托投资公司数量飞速膨胀，"三乱"（乱集资、乱拆借、乱贷款）现象严重，国务院决定整肃金融环境。

第四次整顿是在 1995 年，原因主要是信托公司存在高息揽存等违规行为，主要事件为"中农信"1994 年被关闭，"中银信"被广发行接管。此次整顿促成四大国有银行与信托脱钩。

第五次整顿是在 1999 年。1999 年 3 月，国务院宣布中国信托业第五次清理整顿开始，原则为"信托为本、分业经营、规模经营、分类处置"。

第六次整顿是在 2007 年，信托两新规《信托公司管理办法》、《信托公司集合资金信托计划管理办法》正式实施之后，信托业第 6 次整顿正式拉开帷幕。根据通知，监管层将对信托业实施分类监管，信托公司或立即更换金融牌照，或进入过渡期。

始于 1998 年广东国投破产案的第五次整顿被认为是信托业的一次根本性变革。在这次清理整顿中，《信托法》、《信托投资公司管理办法》和《信托投资公司资金信托业务管理暂行办法》相继颁布和实施，监管层本着"坚决把信托办成真正的信托，不让有问题的公司留下来"的态度，将众多规模小、资不抵债的公司撤销，当时的 239 家信托公司中最终被批准重新登记的只有 60 家左右。

伴随着第五次信托投资公司的清理整顿和"一法两则"的出台，大多数信托机构在股本结构、企业模式、内控机制、管理体制等方面按照现代企业管理要求和市场化标准进行了重大调整，一些观念超前、机制灵活的信托投资公司已开始统筹安排其发展战略。

根据《信托投资公司管理办法》的规定，信托公司是唯一可同时涉及资本市场、货币市场和产业市场的金融机构。2002 年 7 月 18 日，《信托投资公司资金信托业务管理暂行办法》颁布当日，上海爱建信托投资公司就推出了国内第一个标准的信托产品——上海外环隧道项目资金信托计划。9 月，北京国际信托投资有限公司推出的北京第一个信托品种——CBD 中央商务区信托成功发售。此后，各种信托产品如雨后春笋般地涌现，从基础设施建设到管理层收购，从隧道工程到房产开发，从住房按揭到汽车按揭，从外汇信托到融资租赁，信托产品正在各个领域发挥着积极的作用。

8. 信托投资公司的业务定位

1998 年以前，我国的信托投资公司实际上是一种以银行业务为核心，兼营证券业务和实业投资业务的混业经营型金融机构。1998 年以来，国家对信托业进行了大调整和重新定位。"一法两则"出台后，信托业的定位得到明确，资产管理业务、部分投资银行业务和自营业务成为重新登记后的信托投资公司的三大核心业务。

第一大核心业务是资产管理业务。根据规定，信托投资公司可以采用委托和信托两种方式经营资产管理业务。

• 采取信托方式管理资产。信托投资公司可以受托经营资金、动产、不动产及其他财产的信托业务，即委托人将其合法拥有的资金、动产、不动产以及知识产权等财产、财产权，委托信托投资公司按照约定的条件和目的进行管理、运用和处分。此外，公益信托也是信托投资公司开展的资产管理业务之一。

• 采取委托代理方式管理资产。按照规定，信托投资公司可以代理财产的管理、运用和处分，也可以经营代保管业务。

第二大核心业务是部分投资银行业务。广义的投资银行业务包括证券承销和自营、公司理财、企业并购、投资咨询、基金管理和风险资本管理等。根据规定，信托投资公司除了可以承销国债、政策性银行债券和企业债券外，不能从事其他传统券商业务。信托公司也不能直接介入公募基金，只能通过发起设立基金或基金管理公司间接介入公募基金业务，但可以直接经营私募基金业务。另外，信托投资公司可以经营企业资产的重组、购并及项目融资、公司理财、财务顾问等智力密集性投行业务。

第三大核心业务是自营业务。信托投资公司所有者权益项下依照规定可以运用的资金，可以存放于银行或者用于同业拆放、贷款、融资租赁和投资等业务。信托投资公司可以以固有财产为他人提供担保；经过中国人民银行批准，可以办理同业拆借。

除了上面的三大核心业务之外，信托投资公司还可以经营包括信用见证、资信调查及经济咨询业务在内的中间业务。

9. 集合资金信托计划

集合资金信托计划是由多个投资人（委托人）基于对信托投资公司的信任，将自己合法拥有的资金委托给信托投资公司，由信托投资公司集合管理、运用于某一信托计划项目，为投资人获取投资收益的一种信托投资工具。简言之，集合资金信托计划就是一种非公募的投资基金。募集资金的投资方向可以是贷款、证券投资、实业投资、股权投资和租赁等。

集合资金信托计划与证券投资基金不同，目前尚不能采取公开募集方式。按现行规定，一个信托计划的委托合同不能超过 200 份，每份合同的金额不能低于5 万元。信托投资公司不能通过广告等公共媒体对集合资金信托计划进行营销宣传，因此投资者只能通过信托投资公司的客户服务人员、网站、咨询电话、代理银行等渠道了解集合资金信托产品信息。

集合资金信托计划是信托公司资产管理业务的一种，是目前信托公司所占比重最大的业务。目前市场上所提到的信托产品，大都是指集合资金信托计划。

信托已经成为目前金融领域创新的前沿阵地。自从全面定位高端理财以来，信托公司凭借着持续创新和安全性与收益性的良好匹配吸引了很多高端客户，信托产品已经成为许多高端投资者理财的选择。

信托产品种类和特点

1. 信托产品种类

按照其信托计划的资金运用方向，集合资金信托可分成以下七种类型。

（1）证券投资信托，即受托人接受委托人的委托，将信托资金按照双方的约定，投资于证券市场的信托。它可分为股票投资信托（即阳光私募）、债券投资信托和证券组合投资信托等。

（2）组合投资信托，即根据委托人风险偏好，将债券、股票、基金、贷款、实业投资等金融工具，通过个性化的组合配比运作，对信托财产进行管理，使其有效增值。

（3）房产投资信托，即受托人接受委托人的委托，将信托资金按照双方的约定，投资于房产或房产抵押贷款的信托。中小投资者通过房产投资信托，以较小的资金投入间接获得了大规模房产投资的利益。这是最为常见的信托产品，在产品设计中一般会把已建成的房产或土地进行超值抵押，把房产建成后的销售收入或租金收入作为信托收益。

（4）基础建设投资信托，是指信托公司作为受托人，根据拟投资基础设施项目的资金需要状况，在适当时期向社会（委托人）公开发行基础设施投资信托权证募集信托资金，并由受托人将信托资金按经批准的信托方案和国家有关规定投资于基础设施项目的一种资金信托。

这是一种风险较小的信托产品，主要用于地方政府的基础设施建设。由于有政府信用作保障，甚至得到当地立法机关的认可，批准同意将信托计划还贷资金本金和利息纳入同期年度财政预算。因此，此类信托具有资金需求量大、有政策扶持或优惠、风险较小、收益稳定、市场影响力大等特点。

（5）贷款信托，即受托人接受委托人的委托，将委托人存入的资金，按信托计划中或其指定的对象、用途、期限、利率与金额等发放贷款，并负责到期收回贷款本息的一项金融业务。

（6）风险投资信托，即受托人接受委托人的委托，将委托人的资金，按照双方的约定，以高科技产业为投资对象，以追求长期收益为投资目标所进行的一种直接投资方式。

（7）融资租赁信托，期限一般在3年以内，门槛相对较低，预期收益率介于房产信托和基础设施信托之间。该类信托计划的商业模式为：信托公司向生产商购买设备，并将设备以融资租赁的方式租赁给承租人，将获得的租金等收入回报委托人。

2. 信托产品的特点

信托公司推出的信托产品中，有确定投资项目的，也有仅确定投资方向的；有专用于股权融资的，如某信托公司的MBO融资信托，也有用于融资租赁的，如某信托公司的医疗器械融资租赁信托；有预计收益较为固定的，也有预计收益在一定幅度内波动的，如某信托公司的"基金债券组合投资信托"，还有预计收益下限封闭、上限打开的，如某信托公司推出的"申新理财资金信托计划"和某信托推出的"安心理财外汇信托"。

确定投资项目的信托产品，其特性更接近于企业债券，尽管没有票面利率，也不能上市交易，但稳定的收益是该品种最大的特点，如某信托公司推出的期限一年、预计年收益率3.5%的"海港新城资金信托"。没有具体投资项目、仅确定投资方向的信托产品，如有一定的收益担保措施，其特性接近于稳定收益的实业类基金，如某信托公司的"汽车消费贷款信托"。还有一类确定投资方向而又无收益担保措施的信托产品，若投资于证券市场则与证券投资基金类似，若投资于其他市场则与该市场的投资基金类似，如某信托公司的"基金债券组合投资信托"和"申新理财资金信托计划"。

信托产品的风险随项目不同或资金运用方向不同、资金运用的风险控制措施不同、发行信托产品的公司实力的不同等大相径庭。一般来说，资本实力较强的公司发行的、以贷款方式运用于市政项目并有相应担保措施的信托产品的风险较小，有的甚至不比发行的企业债券质量差；而运用于资本市场，或者是股权投融资的信托产品，在没有相应的风险转嫁机制下，单个产品的风险相对较大。

和其他理财产品相比较，信托产品有以下特点：

（1）信托投资领域广泛，涉及资本市场、货币市场和实业领域，其灵活性使信托能迅速找到经济热点。目前信托产品集中在金融市场、基础设施建设等热点领域，为投资者提供了合适的投资渠道。

（2）信托理财复合投资收益率高，单个信托产品期限较短，一般1年左右，年均收益率在6%~8%之间，连续5年投资信托理财产品，累计平均收益率超过40%，持续复合投资优势明显，远远高于同期银行存款利息。

（3）信托理财风险较低，基建类或企业贷款类的信托产品，采用优质资产超额质押的方式作担保，安全边际高，结构化证券投资信托采用优先、一般受益权分层制度设计，较好地使优先受益人收益预期得以实现。

（4）信托财产有严格的风险隔离和信息披露机制，确保了信托财产沿着特定的目的持续稳定经营。

（5）通过信托集中起来的个人资金，由专业团队进行组合投资，规模效应明显，以达到降低风险、提高收益的目的。

（6）信托产品收益较稳定。

3. 信托产品和基金、债券、银行信贷的区别

（1）基金也是一种信托。与目前信托公司推出的信托产品相比，基金的区别体现在三个方面：

第一，基金只能投资于证券市场，信托产品的投资领域非常宽泛，既可以是证券市场、货币市场、房产和基础设施，也可以是基金本身。

第二，基金是标准化的信托，可以按照单位基金在交易所上市或进行赎回申购；信托产品的认购目前主要通过签订信托合同，信托合同的份数、合同的转让和赎回等都受到限制。

第三，基金的监管方是证监会，而信托公司的监管者是银监会，两者的监管体系和监管方式存在较大差异。

（2）债券和信托的区别在于：

第一，债券有明确的票面利率，定期按照票面利率支付利息；信托只有预计收益率，到期收益的支付可以是按照预期收益率，也可以在预期收益率上下浮动。

第二，债券是债务的权证，发债主体以其全部资产作保证；信托是信托财产受益权的体现，以独立的信托财产作保证。

第三，债券一般都能上市，流动性较强；而信托目前的流动性主要体现为投资者之间的转让，流动性较差。

（3）信托与银行信贷的区别。信托和银行信贷都是一种信用方式，但两者有以下区别：

第一，经济关系不同。信托是按照"受人之托、代人理财"的经营宗旨来融通资金、管理财产，涉及委托人、受托人和受益人三个当事人，其信托行为体现的是多边的信用关系。而银行信贷则是作为"信用中介"筹集和调节资金供求，是银行与存款人、贷款人之间发生的双边信用关系。

第二，行为主体不同。信托业务的行为主体是委托人。在信托行为中，受托人要按照委托人的意旨开展业务，为受益人服务，其整个过程中，委托人都占主动地位，受托人被动地履行信托契约，受委托人意旨的制约。而银行信贷的行为主体是银行，银行自主地发放贷款，进行经营，其行为既不受存款人意旨的制约，也不受借款人意旨的强求。

第三，承担风险不同。信托一般按委托人的意图经营管理信托财产，信托的经营风险一般由委托人或受益人承担，信托投资公司只收取手续费和佣金，不保证信托本金不受损失和最低收益。而银行信贷则是根据国家规定的存放款利率吸收存款、发放贷款，自主经营，因而银行承担整个信贷资金的营运风险，只要不破产，对存款要保本付息、按期支付。

第四，清算方式不同。银行破产时，存、贷款作为破产清算财产统一参与清算；而信托投资公司终止时，信托财产不属于清算财产，由新的受托人承接继续管理，保护信托财产免受损失。

信托投资的风险及如何选择信托产品

1. 什么样的人可以投资信托

（1）具有完全民事行为能力的自然人、法人或者依法成立的其他组织。自然人必须年满18周岁。

（2）能在国内开立合法的人民币账户的自然人或机构。外籍机构与个人若能开立合法的人民币账户也可以作为委托人。

（3）拥有合法的资金，同时一般单个项目投资要求金额在人民币 100 万以上（达不到需开立收入或资金证明）。

（4）通过风险测试，风险偏好适合投资信托，充分知晓信托项目的风险并有相应的风险承受力。

2. 信托投资的风险

（1）经营风险或操作风险。信托投资公司为了形成竞争优势，增加股东的价值，往往通过不断推出高回报的、热销的信托产品，扩大销售，增加管理信托财产的规模，以赚取更多的信托收益。在业务扩张的同时风险也可能在增加。

信托投资公司在业务扩张过程中，由于制度不健全、决策失误、管理不力、控制不当，甚至人为欺诈等都会造成风险。风险一旦由潜在转化为现实，首先表现为信托财产损失。同时，信托公司也面临违背信托目的、未能尽责管理、处理信托事务不当，承担对信托财产损失的赔偿责任，造成信托公司固有财产的损失。

（2）市场风险。信托投资公司信托业务活动是在金融市场和产业投资市场环境里进行的。金融市场要素价格变化和产业投资要素市场价格变化，均对信托投资的收益和信托产品的价值产生影响，导致信托投资的风险。

市场风险又可细分为以下几种。

第一，利率风险。利率是货币、资本的价格，当利率变化与预期相反时，对信托投资产品收益的影响各不相同。对固定收益类信托产品来讲，当利率上升，信托收益减少，信托财产价值小于预期值；对浮动类产品来讲，当利率上升所增加的费用可以转移给用资人承担时，信托产品的收益和价值可能不受损失。信托公司在接受信托财产的委托和进行信托财产的运用时，要特别注意利率敏感性信托财产与利率敏感性资产的对称性搭配。

第二，汇率风险。汇率变化对经营外汇业务的信托公司有较大影响。外汇升值（本币贬值），信托公司的外汇资本和外汇债权升值，委托人的外汇信托资产升值；外汇贬值（本币升值），信托公司的外汇资本和外汇债权贬值，委托人的外汇信托资产贬值。信托公司和委托人的外汇债务也会发生变化，由此引起外汇汇兑损益发生变化，最终影响信托公司的利润、委托人信托收益和信托财产的变化。

第三，有价证券的价格风险，是指有价证券价格（或者价格指数）的变化导致信托资产遭受损失的可能性。有价证券价格下跌，使有价证券投资信托资产受损。

（3）信用风险。信托当事人不愿意或不能完成合同责任时信用风险就发生了。合同的守约方承受了违约方不能履约的风险。从委托方来讲，由于未能遇见的特别事由，要求调整信托财产管理方法，延迟交付信托资金、财产，或用违法财产作信托，都会给受托人造成损失。从受托方来讲，信托公司违反信托合同、未能尽责管理或处理信托事务不当，都会使信托财产蒙受损失。信托资金的使用人对市场把握不准、经营不善、资金周转失灵，甚至恶意欺诈，不能还款或缺乏还款意愿，致使信托财产受损。

（4）流动性风险。流动性风险主要表现为信托资产不能按约定的价格交易，变为现金，依约如期返还给委托人或受益人。

信托公司固有业务流动性风险，主要指固有资产质量不高或损失、过度投资导致的无力满足现金流动的需求。

（5）政策性风险。主要指国家法规、政策变化给信托投资公司的经营管理带来的风险。国家的宏观经济政策调整引起金融市场、投资市场经济变量发生变化，直接影响信托投资决策。产业政策的调整会引起信托投资的产业选择，尤其是房产行业的政策调整，直接影响房产信托计划的发行数量、规模、对象、收益、抵押品选择、信托资金运用方式等。信托监管政策变化对信托公司的影响最大，政策性因素的变化使信托投资的收益和信托资产价值充满了不确定性。

3. 如何选择信托产品

（1）先了解自己的风险偏好和风险承受能力，根据自己的具体情况去选择信托产品。

投资者选择信托产品进行投资，可以根据自身的资金实力、未来的预期收入、税收状况、现金流的分配等确定适合自己的信托产品。要选择与自己的经济能力、承受心理相适应的品种，在收益和风险之间把握好尺度。比如，对于中老年投资者，未来的收入预期不高，资金增值的目的用于养老和医疗的，应该选择以项目为主的预计收益稳定的信托产品，而对那些资本市场运作的、预计收益在一定范围波动的信托产品，即使参与也只能用较小比重的资金；而对中青年投资者，未来工作年限还长，预期收入还将增加，相对抗风险能力较强，则可以相应地参加一些资本市场运作的信托产品，以获得较高的收益。

任何投资行为的发生，首先必须立足于控制风险。控制风险的关键在于确认投资者愿意承担怎样的风险以及多大的风险，并从该风险中获得适度的收益。这是现代投资理论揭示的最基本的理论之一。信托产品的投资也不例外。投资者如果不能根据信托产品的特性判断不同产品的风险，并按照自身承受风险的程度选择恰当的产品，那么，投资信托产品不仅不能带来期望的收益，甚至可能带来一定的损失。

（2）资金的投资期限安排要与流动性需要匹配，要预留一些资金以备不时之需。投资者预计未来一年内现金需求比较大的，可以选择投资一年期限的信托产品；而如果这笔资金在未来的若干年内变现需求不大，可以选择投资期限在3~5年的品种，以获得更高的收益。

（3）要选择信誉好的信托公司。投资者要认真考量信托公司的诚信度、资金实力、资产状况、历史业绩和人员素质等各方面因素，从而决定其发行的信托产品是否值得购买。相同类型的信托产品，投资者还需要比较发售信托产品的公司情况，选择有信誉和资金实力的信托投资公司发售的信托产品，降低信托投资的风险。

（4）投资者要全面了解信托计划的设计质量，信托财产的运用方向，管理方法和水平、信托的期限、流动性和收益率，以及信托财产的风险性与安全性等，对信托项目所处的地位、行业、领域及赢利能力等进行综合分析。

（5）投资者还需要了解信托计划的项目情况、信托财产运用方式等信托产品要素，关键在于了解其中的风险因素以及作为受托人的信托公司对这些风险因素的控制手段。

要分析信托文件中制定的风险控制措施，看是否具体、可行而可靠，特别注意投资收益的实现和投资本金偿还的保障措施是否明确、得力。

（6）要预估信托产品的盈利前景。目前市场上的信托产品大多在事先确定了信托资金的投向，因此投资者可以透过信托资金所投资项目的行业、现金流的稳定程度、未来一定时期的市场状况等因素对项目的成功率加以预测，进而预估信托产品的盈利前景。

（7）要考察信托项目担保方的实力。如果融资方因经营出现问题而到期不能"还款付息"，预设的担保措施能否有效地补偿信托"本息"就成为决定投资者损失大小的关键。因此，在选择信托理财产品的时候，不仅应选择融资方实力雄厚的产品，而且应考察信托项目担保方的实力。一般而言，银行等金融机构担保的信托理财产品虽然收益相对会低一些，但其安全系数却较高。

（8）从各类信托理财产品本身的风险性和收益状况来看，信托资金投向房产、股票等领域的项目风险较高，收益也较高，比较适合风险承受能力较强的年轻投资者或闲置资金较丰裕的高端投资者；投向能源、电力、基础设施等领域的项目则安全性较好，收益则相对较低，比较适合于运用养老资金或子女教育资金等长期储备金进行投资的稳健投资者。

（9）投资者在选购信托理财产品时，还应注意一些细节问题。例如，仔细阅读信托合同，了解自己的权利、义务和责任，并对自己可能要承担的风险有一个全面的把握。信托理财产品绝大多数不可提前赎回或支取资金，购买后只能持有到期，如果投资者遇到急事需要用钱，可以协议转让信托受益权，但需要付一定的手续费，因此应尽量以短期内不会动用的闲散资金投资购买信托理财产品。目前，信托法规对信托公司的义务和责任做出了严格的规定，监管部门也要求信托公司向投资者申明风险并及时披露信托产品的重要信息，不少信托公司已定期向受益人披露信托财产的净值、财务信息等，广大投资者应充分行使自己的权利并最大限度地保障自己的投资权益。

4. 如何购买信托产品

信托产品近年来作为一个热门的金融产品，因其相对较低的风险以获得相对较高的收益率水平，已经越来越引起人们的关注。信托产品的发售一般是由信托公司的市场营销部门独立发售，或者相关银行以及长期合作伙伴发售，对于普通投资者来说存在着信息迟滞的问题，往往听说有好的信托项目了，一打听已经发行完毕了，近来的信托更是在预售阶段就已经被一抢而空，所以建议打算购买信托产品的朋友可以按照以下的办法来认购信托产品。

（1）和当地的信托公司建立预约关系，有发售计划时及时通知你。这个方法比较适合资金量较大的投资者。如果不是大客户，信托公司很难为你做这些事，另外信息往往局限于一家信托公司。

（2）通过相关信托公司网站及时了解各信托公司最近发行和即将发行状况，以便决定自己的投资行为。这个方法的缺陷在于，很好的信托也许你无法预约上就被告之已经售罄。

（3）通过专业的理财公司或者理财人员来为你关注信托发行状况。由于这些机构和人员与信托公司有经常性的业务关系，可以保证及时与你沟通并预定上所选信托产品。这种方法的关键在于要考察好机构或者相关人员的诚信和专业能力。

(4) 向银行方面询问有无信托产品发行的信息。

信托投资中常见的问题

(1) 问：什么是信托计划（或称"信托产品"）？

答：信托计划（或称"信托产品"）是信托公司按投资者的意愿，将信托财产投资于某一特定项目，以期为投资者获得投资收益的投资计划。根据中国人民银行和银监会的规定，信托公司需制作具有法律效力的信托文件，用于揭示并告知投资者关于特定信托项目的管理、运用和处分信托财产的相关信息，主要内容包括推介时间、规模、信托期限、投资管理等。

(2) 问：信托计划的法律关系主体有哪些？

答：信托计划的法律关系主体包括委托人（投资者）、受托人（信托公司）与受益人。另外，每个信托计划都涉及信托资金保管人（银行），部分信托计划还涉及投资顾问（由信托公司聘请的基金公司等）。

(3) 问：信托资金投资的范围有哪些？

答：信托产品是目前市场上最灵活的投资品种。信托公司是唯一允许同时在货币市场、资本市场、实业领域投资的金融机构。

(4) 问：什么是单一信托，什么是集合信托？

答：单一信托是指委托人是单一投资者（自然人或法人）的信托，集合信托是指委托人是两个或两个以上投资者的信托。单一信托多见于银行作为唯一委托人发行信托型理财产品的情况。

(5) 问：信托产品大体有几类？

答：除单一信托和集合信托的分类以外，信托产品还有许多种分类方法。按信托收益率的特点，可分为浮动收益类、固定收益类。按信托资金的投资方向，可分为证券投资类、基础设施类、房产类、工矿企业类、交通运输类、创新类和不定向投资类。按信托资金运用形式，可分为贷款类、股权投资类、权益投资类、夹层融资类。

(6) 问：信托计划的期限有多长？

答：固定收益类信托计划的期限一般为 1~2 年，也有少数设置更长期限。

证券投资类信托计划的期限多为5年或10年，同时设置开放期，但若到期时业绩优异，经过投资人大会的投票表决，可以展期。

（7）**问**：我国信托的法律法规有哪些？

答：我国现行的主要信托法律法规有"一法两规"和银监会监管指引。"一法两规"是指2001年颁布的《信托法》和《信托公司管理办法》以及2007年颁布的《信托公司集合资金信托管理办法》；银监会监管指引包括有：《信托公司私人股权操作指引》（2008年）、《信托公司证券投资信托业务操作指引》（2009年）、《银行与信托公司业务合作指引》（2008年）和《银监会关于加强信托公司房产、证券业务监管有关问题的通知》（2008年）等。

（8）**问**：信托业务的流程是怎么样的？

答：信托业务的流程包括如下几个步骤：

第一步，委托人向受托人提出信托意向；

第二步，信托关系人依法签订信托契约；

第三步，转移信托财产；

第四步，执行信托契约；

第五步，终止信托关系。

（9）**问**：任何人都可以成为信托计划的投资者吗？

答：不可以，必须是《信托公司集合资金信托管理办法》中规定的合格投资者。首先，合格投资者必须是具有完全民事行为能力的自然人、法人或者依法成立的其他组织。其次，符合下列条件之一者，视为合格投资者：

• 投资一个信托计划的最低金额不少于100万元人民币的自然人、法人或者依法成立的其他组织；

• 个人或家庭金融资产总计在其认购时超过100万元人民币，且能提供相关财产证明的自然人；

• 个人收入在最近3年内每年收入超过20万元人民币或者夫妻双方合计收入在最近3年内每年收入超过30万元人民币，且能提供相关收入证明的自然人。

（10）**问**：一般哪些个人投资者适合购买信托产品？

答：有以下几类：

• 风险/收益偏好介于存款和股票基金之间；

• 厌恶股票风险，目前主要以存款为主的投资者；

- 感觉存款收益太低的投资者；

- 至少进行一年以上投资；

- 目前投资于国债的投资者；

- 准备购买即将发行的国债的投资者。

(11) **问**：一般哪些机构投资者适合购买信托产品？

答：有以下几类：

- 对资金有流动性需求，但又希望投资获利的机构；

- 对资金安全性要求非常高的机构投资者；

- 目前有资金投资于债券市场的机构投资者；

- 财务公司、拥有闲置资金的一般企业和保险公司。

(12) **问**：对于认购的金额有何要求？

答：从信托公司（或经第三方理财公司介绍）认购的信托计划，认购资金一般不少于 100 万元，超过 100 万元的部分为 10 万元的整数倍。从银行认购的信托型理财产品，由各银行自行决定起步金额和追加金额，常见的是起步金额 10 万元，超过 10 万元的部分为 1 万元的整数倍。

(13) **问**：我是合格个人投资者，想购买信托产品都需要什么证件？

答：在实际操作中，需要凭借能够证明投资者身份的有效证件（中国大陆公民持身份证、军官证等，外国公民及港澳台居民持护照），以及一个在中国大陆开户的、开户人为投资者本人的银行存折或银行卡（账户中的余额足够认购信托产品）。

(14) **问**：我是合格机构投资者，想购买信托产品都需要什么证件？

答：营业执照副本复印件（需加盖公章）、组织机构代码证复印件（需加盖公章）、法定代表人身份证复印件和法定代表人证明书、授权书一式两份；若经办人不是法定代表人或组织机构负责人本人，则除上述文件外，还需持经办人身份证原件和由法定代表人签名并加盖公章的授权委托书。

(15) **问**：集合信托的受益人和委托人必须是同一个人吗？

答：目前，我国《信托公司集合资金信托计划管理办法》第五条规定："参与信托计划的委托人为唯一受益人。"即委托人和受益人必须是同一人。《信托公司集合资金信托计划管理办法》第二十九条规定："信托计划存续期间，受益人可以向其他的合格投资者转让其持有的信托单位。信托公司应为受益人办理受益权转让的有关手续。"

(16) **问**：信托公司有义务给投资人提供什么信托文件？

答：信托计划说明书、信托合同、风险认购说明书。委托人认购信托产品前，应当仔细阅读信托计划文件的全部内容，并在认购风险申明书中签字，申明愿意承担信托计划的投资风险。

(17) **问**：投资者的资金安全如何保障？

答：投资者投资于信托公司发行的信托计划，信托财产受到法律法规的严格保障。根据目前我国的相关法律规定，信托财产由信托公司或信托公司聘请的投资顾问负责运作，保管银行负责保管，保管与运用是完全分开的。另外，信托计划还需定期公布管理报告，接受受益人的监督，同时信托资金的运作和保管接受中国证监会的监管。因此，投资于信托的资金安全性是得到切实保护的。

(18) **问**：信托公司、代理机构是否可以向投资者承诺保本或保底？

答：不可以，信托公司、代理机构不得承诺信托财产不受损失，也不得承诺最低收益。

(19) **问**：投资人获得的信托投资收益是否需要交税？

答：在信托收益分配日，受益人能得到其应得的完全信托投资收益。受益人应承担的税金由受益人自行支付，受托人不代扣代缴。

(20) **问**：认购信托计划时，信托公司要收手续费吗？

答：固定收益类产品，一般不需向信托公司缴纳手续费。证券投资类信托产品，投资者要支付认购费（通常为信托资金的 0~1.5%），以及赎回费（通常为信托资金的 0~3%）。一般各信托合同里会有详细规定，投资者认购前需仔细阅读。

(21) **问**：信托计划到期后，如何向投资者进行利益分配？

答：受托人根据认购时预留的银行账户信息，通过受益人账户，向受益人分配信托收益和清退信托财产。受益人可在信托计划终止后 10 个工作日左右查询到账情况。

(22) **问**：信托计划面对哪些风险，可能导致亏损？

答：每个信托计划面对的风险不尽相同，但主要是以下几类：

- 政策风险：国家发布重大利空政策或法律法规；
- 不可抗力：灾害、战争等；

● 操作风险：信托公司资金运用不当影响投资者收益；

● 项目风险：投资的项目出现经营恶化，无能力到期足额偿付投资者收益。信托公司有义务向投资者充分披露每一个信托计划可能面对的风险，在风险充分披露的前提下，若发生亏损，亏损由投资者自己承担。若投资者能够举证证明是由于信托公司的不尽责导致的投资者亏损，信托公司有义务以自有财产赔偿这部分损失。

（23）**问**：信托产品收益的来源是什么？

答：信托产品的收益主要有两方面：一是信托投资项目的投资收益；二是交易对手（融资方）的还款。

（24）**问**：信托产品通常有什么风险控制措施？

答：不同的产品有不同的风险控制措施。以房产信托为例，房产信托贷款，风险控制措施一般为土地或现房抵押，保证担保；房产股权投资，风险控制措施一般为信托持股，股权质押，派驻人员，监控资金，回购安排等。

3

阳光私募基金投资

阳光私募基金投资概述

1. 阳光私募基金的概念及其风险

所谓私募基金，是指通过非公开方式，面向少数投资者募集资金而设立的基金。由于私募基金的销售和赎回都是通过基金管理人与投资者私下协商来进行的，因此它又被称为向特定对象募集的基金。

阳光私募基金通常是指由投资顾问公司作为发起人、投资者作为委托人、信托公司作为受托人、银行作为资金托管人、证券公司作为证券托管人，依据《信托法》发行设立的证券投资类信托集合理财产品。

阳光私募基金主要投资于证券市场，定期公开披露净值，具备合法性、规范性。

从信托公司角度看，阳光私募信托其实就是由信托公司发行的证券投资类信托产品。信托公司聘请投资顾问公司（一般为私募基金管理公司）进行证券投资的运作，既有私募基金操作灵活的特点，又有信托公司受银监会监管的特点，达到灵活性与安全性的结合。

从私募基金管理公司的角度看，阳光私募基金是借助信托公司发行的，经过监管机构备案，资金实现第三方银行托管，有定期业绩报告的投资于股票市场的基金。阳光私募基金与一般（即所谓"灰色的"）私募证券基金的区别主要在于规范化、透明化，由于借助信托公司平台发行，因此能保证私募认购者的资金安全。

2. 私募基金收益分配方式

从 2004 年的第一支阳光私募成立以来，阳光私募基金从无到有，管理规模由小变大，运作方式也从过去的地下运作到现在的阳光化，其发展速度以及在市场上的影响力都让人吃惊。从管理方式来讲,目前最主流的就是银行、券商、信托公司、私募基金公司四方合作的方式。由于产品类型和收益分配方式的不同,可以分为三种类型,即深圳模式、上海模式和自营模式。

(1)"深圳模式",即风险共担模式。这种模式下,信托公司发行不保本、不保收益的管理型信托产品,聘请阳光私募投资顾问公司担任投资顾问角色,私募机构收取投资顾问管理费和特定信托计划利益,也就是获得超额部分的奖励。这种模式的主要产品是开放式的管理型信托产品,主要的信托公司有平安信托、深国投等。

"深圳模式"并没有强制性规定私募管理机构的认购比例,但私募机构通常会认购上百万元乃至上千万元。由于"深圳模式"中,私募机构根据投资收益分成,更接近国际管理,因此更被广大私募机构认可。

(2)"京沪模式",即杠杆基金模式。这种模式下,阳光私募投资顾问管理公司在信托产品中担当一般受益人的角色,需要按照一定的比例投入资金,这部分资金将会作为保底资金,投资者作为优先受益人,获得固定收益,而一般受益人则可以获得支付优先收益后的绝大部分收益。优先受益人即普通公众投资者,通常只能获得相对固定的较低收益,年收益率往往在 10% 以内,其享受的好处是最低限度保本。一般收益人通常是私募管理机构,在赚钱时可以获得整只基金的收益,但是在亏损时要用自己的本金赔付。此类信托私募基金设定止损线,保证基金累计净值在优先受益人投资额以上。这种模式的主要产品是结构性的信托产品,以上海国投、华宝信托以及北国投为代表。

(3)自营模式。这种模式是信托公司内部组建资产管理团队作为管理人,发行信托计划,并对委托资产进行自主管理。这种模式的主要产品是管理型信托产品。

三种运作方式各有自身的风险和优势,投资者可以根据自身特点,选择适合的信托。

3. 私募基金和公募基金的区别

(1)募集的对象不同。公募基金的募集对象是广大社会公众,即社会不特定的投资者。而私募基金募集的对象是少数特定的投资者,包括机构和个人。

(2)募集的方式不同。公募基金募集资金是通过公开发售的方式进行的,而私募基金则是通过非公开发售的方式募集。这是私募基金与公募基金最主要的区别。

（3）信息披露要求不同。公募基金对信息披露有非常严格的要求，其投资目标、投资组合等信息都要披露。而私募基金则对信息披露的要求很低，具有较强的保密性。

（4）投资限制不同。公募基金在投资品种、投资比例、投资与基金类型的匹配上有严格的限制，而私募基金的投资限制完全由协议约定。

（5）业绩收益不同。公募基金不提取业绩收益，只收取管理费。而私募基金则收取业绩收益，一般不收管理费。对公募基金来说，业绩仅仅是排名时的荣誉，而对私募基金来说，业绩则是收益的基础。

由此可见，阳光私募基金与基金公司发行的公募基金相比，明显优势有三点：一是规模小，调仓灵活；二是仓位没有法定限制，持仓灵活；三是对基金管理操盘团队的激励机制更合理。

4. 如何购买阳光私募基金及其他细节

适合投资阳光私募的投资者，一般最小购买资金为 100 万元，封闭期为 6 ～ 12 个月，封闭期后每周、双周或每月开放一次，因此比较适合资金量大、对资金流动性要求不高、风险承受能力较强的投资者。

购买阳光私募基金的渠道一般有以下几种：第一，可以直接去基金公司和他们签合同购买；第二，可以通过基金公司第三方代理机构购买；第三，可以通过和阳光私募合作的银行购买；第四，可以通过和阳光私募合作的证券公司购买。

阳光私募基金管理公司的盈利模式一般是收取总资金 2% 左右的管理费和投资盈利部分的 20% 作为佣金收入，这种收费模式即是俗称"2－20"收费模式(2% 管理费 +20% 盈利部分提成)。买私募基金一般还有认购、申购费（一般为 1%，有的私募不收取），是价外收取，即认购 100 万元，投资者需要支付 101 万元，多出的 1 万元就是认购费。

查询净值一般可通过投资管理公司的网站、信托公司的网站以及一些大的专业私募基金网站或报纸查询，一般都会定期公布信托基金的最新净值，一周一次或一月一次。有些会定期手机发送最新净值。

如何选择阳光私募基金

目前国内发行成立的阳光私募产品有数百只之多，在如此众多的理财产品当中，投资者该如何认识投资风险、如何辨别和选择不同的产品进行投资呢？建议投资者关注如下几点：

（1）阳光私募产品因投资于波动大的证券市场，属于风险较高的基金理财类产品。

目前，国内大多数阳光私募产品的资金投向是证券市场，主要是具有高波动性特征的 A 股市场，因此风险较高。认购此类产品的投资者对证券市场应有基本的了解，同时应了解此类产品的风险收益特征，在关注高收益的同时也要关注高风险，树立"风险自担、买者自负"的风险意识。

（2）私募基金产品门槛较高，法律规定投资者必须是风险承担能力强的合格投资者，且必须以自己合法所有资金进行投资。

阳光私募产品的投资起点通常在 100 万元以上，属于"富人理财产品"，法律要求该等投资者必须是风险承受能力强的合格投资者，同时法律规定投资者不得非法汇集他人资金投资该类产品，投资者必须以自有资金进行投资。因此，投资者应当根据自身财产状况、风险承受能力、预期投资期限和预期风险收益情况，合理配置投资标的，进行"配置式"投资，而不是投机。

（3）投资者应深入了解不同投资顾问的投资风格和投资策略，并对不同风格和策略所带来的风险有所认识。

与相对同质化的公募基金不同，不同投资顾问管理的私募基金，其投资风格和投资策略千差万别，这将对不同产品的风险收益特征产生重大影响。比如，激进的投资风格既可能使净值上升较快，也可能使净值出现大幅亏损；反之亦然。因此，差异化的投资风格和投资策略将导致不同产品的净值在同一市场环境下的表现截然不同。并且，投资风格和投资策略本身也不是一成不变的，投资顾问因市场环境的变化也可能会调整投资策略，调整得当时会提升净值表现，调整不当时会造成净值下跌。因此，投资者在购买此类产品前，应充分了解投资顾问的投资风格和投资策略，选择自己所认可的投资顾问，而不应当存在"赌博"或"暴利"的心态。

（4）投资者应正确认识和评价投资顾问的投资业绩。由于不同投资顾问之间的投资理念、投资风格和投资策略差异较大，不仅不同产品在同一市场环境中的表现存在较大差异，而且相同产品在不同的市场阶段表现也截然不同。因此，投资者不宜以短期业绩表现来判断产品的绩效优劣及投资成败，而应关注跨越市场周期的中长期表现，并综合考虑市场环境、波动特点、投资风格、投资策略等多方面因素。

（5）投资者购买前，应对阳光私募产品的费率结构、流动性安排、风险申明、信息披露等有清晰的了解。

阳光私募产品的费率结构有别于市场上其他金融理财产品的费率结构，投资者在购买前应当有清晰的了解。为鼓励投资者中长期投资，也为了保证投资顾问投资策略的执行，证券投资类产品在流动性安排和信息披露方面均有自己的特点，投资者在购买前应当充分理解上述条款，以保证其符合自身的投资需要。另外，如前所述，阳光私募属于较高风险的理财产品，投资者在购买前，一定要仔细阅读风险提示条款和风险申明书。

（6）投资者可选择波动和风险相对较小的 TOT 产品进行投资。TOT 是信托的信托（Trust of Trust），是指信托公司发起设立母信托，由母信托募集资金，选择业绩稳健、职业道德良好的私募基金公司作为投资顾问设立子信托，并由子信托投资于股票、债券等证券类资产，子信托的投资行为接受母信托约束和监督，通过专业化分工，达到分散风险和追求绝对收益的目标，是一种能有效分享中国资本市场成长的创新型信托理财产品。该产品是按年计收管理费（一般为0.7%~1.65%），每年的管理费会在当年最后一个开放日收取。

TOT 将不同风格的阳光私募产品进行动态筛选、动态管理，解决了投资者如何识别不同投资顾问的难题，在为投资者创造绝对收益的同时，尽可能地降低了投资波动和投资风险，是投资者首选的阳光私募理财产品。

（7）银行系阳光私募产品风险较低，可适当选择投资。银行系阳光私募产品是商业银行与私募公司、信托公司共同合作发行的理财产品，虽然同其他非保本理财产品一样有亏损的可能，但也有其特有的优势。银行可以为投资者选择经验丰富、投资能力强的基金经理及私募公司担任投资顾问，挑选实力强、有合作历史、信誉好的信托公司为投资者争取高收益，同时在产品设计、合同拟定、产品销售和产品监控环节，银行也会出于保护投资者、维护企业品牌的目的，对产品涉及的要素进行仔细的斟酌。产品的安全系数较高，但收益也相应较低。

（8）对基金经理能力的了解。我们一般都是从基金经理的过往经历和业绩去评价其是否具备能力。投资者可以通过咨询了解基金经理正式的从业经历、业界的口碑等。同时，基金经理的历史业绩是否稳定，特别是在牛熊市的时候，他的投资业绩表现是否能够跑赢大市。私募基金的核心人物主要来自于三类：优秀的公募基金经理、券商人士以及民间人士。从不同出身的基金经理的业绩来分析，公募基金出身的基金经理所管理的私募基金，其业绩明显优于券商以及民间出身的基金经理。

（9）自身的投资风格与基金经理的投资风格是否一致。投资者需要了解基金经理的投资风格是否适合自己的要求，是否符合自己的风险偏好。特别强调的是基金经理的投资策略，是属于积极型、稳健型还是保守型，这些都需要投资者仔细了解，同时也需要将这些与自身的风险承受能力相结合。由于目前并没有具体的法律法规去监管私募基金，所以对私募基金的投资也没有限制。基金经理可以很灵活的选择标的，不仅可以投资股票，还可以投资期货、外汇、黄金等。投资者需要在合同里确定好需要投资哪些品种。

（10）对投资的基金规模和进入的门槛的了解。每个基金都有自己的规模，这是跟投资计划相关的。私募相对来说是一个高收益同时也是高风险的投资方式，投资者要考虑自己的风险承受能力。

（11）了解投资公司的运营模式。私募基金的运营模式有很多种，有的是不转移资金占有的协议式，有的是公司制，有的是合伙制。但是目前大部分都是信托式，在现在法律制度并不完善的时候，法律要求资金信托必须托管，相对而言，这种模式的道德风险比较低一些。

（12）投资管理公司的风险控制能力。一个比较规范的公司，都会拥有自己的一套风险控制体系。它们从个股选择到突发事件的发生，都有自己的一套流程，以降低可避免的风险出现。

（13）收益分配的方式。投资者不要完全看收益率，因为收益率高不一定代表自己的投资回报率就会高，还得看分成比例。一般会在一个保底的预期收益率上，约定分成比例。一般的，对收益率阶段分的越详细越好，投资人可以对自己的收益有清楚的认识。

（14）向第三方机构咨询了解。投资者在选择投资管理公司时，可以通过第三方研究机构了解产品。第三方研究机构通过定量与定性两方面对整个阳光私募产品进行研究，并相应的划分星级。投资者可以从比较客观、真实、公正的角度去了解产品的资讯。

阳光私募基金投资中的常见问题

（1）**问**：阳光私募基金的安全性如何？

答：目前阳光私募基金的运作模式和公募基金基本相同，资金由银行托管，证券由交易券商托管，投资指令由投资顾问及私募管理人完成，通过这样的结构可以充分保证阳光私募基金的资金和证券的安全。

（2）**问**：阳光私募基金的特点是什么？

答：①目前"深圳模式"阳光私募基金一般收取一定比例的超额业绩费。当阳光私募基金产生盈利时，阳光私募基金管理人会提取其中的一定比例作为回报。但该超额业绩费只有在阳光私募基金净值每次创出新高后才可以提取。

②追求绝对正收益。阳光私募基金管理人的利益和投资者的利益是一致的，阳光私募基金的固定管理费很少，主要依靠超额业绩费。只有投资者赚到钱，私募才能赚到超额业绩费。所以，阳光私募基金需要追求绝对的正收益，对下行风险的控制相对严格。

③股票的投资比例灵活。在0～100%之间，可以称之为"全天候"的产品，可以通过灵活的仓位调整规避市场的系统性风险。

④购买门槛较高。阳光私募基金每份投资一般不少于100万元。

⑤阳光私募基金操作灵活。目前阳光私募基金规模通常在几千万元至一亿元。相对于公募，其总金额比较小，操作更灵活。同时，在需要时，私募可以集中持仓一两个行业及五六只股票。

⑥一般有6～12个月的封闭期。阳光私募基金大多有6～12个月的封闭期，投资者在封闭期中赎回受到限制。封闭期后一般每月公布一次净值并开放申赎。

（3）**问**：阳光私募基金的"封闭期"是怎么回事？

答：阳光私募基金的封闭期与公募基金里的封闭期是一样的。在封闭期内，投资者不可以进行认购和赎回的操作。封闭期结束后，按每个产品的合同规定进行认购和赎回。

（4）**问**：阳光私募基金的投资范围都有哪些？除中国证券市场外，还可以投资哪些市场？

答：目前而言，阳光私募基金可以投资于中国证券市场上的股票、债券、封闭式基金、央行票据、短期融资权、资产支持证券、金融衍生品以及中国证券监会规定的其他投资品种。目前绝大部分的阳光私募基金是不可以投资海外市场的。

（5）**问**：阳光私募基金是由什么监管层批准备案的？阳光私募基金公司是什么样的牌照？由谁监管？

答：阳光私募基金是由信托公司发起设立并在中国银行业监督管理委员会备案的。信托公司由中国银行业监督管理委员会监管，阳光私募基金公司则由信托公司和中国银行业监督管理委员会监督。

（6）**问**：阳光私募基金保证收益吗？

答：阳光私募基金不保证收益。目前阳光私募基金主要投资于证券市场，所以阳光私募基金和公募基金一样不保证收益。

（7）**问**：在哪里可以看到阳光私募基金的净值等相关信息？

答：投资者可以在相应的信托公司网站、私募管理人网站以及独立第三方的基金研究机构网站上查询到。

（8）**问**：我们看到的净值是已经扣除管理人提成的净值吗？

答：是的。阳光私募基金公布的净值不仅扣除了私募管理人的提成，而且也扣除了固定管理费、银行托管费、律师顾问费等其他费用，是投资者实际所得。

（9）**问**：赎回的时候必须全部赎回吗？能不能赎回部分？

答：阳光私募基金赎回时可以不必全部赎回。如进行部分赎回，赎回部分一般不小于10万元，赎回后留存市值必须是阳光私募基金要求的最低金额（通常为100万元），否则必须全部赎回。

（10）**问**：我要追加投资怎么办？

答：阳光私募基金可以追加投资，追加的资金至少是10万元，或是10万元的整数倍。追加资金按照申购日的净值计算份额。

（11）**问**：什么样的人合适买阳光私募基金？

答：阳光私募基金一般要求最小购买资金100万元，封闭期在6~12个月，因此比较适合高资金量、并具有一定抗风险能力的投资者。

（12）**问**：阳光私募基金整体情况是怎样的？

答：除了云国投的一只，私募基金基本都在2007年之后发行，截止到2010年底，非结构化私募证券信托产品总数已接近600只，已经成为一个新崛起的专业投资群体。阳光私募基金经理人按其从业经历大体可分为三类：公募派、券商派和民间派。

（13）**问**：有没有保证收益的阳光私募基金？

答：有的。按照阳光私募基金的属性分为两大类：一种是结构化产品，另一种是非结构化产品。所谓的结构化私募基金，本质是把投资者分割为不同层级，如"优先"和"一般"；同时，不同层级的投资者对应不同的风险和收益。其中，"优先"一般为普通投资者，"一般"多为发起该产品并管理这部分投资的机构。对普通投资者而言，这类产品的特点是可以保本的，风险不大，但收益也相对固定，类似一个固定收益类的理财产品。而对于发起产品的机构，则可能亏本，风险较大，不过可以借别人的钱获得超额收益。

（14）**问**：私募的平均收益大概是多少？

答：据相关研究机构统计，具有持续业绩记录的587只非结构化私募证券信托产品2010年全年平均收益率为6.4%，跑赢大盘18.91%，同时也跑赢股票型公募基金3.39%。

（15）**问**：阳光私募基金怎样保证投资者的资金安全？

答：阳光私募基金是靠信托平台发行的，经过监管机构备案的，资金也是受银行托管的，所以投资者的资金是安全的。

怎样让自己的钱再生钱
——投资规划

第 12 章

黄金、外汇、期货投资

1

黄　金　投　资

黄金的投资品种

目前国内的黄金投资主要包括三大类：一是购买黄金实物；二是进行黄金投资交易，包括纸黄金和黄金实物交易以及保证金交易；三是其他投资方式，包括购买黄金类股票、黄金基金以及与黄金相关的银行理财产品等。

1. 实物金

实物金买卖包括金条（Gold Bullion）、金币和金饰等交易，以持有黄金作为投资。这种投资方式的投资额较高，而且只在金价上升时才可以获利。一般的饰金买入及卖出价的差额较大，视作投资并不适宜。金条及金币由于不涉及其他成本，是实物金投资的最佳选择。但需要注意的是，持有黄金并不会产生利息收益。

金币有两种，即纯金币和纪念性金币。纯金币的价值基本与黄金含量一致，价格也基本随国际金价波动，具有美观、鉴赏、流通变现能力强和保值功能。纪念性金币更具有纪念意义，对于普通投资者来说较难鉴定其价值，因此对投资者的素质要求较高，要求投资者有较高的识别及判断能力，主要为集币爱好者收藏，投资增值功能不大。

黄金现货市场上实物黄金的主要形式是金条和金块，也有金币、金质奖章和首饰等。金条有低纯度的沙金和高纯度的条金，条金一般重 400 盎司。市场参与者主要有黄金生产商、提炼商、中央银行、投资者和其他需求方。其中黄金交易商在市场上买卖，经纪人从中搭桥赚佣金和差价，银行为其融资。

黄金现货投资有两个缺陷：须支付储藏和安全费用，持有黄金无利息收入。

2. 纸黄金

纸黄金交易是一种由银行提供的服务，是一种个人凭证式黄金交易，投资者按银行报价在账面上买卖"虚拟"黄金，个人通过把握国际金价走势低吸高抛，赚取黄金价格的波动差价。投资者的买卖交易记录只在个人预先开立的"黄金存折账户"上体现，不发生实金提取和交割。由于不涉及实金的交收，交易成本可以更低。值得留意的是，虽然它可以等同持有黄金，但是户口内的"黄金"一般不可以换回实物，如想提取实物，只有补足足额资金后，才能换取。

3. 黄金现货保证金交易

保证金交易品种：Au（T+5）、Au（T+D）。

Au（T+5）交易是指实行固定交收期的分期付款交易方式，交收期为5个工作日（包括交易当日）。买卖双方以一定比例的保证金（合约总金额的15%）确立买卖合约，合约不能转让，只能开新仓，到期的合约净头寸即相同交收期的买卖合约轧差后的头寸必须进行实物交收。如买卖双方一方违约，则必须支付另一方合同总金额7%的违约金；如双方都违约，则双方都必须支付7%的违约金给黄金交易所。

Au（T+D）交易是指以保证金的方式进行的一种现货延期交收业务，买卖双方以一定比例的保证金（合约总金额的10%）确立买卖合约。与Au（T+5）交易方式不同的是，该合约可以不必实物交收，买卖双方可以根据市场的变化情况，买入或者卖出以平掉持有的合约，在持仓期间将会发生每天合约总金额万分之二的递延费（其支付方向要根据当日交收申报的情况来定，例如如果投资者持有买入合约，而当日交收申报的情况是收货数量多于交货数量，那么投资者就会得到递延费，反之则要支付）。如果持仓超过20天，则交易所要加收按每个交易日计算的万分之一的超期费（目前是先收后退），如果买卖双方选择实物交收方式平仓，则此合约就转变成全额交易方式。在交收申报成功后，如买卖双方一方违约，则必须支付另一方合同总金额7%的违约金；如双方都违约，则双方都必须支付7%的违约金给黄金交易所。

4. 黄金期货

一般而言，黄金期货的购买、销售者，都在合同到期日前出售和购回与先前合同相同数量的合约，也就是平仓，无需真正交割实金。每笔交易所得利润或亏损，等于两笔相反方向合约买卖差额。这种买卖方式，才是人们通常所称的"炒金"。黄金期货合约交易只需10%左右交易额的定金作为投资成本，具有较大的杠杆性，少量资金推动大额交易。所以，黄金期货买卖又称"定金交易"。

世界上大部分黄金期货市场交易内容基本相似，主要包括保证金、合同单位、交割月份、最低波动限、期货交割、佣金、日交易量、委托指令。

（1）保证金。交易人在进入黄金期货交易所之前，必须要在经纪人那里开个户头。交易人要与经纪人签订有关合同，承担支付保证金的义务。如果交易失效，经纪人有权立即平仓，交易人要承担有关损失。当交易人参与黄金期货交易时，无需支付合同的全部金额，而只需支付其中的一定数量（即保证金）作为经纪人操作交易的保障，一般将保证金定在黄金交易总额的 10% 左右。保证金是对合约持有者信心的保证，合约的最终结果要么以实物交割，要么在合约到期前作相反买卖平仓。

保证金一般分为三个层次：一是初级保证金（Initial Margin）。这是开始期货交易时，经纪人要求客户为每份合同缴纳的最低保证金。二是长期保证金（Maintenance Margin）。这是客户必须始终保有的储备金金额。长期保证金有时需要客户提供追加的保证金。追加的保证金是当市场变化朝交易商头寸相反方向运动时，经纪人要求支付的维持其操作和平衡的保证金。如果市场价格朝交易商头寸有利的方向运动时，超过保证金的部分即权益或收益。交易商也可要求将款项提出，或当作另外黄金期货交易的初始定金。三是应变和盈亏的保证金（Variation Margin）。清算客户按每个交易日结果向交易所的清算机构所支付的保证金，用来抵偿客户在期货交易中不利的价格走势而造成的损失。

（2）合约单位。黄金期货和其他期货合约一样，由标准合同单位乘合同数量来完成。纽约交易所的每标准合约单位为 100 盎司金条或 3 块 1 公斤的金条。

（3）交割月份。黄金期货合约要求在一定月份提交规定成色的黄金。

（4）最低波幅和最高交易限度。最低波幅是指每次价格变动的最小幅度，如每次价格以 10 美分的幅度变化；最高交易限度如同目前证券市场上的涨停和跌停。纽约交易所规定黄金期货每天的最高波幅为 75 美分。

（5）期货交付。购入期货合同的交易商有权在期货合约变现前，在最早交割日以后的任何时间内获得拥有黄金的保证书、运输单或黄金证书。同样，卖出期货合约的交易商在最后交割日之前未做平仓的，必须承担交付黄金的责任。世界各市场的交割日和最后交割日不同，投资者应加以区分。如有的规定最早交割日为合约到期月份的 15 日，最迟交割月份为该月的 25 日。一般期货合约买卖都在交割日前平仓。

（6）当日交易。期货交易可按当天的价格变化，进行相反方向的买卖平仓。

当日交易对于黄金期货成功运作来说是必须的，因为它为交易商提供了流动性。而且当日交易无需支付保证金，只要在最后向交易所支付未平仓合约时才支付。

（7）指令。指令是顾客给经纪人买卖黄金的命令，目的是防止顾客与经纪人之间产生误解。指令包括行为（是买还是卖）、数量、描述（即市场名称、交割日和价格与数量等）及限定（如限价买入、最优价买入）等。

5. 黄金期权

黄金期权是买卖双方在未来约定的价位按事先商定的价格、期限买卖数量标准化的黄金的权利。如果价格走势对期权买卖者有利，则会行使其权利而获利；如果价格走势对其不利，则放弃权利，损失只有当时购买期权时的费用。

6. 黄金股票

所谓黄金股票，就是金矿公司向社会公开发行的上市或不上市的股票，所以又可以称为金矿公司股票。由于投资黄金股票不仅是投资金矿公司，而且还间接投资黄金，因此这种投资行为比单纯的黄金买卖或股票买卖更为复杂。投资者不仅要关注金矿公司的经营状况，还要对黄金市场价格走势进行分析。

7. 黄金基金

黄金基金是黄金投资共同基金的简称，所谓黄金投资共同基金，就是由基金发起人组织成立，由投资人出资认购，基金管理公司负责具体的投资操作，专门以黄金或黄金类衍生交易品种作为投资媒体的一种共同基金。由投资专家组成的投资委员会管理。黄金基金的投资风险较小、收益比较稳定，与我们熟知的证券投资基金有相似的特点。

黄金投资的特点

1. 黄金投资的特点

在投资市场上，供投资者选择的黄金投资品种十分丰富。为什么要选择黄金投资呢？黄金投资有哪些方面的优势呢？

（1）在税收上的相对优势。黄金交易过程中所包含的税收项目较少，税负较低。相比之下，其他的不少投资品种，都存在着一些容易让投资者忽略的税收项目。例如，在进行股票投资时，如果需要进行股票的转手交易，还要向国家交纳一定比例的印花税。如此计算下来，利润将会成比例的减少。如果是进行大宗买卖或者经过长年累月的积累，这部分的费用可谓不菲。

又比如，进行房产投资，除了在购买时需要交纳相应的税收以外，在获得房产以后，还要交纳土地使用税。当觉得房价已经达到了一定的高度，可以出售获利的时候，政府为了抑制对房产的炒作，还会征收一定比例的增值税。这样算下来，在交纳赋税以后，收益与以前相比，会有较大的差别。

在进行任何一种投资之前，都应该对所投资的项目的预期投资回报率进行分析（预期投资回报率＝预期投资净收益/起初的投资额）。这里所涉及的投资净收益，是交纳赋税以后的收益。也许你开始觉得自己大赚特赚了一笔，但是当支付了一定比例的税收后，你的收益也许让你感到少得可怜。尤其是在一些高赋税的国家里，投资前的赋税计算就变得及其重要，否则可能会使你做出错误的投资决策。

（2）产权转移的便利。假如你手头上有一栋住宅和一块黄金，当你打算将它们都送给你的子女的时候，你会发现，将黄金转移很容易，让子女搬走就可以了，但是住宅就要费劲得多。住宅和股票、股权的转让一样，都要办理过户手续。假如是遗产，还要律师证明合法继承人的身份，并且交纳一定的遗产税，这样你的财产就会大幅度缩水。

由此看来，这些资产的产权流动性根本没有黄金那么优越。在黄金市场开放的国家里，任何人都可以从公开的场合购得黄金，还可以像礼物一样进行自由的转让，没有任何类似于登记制度的阻碍。而且黄金市场十分庞大，随时都有任何形式的黄金交易。

（3）世界上最好的抵押品种。很多人都遇到过资金周转不灵的情况，解决这种窘困的方法通常有两种，第一就是进行典当，第二就是进行举债。举债能否实现，取决于你的信用程度，而且能借到的资金能否够用也不能确定。这时，黄金投资者就可以把黄金进行典当，之后再赎回。

尽管可以用来典当的物品种类很多，如古董、字画等，但是由于古董、字画等投资品的赝品在市场上实在是太多，从这方面来看，黄金进行典当就要容易得多，需要的只是一份检验纯度的报告。由于黄金是一种国际公认的物品，根本不愁买家承接。一般的典当行都会给予黄金达90%的短期贷款，而不记名股票、珠宝首饰、金表等物品最高的贷款额也不会超过70%。

不过，在银行方面用黄金进行抵押就有一定的差别。例如，在香港的银行就不习惯接受黄金作为抵押品。

（4）黄金能保持久远的价值。商品在时间的摧残下都会出现物理性质不断产生破坏和老化的现象。不管是房产还是汽车，除非有某种特殊的价值比如被某个名人使用过，不然经过岁月的磨损都会有不同程度的贬值。而黄金由于其本身的特性，虽然会失去其本身的光泽，但是其质地根本不会发生变化，表面经过药水的清洗，还会恢复其原有的容貌。

即使黄金掉入了他的克星"王水"里，只要经过一连串的化学处理，它仍然可以恢复其原有的容貌。正是由于黄金是一种恒久的物质，其价值又得到了国际的公认，所以从古到今都扮演着一个重要的经济角色。

（5）黄金可在一定程度上对抗通胀。近几十年间，有时通货膨胀导致的各国货币缩水情况十分剧烈，在某些极端的时候和地区，缩水到一定的程度时钞票就如同废纸一般。比如近年来的津巴布韦陷入恶性通胀，津巴布韦人坐公交要带3万亿纸币。而黄金一般会随着通胀而相应的上涨。因此，进行黄金投资，可在一定程度上对抗通胀。

（6）黄金市场较难出现庄家操纵价格的现象。任何地区性股票的市场，都有可能被人为性的操纵，但是黄金市场不会出现这种情况。金市基本上是属于全球性的投资市场，现实中还没有哪一个财团的实力大到可以操纵金市。也有一些做市的行为在某个市场开市之处，但是等到其他的市场开始交易的时候，这些被不正当拉高的价格还是会回落，而又再次反映黄金的实际供求状况。也正是由于黄金市场做市很难，所以为黄金投资者提供了较大的保障。

（7）没时间限制，可随时交易。香港金市的交易时间从早上9点到第二天凌晨2点30分（冬季是3点30分），投资者可以进行港金和本地伦敦金的买卖。香港金市收市，伦敦金市又开，紧接着还有美国金市，投资者24小时都可以进行黄金的交易，可以随时获利平仓，还可以在价位适合时随时建仓。另一方面，黄金的世界性公开市场不设停板和停市，令黄金市场投资起来更有保障，根本不用担心在非常时期不入市平仓止损。

但是，目前中国法律上不允许内地的投资者投资国外市场的黄金投资品种，虽然有部分投资者通过一些内地的代理机构（一般以投资咨询公司的名义）投资国外市场的黄金投资品种，但其中存在着一定风险。

虽然黄金投资有以上优点，但也存在着以下缺点：一是和股票相比，黄金投资（黄金股票除外）不能生息分红，带来现金流；二是实物黄金需要一定保管成本；三是黄金现货保证金交易、黄金期货交易、黄金期权交易等投资方式对个人投资者而言，实质上是一种投机，是零和游戏，风险很大。因为个人投资者一般无套期保值等需求。

零和游戏又称零和博弈，与非零和博弈相对，是博弈论的一个概念，属非合作博弈，指参与博弈的各方在严格竞争下，一方的收益必然意味着另一方的损失，博弈各方的收益和损失相加总和永远为"零"。零和博弈的结果是一方吃掉另一方，一方的所得正是另一方的所失，整个社会的利益并不会因此而增加一分。

影响黄金价格的因素

黄金价格的变动，绝大部分原因是受到黄金本身供求关系的影响。因此，作为一个有投资原则的投资者，应该尽可能地了解所有影响黄金供给的因素，从而进一步了解市场内其他投资者的动态，对黄金价格的走势进行预测，以达到合理投资的目的。

黄金价格主要的影响因素包括以下几个方面。

1. 美元走势

美元虽然没有黄金那样稳定，但是它的流动性要比黄金好得多。因此，美元被认为是第一类的钱，黄金是第二类的钱。当国际政局紧张不明朗时，人们都会因预期金价会上涨而购入黄金，但被更多的人保留的货币其实是美元。假如某个国家在战乱时期需要从他国购买武器或者其他用品，也会沽空手中的黄金，来换取美元。因此，在政局不稳定时期黄金未必会升，还要看美元的走势。简单地说，美元强黄金就弱，黄金强美元就弱。

通常投资者在储蓄保本时，取黄金就会舍美元，取美元就会舍黄金。虽然黄金本身不是法定货币，但始终有其价值，不会贬值成废铁。若美元走势强劲，投资美元升值机会大，人们自然会追逐美元。相反，当美元在外汇市场上越弱时，黄金价格就会越强。

2. 战乱及政局震荡

战争和政局震荡时期，经济的发展会受到很大的限制。任何当地的货币，都可能由于通货膨胀而贬值。这时，黄金的重要性就淋漓尽致地发挥出来了。由于黄金具有公认的特性——为国际公认的交易媒介，在这种时刻，人们都会把目标投向黄金。对黄金的抢购，必然会造成金价的上升。

但是，黄金也受其他因素的制约。比如，在 1989～1992 年间，世界上出现了政治动荡和零星战乱，但金价却没有因此而上升。原因就是当时人人持有美元，从而舍弃黄金。所以投资者不可机械地套用战乱因素来预测金价，还要考虑美元等其他因素。

3. 世界金融危机

假如出现了世界级银行的倒闭，金价会有什么反应呢？

其实，这种情况的出现就是因为危机的出现，人们自然都会把钱留在自己的手上，银行会出现大量的挤兑或破产倒闭。就像 2001 年的阿根廷经济危机一样，人们都要从银行兑换美元，而政府为了保留最后的投资机会，禁止美元的兑换，从而发生了不断的骚乱，全国陷入了恐慌之中。

当美国等西方大国的金融体系出现了不稳定的现象时，世界资金便会投向黄金，黄金的需求增加，金价即会上涨。黄金在这时就发挥了资金避难所的功能。唯有在金融体系稳定的情况下，投资者对黄金的信心会大打折扣，将黄金沽出造成金价下跌。

4. 通货膨胀

我们知道，一个国家货币的购买能力，是基于物价指数而决定的。当一国的物价稳定时，其货币的购买能力就越稳定。相反，通货率越高，货币的购买力就越弱，这种货币就愈缺乏吸引力。如果美国和世界主要地区的物价指数保持平稳，持有现金既不会贬值，又有利息收入，因此必然成为投资者的首选。

相反，如果通胀剧烈，持有现金根本没有保障，收取利息也赶不上物价的暴升，人们就会采购黄金，因为此时黄金的理论价格会随通胀而上升。西方主要国家的通胀越高，以黄金作保值的需求也就越大，世界金价亦会越高。其中，美国的通胀率最容易左右黄金的变动，而一些较小国家，如智利、乌拉圭等，每年的通胀最高能达到 400 倍，却对金价毫无影响。

5. 石油价格

黄金本身是通胀之下的保值品，与美国通胀形影不离。石油价格上涨意味着通胀会随之而来，金价也会随之上涨。

6. 本地利率

投资黄金不能获得利息，其投资的获利全凭价格上升。在利率偏低时，投资黄金会有一定的益处；但是利率升高时，收取利息会更加吸引人，无利息黄金的投资价值就会下降，既然黄金投资的机会成本较大，那就不如放在银行收取更加稳定可靠的利息。特别是美国的利息升高时，美元会被大量的吸纳，金价势必受挫。

利率与黄金有着密切的联系，如果本国利息较高，就要考虑一下丧失利息收入去买黄金是否值得。

7. 经济状况

经济状况也是构成黄金价格波动的一个因素。经济欣欣向荣，人们生活无忧，自然会增强人们投资的欲望，民间购买黄金进行保值或装饰的能力会大为增加，金价也会得到一定的支撑。相反，经济萧条，民不聊生，人们连吃饭穿衣的基本保障都不能满足，又哪里会有对黄金投资的兴致呢？此时金价必然会下跌。

8. 黄金供需关系

金价是基于供求关系基础之上的。如果黄金的产量大幅增加，金价将会受到影响而回落。但如果出现矿工长时间的罢工等原因使产量停止增加，金价就会在供不应求的情况下升值。此外，新采金技术的应用、新矿的发现，均令黄金的供给增加，表现在价格上就是金价下跌。一个地方也可能出现投资黄金的潮流，如日本出现的黄金投资热潮，使黄金需求大为增加，因此也导致了价格的节节攀升。

分析黄金的走势，就要利用这些因素，要考虑到它们各自作用的强度到底有多大。找到每个因素的主次地位和影响时间段，来进行最佳的投资决策。

黄金投资的风险

1. 机会成本风险

黄金不能生息，因此长期持有黄金的机会成本很高。

如今的黄金市场已经沦落为投机市场，已经失去了投资的地位。黄金的货币属性在未来将慢慢弱化，而贵金属性将进一步加深，长期避险保值尚可，增值就不靠谱了。黄金可以增值，这从道理上是说不通的。与股票、房产相比，持有黄金没有红利，也不可能出租收取租金，拥有的数量多了，还需要存管费用；与石油相比，黄金不是消耗品，存量只会越来越多，不会越用越少。因此凯恩斯说黄金是"野蛮人的遗迹"。

从历史长期数据来看，投资标的收益率的排序为：股票＞长期债券＞短期债券＞黄金、CPI，黄金的平均收益率和CPI不相上下。

美国席格尔教授在他的《股史风云话投资》中通过对美国长期数据的统计来看长期资产投资的收益率。根据数据，假设你在 1975 年 3 月底投资 10 万美元从上面列举的市场买入资产，一直持有，到 2007 年 6 月你拥有的资产价格如下：

股票市场（买 SP500 指数基金）：180.3 万（平均年收益率 9.3%）；

长期国债（买 10 年期国债）：105.0 万（平均年收益率 7.5%）；

长期国债（买 1 年期国债）：78.9 万（平均年收益率 6.6%）；

房产市场（买房子）：66.4 万（平均年收益率 6.0%）；

原油市场（买石油资产）：63.3 万（平均年收益率 5.8%）；

铜现货市场（买铜）：54.9 万（平均年收益率 5.4%）；

黄金市场（买黄金）：36.8 万（平均年收益率 4.1%）。

而同期，消费物价指数上升至 3.95 倍（平均年增长 4.3%），人均收入上升至 6.43 倍（平均年增长 5.9%）。

所以，投资者持有黄金是有机会成本的，它可能会使自己错过一些好的投资机会。

2. 价格风险

黄金价格主要受美元、石油价格、国际局势和国际投机资金等因素影响，社会动乱、政局不稳等因素可能使金价在较大的范围内波动。例如，目前的中东社会动荡，就对黄金价格造成了一定影响。

金价大幅涨跌的另一个重要影响因素是投机。投机的趋利活动促使黄金市场表现良好。投机势力善于利用一切可以利用的信息，人为放大市场信号，制造欣欣向荣的市场景象，以此影响普通投资者的理性预期，吸引其进入市场，承担金价波动的风险。

3. 回购风险

我国实物黄金的回购渠道并不畅通。国外的黄金回购量占总需求量的 20% 左右，但在我国，这个比例还是个位数。这种不畅通的回购渠道导致黄金变现能力下降，加大了投资黄金的风险。

4. 经纪委托风险

这种风险是投资者在选择黄金投资公司进行委托的过程中产生的。客户在选择黄金投资公司时，应对公司的规模、资信、经营状况等作对比，最后确定最佳的公司。

另外，目前国内地下炒金相当猖獗，以广东为首，各种代理炒金的公司有上千家。这些公司其实是海外黄金投资公司的内地代理商，可以上门开户，让你把钱打到国内某银行账户，然后通过海外渠道打同等金额的外汇进入帮你开设的交易账户中。根据业内人士估算，每年从广东流入香港的地下炒金资金有上百亿元。这些资金的主要投资标的是伦敦金，具体交易方式是跟开户公司做对手交易。杠杆可以做到几百倍，跟赌博相近，非常有吸引力。因为从资金到交易都不透明，因此倾家荡产的不少。例如，在有"中国金城"之称的河南灵宝，黄金总产量突破100万两，那里很多村民非常富裕。当地人热衷炒金，有几个公司联手到那里发展客户炒金，1个村就被赚走几千万元。

2010年，央行、发改委、工信部、财政部、税务总局、证监会六部委曾联合发布文件规范黄金市场，严禁地下炒金。投资者应关注此类风险，避免踏入投资中的一些陷阱，谨慎投资。

5. 强行平仓风险

在保证金交易中，当风险达到规定程度时，公司会对客户的头寸强行平仓，如果价格波动较大，而客户的保证金不能在规定时间内补足的话，交易者可能面临强行平仓风险。

因此，投资者在交易时，要时刻注意自己的资金状况，防止由于保证金不足造成强行平仓，给自己带来重大损失。

黄金投资注意事项

1. 普通投资者是否适合投资纸黄金和 Au（T＋D）

纸黄金属于金融衍生品，它随着国际金价的走势而波动。纸黄金之所以日益受到投资者的青睐，是因为投资者买卖黄金不进行实物黄金交割，但可以通过把握市场走势低买高抛，从中获得价格波动的收益，不见真金照样"炒金"。目前，市场上的纸黄金投资产品越来越具有亲民性，交易门槛和单笔交易的最低要求都比以往有了大幅降低。这就意味着，即使你的资金量不大，也可以从黄金市场上分得一杯羹。

目前国内主要的纸黄金理财产品有：中行的"黄金宝"、工行的"金行家"以及建行的"账户金"等几种。纸黄金交易没有实金介入，是一种由银行提供的服务，以贵金属为单位的账户，投资者无须通过实物的买卖及交收而采用记账方式来投资黄金，由于不涉及实金的交收，交易成本较低；值得留意的是，虽然它可以等同持有黄金，但是账户内的"黄金"一般不可以换回实物，如想提取实物，只有补足足额资金后，才能换取。

Au（T+D），是指以保证金的方式进行的一种现货延期交收业务，买卖双方以一定比例的保证金（合约总金额的10%）确立买卖合约，该合约可以不必进行实物交收，买卖双方可以根据市场的变化情况，买入或者卖出以平掉持有的合约。国外有黄金保证金交易，当交易人参与交易时，无需支付合同的全部金额，而只需支付其中的一定数量（即保证金）作为操作交易的保障，一般将保证金定在黄金交易总额的10%左右。

国内的Au（T+D）和国外的黄金保证金交易都是双向操作，能做多做空，无论价格涨跌均有获利机会；保证金交易可以以小搏大，不需要缴纳任何税费，而股票需要缴纳印花税。但是，国内的Au（T+D）没有对个人开放，现在有很多投资公司声称自己是上海金交所的会员之类，可以让个人炒Au（T+D）。上海金交所的会员是不能对个人开放业务的，这些公司可能是会员的下级单位或者根本就是骗子，更有甚者承诺可以炒0.1手之类，投资者还是不要相信，应注意风险。

纸黄金是银行推出的，单边的交易点差（银行所收取的手续费）为0.4元/克，国际上的交易点差是0.5美元/盎司。对比一下点差，我们就知道银行的诡计在哪了。假设现在的美元兑人民币的汇率是6.80，1盎司=31.103481克；0.4元/克=（0.4/6.80）美元/（1/31.103481）盎司=1.82美元/盎司。可以看出银行的点差高出国际标准1.32美元，在纸黄金交易中，银行是永远的赢家。还有，银行的交易平台不是国际盘，是他们自己做的，漏洞较大。

总的来说，对普通投资者来说，纸黄金和Au（T+D）都是风险和收益不匹配，高风险低收益，并不是好的投资标的。

2. 黄金首饰品是否可以进行投资

目前，我国国内黄金投资的渠道狭窄，可以方便投资的品种非常少，造成社会民众与学者对黄金的知识了解有限。许多普通投资者迫切想投资黄金，却存在不少的认识误区，为此投资前必须先掌握以下知识。

在中国国内，老百姓平常所能看到的黄金制品，主要是黄金饰品。但黄金饰品并不是一个好的投资品种。黄金饰品具有美学价值，购买黄金饰品本身所支付的附加费用非常高，购买价格与黄金原料的内在价值差异较大，从金块到金饰，珠宝商要进行加工，要加上制造商、批发商、零售商的利润，最终到达购买者手中时这一切费用都由购买者承担。而卖出时，这部分费用只有购买者自己承担，所以黄金饰品的实际交易成本费用非常高。此外，金银首饰在日常使用中会受到不同程度的磨损，如果将旧金银饰品变现时，其价格要比原分量打折扣。

比如，2001年世界黄金价格处于近25年的历史最低位，平均价格为270美元/盎司，当时的黄金饰品价格为90元左右，而2005年黄金价格上涨到了480美元/盎司时，黄金饰品的市场价格为125元。假设当年购买黄金投资，单纯从黄金原料价格（参照美元价格）的角度看，投资收益率应该为77.8%。但如果投资者购买的是黄金首饰，2001年时的买入价格最低为85~95元/克，一般金商收购旧金的回购价格最高也不超过110元/克。可见，如果投资者投资黄金饰品，即使世界上黄金的价格上涨了许多，同样也无法享受到黄金上涨的收益，投资首饰性黄金获得的大量投资收益，都将消耗到各种中间成本中了。

总之，黄金饰品的收藏、使用功能要远远强于投资功能。很多人喜欢收藏金饰品，认为可以保值增值。而市场上的足金饰品都是经过加工的，虽然增加了附加值，但保值增值功能相对较弱，想在黄金价格上涨时变现也不容易。由于难以找到合适的买主，黄金饰品变现只能通过商家回购、典当行、首饰加工铺等渠道，还要支付不低的手续费。因此，如果希望通过黄金价格上涨实现资产增值，购买黄金饰品是不合适的。

3. 投资实物黄金要注意的事项

鉴于黄金投资的复杂性，普通大众比较适合的是投资实物黄金，并且，黄金投资在家庭资产中的比例不宜过大，尽量不要超过15%。黄金并不能像股票那样带来现金流，长期看只能保值，同时要学会根据自身风险承受能力量力而行。

对于资产量较大的投资者而言，可以投资资产15%之内的金条等实物黄金，通过黄金投资的避险、保值性来完善个人的投资组合，使自己的投资组合更加稳健，防范战争、社会动乱、经济动荡、货币体系崩溃、恶性通胀等极端的情况和风险。但没必要过多配置，因为黄金虽可以在极端的情况下保值保命，但没有生息的功能，不能带来现金流，并且会有存储费用、成本。所以，过多配置并无必要。

比如，目前，在经济危机已经过去、世界经济缓慢复苏、推高金价的避险需求逐步消退的大背景下，在自己的投资组合中过多的配置黄金，反而存在着较大的风险。

对普通投资者而言，最好的实物黄金投资品种就是直接购买投资性金条。金条的加工费低廉，各种附加支出也不高，标准化金条在全世界范围内都可以方便地买卖，并且大多数国家和地区都对黄金交易不征交易税；而且黄金是全球24小时连续报价，在世界各地都可以及时得到黄金的报价。

虽然投资性金条是投资黄金最合适的品种，但它并不包括市场中常见的纪念性金条、贺岁金条等，因为这类金条都属于"饰品金条"，它们的售价远高于国际黄金市场价格，而且回售麻烦，兑现时要打较大折扣。所以，投资金条之前要先学会识别"投资性金条"和"饰品性金条"。

一般来讲，投资性金条有两个主要特征：第一，金条价格与国际黄金市场价格非常接近（因加工费、汇率、成色等原因不可能完全一致）；第二，投资者购买回来的金条可以很方便的再次出售兑现。投资性金条一般采用由黄金做市商提出买入价与卖出价的交易方式。黄金做市商在同一时间报出的买入价和卖出价越接近，则黄金投资者所投资的金融性投资金条的交易成本就越低。

购买的金条或金砖，一定要确认是金融投资性金条，而不是饰品性工艺金条，一般的工艺性首饰类金条可以少量的购买用做收藏，但绝不适合作为金融投资品。只有金融投资性金条才是投资实物黄金的最好选择。

4. 根据自己的具体情况来选择适合自己的黄金投资品种

以黄金为标的投资品种很多，应酌情选择。黄金投资品种大致分为杠杆类和非杠杆类。杠杆类的黄金投资品种一般采取保证金交易方式，既可做多，也可做空，双向获利，比如上海期货交易所的黄金期货。而非杠杆类产品则和股票一样，只能在低位买多，然后高位抛出获利，如各家银行开设的纸黄金业务。投资者可根据自己的风险偏好和投资技能，选择适合的黄金投资产品。

对普通投资者而言，比较适合金条等实物黄金；而风险承受能力较高、交易能力强的投资者，可考虑投资杠杆类的产品，比如黄金期货、黄金期权等。

5. 实物黄金的投资渠道

对于一般的投资者来说，选择实物黄金无疑更实在，因此在我国，实物黄金是黄金交易市场上较为活跃的投资产品。那么，投资者可以通过哪些渠道投资实物黄金呢？

第一，金店是人们购买黄金产品的一般渠道。但是，一般通过金店渠道买金更偏重的是它的收藏价值而不是投资价值。比如购买黄金饰品是比较传统的投资方式，金饰在很大程度上已经是实用性商品，而且其在买入和卖出时价格相距较大，投资意义不大。

第二，可通过银行渠道进行投资，购买实物黄金，包括标准金条、金币等产品形式。还有上海金交所对个人的黄金业务目前主要通过银行来代理，而中国人民银行发行的熊猫金币，也通过银行代理销售。

第三，可以通过上海黄金交易所的代理机构，向上海黄金交易所购买金条。

第四，可以通过专业的黄金投资公司来购买实物黄金，如中金黄金、山东招金等。

第五，可以通过典当行来购买实物黄金。

此外，投资者还可通过黄金延迟交收业务平台投资黄金。黄金延迟交收业务指的是投资者按即时价格买卖标准金条后，延迟至第二个工作日后任何工作日进行实物交收的一种现货黄金交易模式。投资者既可以通过一些机构代理的上海黄金交易所的黄金延迟交收业务，购买实物金条，又可以通过延迟交收机制低买高卖，利用黄金价格的波动赢利，对于黄金投资者来说是不错的投资工具。

2

外 汇 投 资

外汇投资的种类

1. 外汇保证金交易

所谓外汇保证金交易，是指投资者用经纪商提供的信用进行外汇交易。经纪商一般可以提供 90% 以上的信用，换言之，投资者只要持有 10% 左右的资金（保证金）就可进行外汇交易，有的经纪商甚至宣称它的保证金的最低要求只有 0.5%，能使资金放大 200 倍。以日元为例，一天的波动大概是 0.7% ~ 1.5%，如果判断对外汇波动的方向，进行 24 小时的操作后，仅盈利部分最大可以达到投入交易资金的 2 倍。然而，外汇保证金交易是一把双刃剑，投资者很可能在一门心思赚钱时"割破自己的手指"。保证金的杠杆作用会令你的亏损扩大 200 倍，任何市场微小的波动都可能令你损失全部本金。在外汇保证金交易中，一旦损失超过了保证金的数额，保证金就会被经纪公司全部没收，这时唯一的办法就是追加保证金，但追加保证金就如一个"无底洞"，你的损失将会越来越大。据了解，从 1994 年开始，国家有关部门就明令禁止外汇期货和外汇保证金交易，所以参与外汇保证金交易的投资者得不到我国法律的保护，一旦发生纠纷或出现损失，投资者只能吃哑巴亏。但近几年管制有所放松，2006 年开始，已经有几家银行推出了外汇保证金交易业务，但在 2008 年被银监会叫停。现在外汇保证金交易中存在的最大问题就是资金的安全问题，由于外汇保证金经纪商良莠不齐，雁过拔毛、携款出逃的现象屡见不鲜。

2. 合约现货外汇交易

合约现货外汇交易指投资者委托从事外汇买卖的金融公司，与金融公司签订买卖外汇的合同，缴付小额的开户保证金，便可买卖十万美元、几十万美元甚至上百万美元的外汇。因此，这种合约形式的买卖只是对某种外汇的某个价格作出书面或口头的承诺，然后等到价格出现上升或下跌时，再做买卖的结算，从变化的价差中获取利润，当然也承担着亏损的风险。

外汇投资以合约交易的特点是节省投资金额。以合约形式买卖外汇，投资额一般不高于合约金额的 5%，而得到的利润或付出的亏损却是按整个合约的金额计算的。外汇合约的金额是根据外币的种类来确定的。每种货币的每个合约的金额是不能根据投资者的要求改变的。投资者可以根据自己定金或保证金的多少，买卖几个或几十个合约。每个合约的外币金额相当于 10 万美元左右，投资者利用 1000 美元的保证金就可以买卖一个合约，但必须在一天之内清盘。用 2000 美元的保证金可以做两天以上的投资，当外币上升或下降，投资者的盈利与亏损是按合约的金额即 10 万美元来计算的。

采取合约现货外汇交易买卖外汇特别要注意的问题是，由于保证金的金额很小，运用的资金却十分庞大，而外汇汇价每日的波幅又很大，如果投资者在判断外汇走势方面失误，就很容易造成保证金的全军覆没。以英镑为例，投资者用 1000 美元在 1.60000 价位买了一个合约的英镑。可是，买入之后，英镑没有上升，反而下跌，跌至 1.5850，这样，投资者的 1000 美元保证金全都赔掉了，如果英镑还继续下跌，投资者又没有及时采取措施，就会造成不仅保证金全部赔掉，而且还要追加投资。因此，合约现货外汇交易赚也赚得快，赔也赔得快。

3. 个人实盘外汇买卖（实盘交易）

由于外汇保证金交易在国内尚处在发展阶段，仅有几家银行有外汇保证金交易业务，目前国内大多数外汇投资者参与的是实盘交易。这里所讲的实盘交易，又称个人实盘外汇买卖，俗称"外汇宝"，它是由国内银行面向个人推出的，以个人所持外汇自由兑换其他种类外汇的交易。目前，工、农、中、建、交、招、兴业等银行都开展了个人外汇买卖业务。和保证金方式相比，银行个人外汇买卖业务采用实盘交易方式，也就是客户必须持有足额的需要卖出的货币，才能按照实时汇率买入想买的货币。因此，实盘交易没有卖空机制，也没有融资放大的机制，较国际通行的外汇保证金交易逊色不少，但由于银行仍根据国际外汇市场实时行情报价，因此每日的波幅仍然带来大量的交易机会，如果操作得当，仍然可以获得一定收益。虽然代理国外外汇交易平台的地下炒汇公司较多，但这种交易行为不仅无法受到法律的保护，还面临着非常大的风险。作为外汇投资者来说，还是应该以内地各大银行推出的外汇交易产品作为自己主要的选择。

外汇投资的特点

由于外汇保证金交易在国内尚未开放，目前国内大多数外汇投资者参与的是实盘交易，所以本节主要谈实盘外汇买卖的特点。

实盘外汇投资的优点主要在于：

第一，交易方式灵活多样。投资者可以通过柜台、电话、网上银行或自助终端进行外汇买卖，部分银行已开通24小时服务。

第二，交易币种较丰富齐全。个人外汇买卖币种目前一般有美元、日元、港币、英镑、欧元、瑞士法郎、加拿大元、澳大利亚元和新加坡元9种外汇。通常投资者可以直接进行共36种货币对之间交易。

第三，汇市信息全球同步。外汇买卖交易系统实现个人外汇买卖报价与国际市场上实时交易价格紧密相连，汇市新闻实时更新，专家汇评分析市场变化趋势。

第四，交易起点高低兼宜。实时交易和委托交易的起点金额由各分行根据当地市场情况自行确定，最低起点10美元或其他等值外汇。

第五，流动性好，交易方便。

第六，汇价公平，价格难以被操纵。由于股票投资受地区性限制，市场较小，股票价格容易受人为操纵；外汇市场是全球性的，难以被操纵，因此汇价比较公平，可大胆入市进行买卖。

外汇投资的主要缺点在于对个人投资者来讲，实质上都是投机，是零和游戏，风险较大。

在股票市场上，某种股票或者整个股市上升或者下降，那么，某种股票的价值或者整个股票市场的股票价值也会上升或下降，如中国平安的股票价格从100元下跌到50元，这样中国平安全部股票的价值也随之减少了一半。然而，在外汇市场上，汇价的波动所表示的价值量的变化和股票价值量的变化完全不一样，这是由于汇率是指两国货币的交换比率，汇率的变化也就是一种货币价值的减少与另一种货币价值的增加。从总的价值量来说，变来变去，不会增加价值，也不会减少价值。因此，外汇交易是零和游戏，是一种财富的转移。

影响汇率的因素

所有外汇交易均涉及一种货币兑换另一种货币，在任一时候，实际的汇率将主要由相应货币的供给与需求决定。对某种货币的需求意味着另一种货币的供给，同样，当提供某种货币时也意味着对另一种货币的需求。主要有如下因素影响货币的供给与需求，从而对汇率产生影响。

1. 国际收支的影响

国际收支是一国在一定时期内（通常是一年内）与外国的全部经济交易所引起的收支总额。这是一国与其他各国之间经济交往的记录。国际收支集中反映在国际收支平衡表中，该表按复式记账原理编制。

国际收支平衡表主要包括两个项目：经常项目和资本项目。

经常项目又称商品和劳务项目，指经常发生的商品和劳务的交易。其中包括有形的商品的进出口（即国际贸易）；无形的贸易，如运输、保险、旅游的收支；以及国际间的转移支付，如赔款、援助、汇款、赠予等。

资本项目指一切对外资产和负债的交易活动，包括各国间股票、债券、证券等的交易，以及一国政府、居民或企业在国外的存款。

在国际收支中，由本国政府或居民所支付的任何一项交易都作为赤字项，如进口、在国外保险公司保险、到国外旅游、赠予、购买外国的各种股票和债券、在国外银行存款等。反之，本国政府或居民从国外得到的收入都作为盈余项，如出口、外国人在本国保险公司保险、外国人来旅游、获得赠予、出卖各种股票和债券给外国人、外国人在本国银行存款等。

以经常项目和资本项目的总盈余项和总赤字项来算，如果总盈余项大于总赤字项，则国际收支有盈余；反之，则国际收支有赤字；如果总盈余项等于总赤字项，则国际收支平衡。当国际收支有盈余时，会有黄金或外汇流入；当国际收支有赤字时，会有黄金或外汇流出。

由此可见，国际收支状况取决于经常项目和资本项目。经常项目的赤字可以由资本项目的盈余来抵消，反之，也同样。如抵消后还有盈余或赤字，则会有黄金与外汇储备在国际间的流动。外汇的供给和需求体现着国际收支平衡表所列的各种国际经济交易，国际收支平衡表中的贷方项目构成外汇供给，借方构成外汇需求。一国国际收支赤字就意味着外汇市场上的外汇供不应求，本币供过于求，结果是外汇汇率上升；反之，一国国际收支盈余则意味着外汇供过于求，本币供不应求，结果是外汇汇率下降。在国际收支中，贸易项目和资本项目对汇率的影响最大。

简而言之，一国的国际收支状况将导致其本币汇率的波动。国际收支是一国居民的一切对外经济、金融关系的总结。一国的国际收支状况反映着该国在国际上的经济地位，也影响着该国的宏观经济与微观经济的运行。国际收支状况的影响归根结底是外汇的供求关系对汇率的影响。

由某项经济交易（如出口）或资本交易（如外国人对本国的投资）引起了外汇的收入。由于外汇通常不能自由在本国市场上流通，所以需要把外币兑换成本国货币才能投入国内流通，这就形成了外汇市场上的外汇供给。而由于某项经济交易（如进口）或资本交易（到国外投资）则引起外汇支出，因要以本国货币兑换成外币方能满足各自的经济需要，在外汇市场上便产生了对外汇的需求。

把这些交易综合起来，全部记入国际收支统计表中，便构成了一国的外汇收支状况。如果外汇收入大于支出，则外汇的供应量增大；如果外汇支出大于收入，则对外汇的需求量增大。外汇供应量增大，在需求不变的情况下，直接促使外汇的价格下降，本币的价值就相应的上升；当外汇需求量增大时，在供给不变的情况下，直接促使外汇的价格上涨，本币的价值就相应的下跌。

2. 通货膨胀的差异

通货膨胀是世界各国经济生活中所面临的一个难题，它对一国经济发展的诸多不利影响是很显然的，主要表现为四个方面：

第一，导致社会经济生活紊乱，国民经济比例严重失调。在通货膨胀情况下，不同商品的价格上涨程度不同，刺激着资本由价格上涨幅度小而利润率较低的部门向价格上涨幅度大而利润率较高的部门盲目转移，从而使某些部门畸形发展，造成国民经济比例失调。通货膨胀使投资结构扭曲，物价上涨导致大量资本由生产部门转向流通部门，生产性投资相对减少，从而引起生产衰退，加剧了供给不足、物价上涨的危机，把社会经济生活推向极度的紊乱状态之中。

第二，破坏了正常的贸易秩序。在通货膨胀情况下，由于物价上涨在地区间的不平衡，为投机活动创造了有利条件，从而造成商品盲目流转，以及城乡之间、地区之间和部门之间的不正常经济联系。同时，贸易往来秩序遭到破坏。通货膨胀的结果会相对提高国内的物价水平，这就削弱了出口行业的对外竞争能力，进而破坏正常的贸易秩序。

第三，影响财政收支平衡，造成货币流通严重紊乱，阻碍信用功能的发挥。在长期的通货膨胀影响下，国家财政会因生产萎缩和流通阻滞而缩减租税收入来源，并且会阻碍国家举债，从而减少财政收入。另一方面，财政预算支出则因物价上涨而需相应增加支出，支出扩大，财政收支不平衡就会发生。通货膨胀使货币不断贬值，人们对货币失去信心，流通中纸币成灾，货币流通严重混乱，以至危及货币制度。在通货膨胀的不断发展中，银行信用萎缩，企业货币需求却越来越大，造成资金供求矛盾日益尖锐，银行不能发挥信用中介职能。同时，通货膨胀破坏了利率的杠杆作用，金融市场的功能也难以发挥。

第四，物价上涨，使社会各成员工资收入增长不一致，因而其名义货币收入比例发生变化。同时，随着物价上涨，实际货币收入下降，而每个社会成员承受的价格上涨损失也是不平衡的。这样，通货膨胀通过价格上涨，实际上在社会成员之间强行进行再分配，而这种再分配往往是不合理、不公平的。因为通货膨胀所产生的分配效益对债权人、出租者、以工资和薪金为主的固定收入者、离休退休和社会保险金领取者的影响最大，而债务人、从事生产经营活动的企业和个人则是通货膨胀的受益者，如此，加剧社会矛盾，不利于生产发展和社会的安定。

国内外通货膨胀的差异是决定汇率长期趋势的主导因素，在不兑现的信用货币条件下，两国之间的比率是由各自所代表的价值决定的。如果一国通货膨胀高于他国，该国货币在外汇市场上就会趋于贬值；反之，就会趋于升值。

3. 利率的影响

利率是利息率的简称，是一定时期内利息额对借贷本金之比。所谓利息，是让渡货币资金的收益或使用货币资金的代价。利息的存在，使利润分为利息和企业主收入。

如果一国利率水平相对高于他国，就会刺激国外资金流入，由此改善资本账户，提高本币的汇率；反之，如果一国的利率水平相对低于他国，则会导致资金外流，资本账户恶化。

当一国的主导利率相对于另一国的利率上升或下降时，为追求更高的资金回报，低利率的货币将被卖出，而高利率的货币将被买入。由于相对高利率货币的需求增加，故该货币对其他货币将升值。

来看一个例子：假设有两国 A 和 B，它们都不实行外汇管制，资金可在两国间自由流动。作为 A 国货币政策的一部分，该国利率被上调了 1%，同时 B 国的利率水平不变。市场上存在着数额庞大的短期游资，这部分游资总在国与国之间流动以寻找最高利率的投资机会。当其他条件不变，而 A 国的主导利率上调，巨额的短期游资就会流入 A 国，以追求更高的利率。当游资从 B 国流出时，B 国货币将被卖出以兑换 A 国货币。这样，对于 A 国货币的需求上升，其结果是 A 国货币相对 B 国货币走强。

以上是对于两国间的情况，实际上，在市场国际化的今天，它同样实用于全球范围。多年来，资金的自由流动和外汇管制的消除是大势所趋。这种趋势为国际短期游资（有时称为"热钱"）的自由流动提供了极大的便利。需要指出的是，只有当投资者认为汇率的变动不会抵消高利率带来的回报后，才会将资金调往高利率的区域或国家。

4. 经济发展增长的差异

国内外经济增长的差异对汇率的影响是多方面的，经济的增长、国民收入的增加，意味着购买力的增强，由此会带来进口的增加；经济增长同时还意味着劳动生产率的提高，产品竞争力的增加，对进口商品的需求的下降。另外，经济增长也意味着投资机会的增加，有利于吸引外国资金的流入，改善资本账户。从长期看，经济的增长有利于本币币值的稳中趋升。

5. 市场预期

国际金融市场的游资数额巨大，这些游资对世界各国的政治、军事、经济状况具有高度敏感性，由此产生的预期支配着游资的流动方向，对外汇市场形成巨大冲击。预期因素是短期内影响外汇市场的最主要因素。

6. 货币管理当局的干预

各国货币当局为了使汇率维持在政府所期望的水平上，会对外汇市场进行直接干预，以改变外汇市场的供求状况。这种干预虽然不能从根本上改变汇率的长期趋势，但对外汇的短期走势仍有重要影响。

外汇投资中的风险及注意问题

1. 外汇投资中的风险

（1）零和游戏。对个人投资者来讲，外汇投资实质上都是投机，是零和游戏，风险较大。

（2）资金安全。交易中最重要的问题就是资金安全。外汇保证金交易在国内尚未开放，尽管近年来我国外汇管制政策有所松动——2006 年开始，已经有几家银行推出了外汇保证金交易业务，但在 2008 年被银监会叫停。目前外汇保证金交易仍在明令禁止的范畴内，只要政府一天不解禁，网上外汇保证金交易就是违法的。目前通过境外经纪公司进行的"地下交易"活动比较猖獗，这种交易行为不仅无法受到法律的保护，还面临着非常大的风险。

（3）市场风险。外汇市场24小时运转且没有涨跌幅限制，波动剧烈的时候在一天之内就有可能走完平时几个月才能达到的运动幅度。外汇的走势受众多因素影响，没有人能确切地判断汇率的走势。在持有头寸的时候，任何意外的汇率波动都有可能导致资金的大笔损失甚至完全损失。

（4）高杠杆风险。每种投资都包含风险，但由于外汇保证金交易采用了高资金杠杆模式，放大了损失的额度。尤其是在使用高杠杆的情况下，即便出现与你的头寸相反的很小变动，都会带来巨大的损失，甚至包括所有的开户资金。所以，用于这种投机性炒外汇的资金必须是风险性资金；也就是说，这些资金即便全部损失也不会对你的生活和财务造成明显影响。

（5）网络交易风险。虽然大部分经纪商有备用的电话交易系统，但外汇保证金交易主要还是通过互联网进行交易。由于互联网本身的特性，所以可能出现无法连接到经纪商交易系统的现象，在这种情况下，投资者可能无法下单，或无法止损现有的头寸，这将导致无法预料的亏损的出现。经纪商对此是免责的，甚至经纪商的交易系统出现死机他们也不会承担责任。同样，国内银行的实盘交易对于此类风险也是免责的，这在交易开户书的协议条款中写得清清楚楚。

此外，前面已经提到，无论是国内实盘炒外汇，还是国外外汇保证金交易，在某些特定时段（比如美国重大数据公布的时候，或者市场价格剧烈波动的时候）无法连接到经纪商的交易系统上进行交易的现象是较为普遍的，投资者应充分认识到此种风险。

2. 投资者在外汇投资中一定要注意的事项

（1）根据自己的风险偏好、风险承受能力等具体情况来决定是否进行外汇投资，以及投资的具体品种和资金比重。外汇投资本身是一项有一定风险的挑战，但它同时又可以为受过良好教育和有经验的投资人提供更多盈利的机会。但是在你真正决定投身于外汇交易市场之前，应该首先仔细考虑并明确你投资的目标，充分了解自身对风险的承受能力以及经验水平的高低，最重要的是，一定要在你可以承受的风险范围内进行投资交易。

（2）尽量选择内地各大银行推出的外汇交易产品。目前国内大多数外汇投资者参与的是银行推出的实盘交易。虽然代理国外外汇交易平台的地下炒汇公司较多，但这种交易行为不仅无法受到法律的保护，还面临着非常大的风险。作为外汇投资者来说，还是应该以内地各大银行推出的外汇交易产品作为自己主要的选择。

（3）在人民币升值的大背景下，注意汇率风险。

外汇投资中的常见问题

（1）**问**：个人实盘外汇买卖和个人虚盘外汇买卖有什么区别？

答：个人实盘外汇买卖，俗称"外汇宝"，是指个人投资者在银行通过柜面服务人员或其他电子金融服务方式进行的不可透支的可自由兑换外汇（或外币）间的交易。

个人虚盘外汇买卖，是指个人在银行交纳一定的保证金后进行的交易金额可放大若干倍的外汇（或外币）间的交易。

（2）**问**：个人实盘外汇买卖业务与传统的储蓄业务有什么不同？

答：传统的储蓄业务是一种存取性业务，以赚取利息为目的。个人实盘外汇买卖是一种买卖性业务，以赚取汇率差额为主要目的，同时投资者还可以通过该业务把自己持有的外币转为更有升值潜力或利息较高的外币，以赚取汇率波动的差价或更高的利息收入。

（3）**问**：哪些人可以进行个人实盘外汇买卖？

答：凡持有有效身份证件，拥有完全民事行为能力的境内居民个人，具有一定金额外汇（或外币）均可进行个人实盘外汇交易。

（4）**问**：个人实盘外汇买卖可交易货币有哪些？

答：目前，部分银行已开办个人实盘外汇买卖的各分支行可交易的外汇（或外币）的种类略有不同，但基本上包括美元、欧元、日元、英镑、瑞士法郎、港元、澳大利亚元等主要货币，有些银行还包括加拿大元、荷兰盾、法国法郎、德国马克、比利时法郎、新加坡元等货币。

（5）**问**：个人实盘外汇买卖可以进行哪些货币之间的交易？

答：投资者可以通过个人实盘外汇买卖进行以下两类的交易：一类是美元兑欧元、美元兑日元、英镑兑美元、美元兑瑞士法郎、美元兑港元、澳大利亚元兑美元（有的银行还可以进行美元兑加拿大元、美元兑荷兰盾、美元兑法国法郎、美元兑德国马克、美元兑比利时法郎、美元兑新加坡元）。另一类是以上非美元货币之间的交易，如英镑兑日元、澳大利亚元兑日元等，在国际市场上，此类交易被称为交叉盘交易。

(6) **问**：可交易货币之外的货币可否进行个人实盘外汇买卖？

答：不可以。投资者如需要对个人外汇买卖交易货币之外的货币进行兑换，银行个人外汇买卖柜台是不受理的。投资者可以到银行兑换柜台通过外币与人民币汇率进行套算。

(7) **问**：个人实盘外汇买卖中的基准货币指的是什么货币？

答：在个人实盘外汇买卖中，英镑、澳元和欧元兑美元的报价，英镑、澳元和欧元是基准货币，其余的货币兑美元的报价中，美元是基准货币。

(8) **问**：投资者手上只有人民币没有外币，可以进行个人实盘外汇买卖吗？

答：不可以。因为个人实盘外汇买卖是外币和外币之间的买卖，而人民币并不是可自由兑换货币，因此人民币不可以进行个人实盘外汇买卖。

(9) **问**：个人外汇买卖业务需要单交手续费吗？银行的费用是以何种形式体现的？

答：个人外汇买卖业务不需要单交手续费。银行的费用体现在买卖价格的不同上。

(10) **问**：个人实盘外汇买卖的报价如何产生？

答：银行根据国际外汇市场行情，按照国际惯例进行报价。个人外汇买卖的价格是由基准价格和买卖价差两部分构成。买价为基准价格减买卖差价，卖价为基准价格加买卖价差。因受国际上政治、经济因素，以及各种突发事件的影响，汇价经常处于剧烈的波动之中，因此投资者在进行个人实盘外汇买卖时，应充分认识到风险与机遇并存。

(11) **问**：外币现钞与现汇一样吗？

答：不一样。现钞通常指外币的钞票和硬币或以钞票、硬币存入银行所生成的存款。现汇主要是指以支票、汇款、托收等国际结算方式取得并形成的银行存款。

(12) **问**：个人外汇买卖为什么有现钞、现汇价格之分？现钞、现汇在个人实盘外汇买卖中是否用相同的价格？

答：外币现钞只能运送到国外才能起到支付作用，而运送现钞银行需承担运费、保费、利息等费用，所以银行一般要在个人外汇买卖价格上予以一定的区别。

目前，部分银行为了向广大居民进行个人实盘外汇买卖交易提供最大的优惠，除个别分行对个别货币有现钞、现汇价格之分以外，个人实盘外汇买卖现钞、现汇价格都是一样的。

（13）**问**：现钞、现汇之间可否通过个人外汇买卖业务互换？

答：根据国家外汇管理有关规定，现钞不能随意换成现汇。个人外汇买卖业务本着钞变钞、汇变汇的原则。

（14）**问**：个人实盘外汇买卖对交易金额有无特殊规定？

答：有。做个人实盘外汇买卖的投资者通过柜台进行交易，最低金额一般为100美元，电话交易、自助交易的最低金额略有提高。无论通过以上那种方式交易，都没有最高限额。为了最大可能地为投资者提供优惠，目前有些银行的最低金额在50美元或更低的水平。

（15）**问**：个人实盘外汇买卖有哪些交易手段？

答：投资者在目前已开办个人实盘外汇买卖的银行各家分行均可以通过柜台进行交易，有的银行还开办了电话交易、自助交易等。三种交易手段各有优点：柜面交易，有固定的交易场所，可感受到人气氛围，适合初涉外汇宝交易的投资者；电话交易，成交迅捷，并可异地操作，适合工作繁忙的白领投资者；自助交易，信息丰富，并提供多种技术分析图表，适合对外汇交易有一定经验的投资者。另外，网上银行也有个人外汇买卖业务。

（16）**问**：什么是个人实盘外汇买卖的电话交易？

答：个人实盘外汇买卖电话交易是指个人投资者在银行规定的交易时间内，使用音频电话机，按规定的操作方法自行按键操作，通过银行的个人外汇买卖电话交易系统进行的个人外汇买卖的交易方式。

（17）**问**：什么是个人实盘外汇买卖的自助交易？

答：个人实盘外汇买卖自助交易是指投资者在银行营业时间内，通过营业厅内的个人理财终端，按规定的方法自行操作，完成个人外汇买卖交易的方式。

（18）**问**：个人实盘外汇买卖的交易时间有多长？

答：如果投资者进行柜面交易或自助交易，交易时间仅限于银行正常工作日的工作时间，一般为9：00至17：00（有的银行可延长至21：00），公休日、法定节假日及国际市场休市均不办理此项业务。如果投资者进行电话交易，交易时间将适当延长，各省市的情况略有不同，一般为早8：30至21：00，有的银行可延长至次日凌晨，公休日、法定节假日及国际市场休市均不办理此项业务。

（19）问：进行个人实盘外汇买卖，需要办理什么手续？

答：如果投资者进行柜面交易，只需将个人身份证件以及外汇现金、存折或存单交柜面服务人员办理即可。如要进行电话交易或自主交易，则需带上本人身份证件、外汇现金、存折或存单，到银行网点办理电话交易或自主交易的开户手续后，才可进行交易。

（20）问：个人实盘外汇买卖有哪些交易方式？

答：目前有市价交易和委托交易两种。市价交易，又称时价交易，即根据银行当前的报价即时成交；委托交易，又称挂盘交易，即投资者可以先将交易指令留给银行，当银行报价达到投资者希望成交的汇价水平时，银行电脑系统就立即根据投资者的委托指令成交，目前此种交易方式只适用于电话交易、自助交易。

（21）问：委托交易有什么好处？

答：委托交易指令一经留出，就由银行的交易系统自动监控，市场水平一到，立即成交。因此，可帮助投资者在瞬息万变的汇市中捕捉到有利的价格水平。

（22）问：投资者可否委托银行代为决策和买卖？

答：不可以，银行不受理投资者委托的代理外汇买卖。

（23）问：个人实盘外汇买卖一旦成交，能否撤销？

答：不能。根据国际外汇市场惯例，外汇交易的步骤为询价、报价、成交、证实（交易汇率、买卖货币名称、买卖金额）。一旦成交，汇价水平、交易金额、交易币种等细节已经确定，对交易双方都具有约束力，不可以反悔，也不可以撤销。由于外汇市场瞬息万变，银行随时会将投资者买卖交易所形成的头寸汇总后，及时与国际市场平盘。即便投资者交易完成后市场汇率变化不大，由于银行也不能取消与国外银行所做的外汇交易，故也不能为投资者按当时成交价格进行冲账。因此，个人实盘外汇买卖一旦成交，不能撤销。

（24）问：个人实盘外汇买卖的清算方式是 T＋0 还是 T＋1？

答：T＋0。投资者进行柜面交易，及时完成了货币的互换。投资者进行电话交易或自主交易，在完成一笔交易之后，银行电脑系统立即自动完成资金交割。也就是说，如果行情动荡，投资者可以在一天内抓住多次获利机会。

（25）问：为什么有的时候外汇买卖价差会较平时大？

答：当外汇市场发生重大事件时，国际市场外汇汇率波动剧烈，价差加大，银行为防范风险也将适当调整外汇买卖价差。

（26）**问**：外汇交易中的"止损"是怎么回事？

答：投资者在进行个人实盘外汇买卖时，如果市场汇率向不利于投资者的方向变化，使投资者面临较大的汇率波动风险。为了防止损失进一步扩大，投资者应及时将头寸平仓。

（27）**问**：什么是外汇市场？

答：外汇市场是指由银行等金融机构、自营交易商、大型跨国企业参与的，通过中介机构或电讯系统联结的，以各种货币为买卖对象的交易市场。它可以是有形的——如外汇交易所，也可以是无形的——如通过电讯系统交易的银行间外汇交易。据国际清算银行最新统计显示，国际外汇市场每日平均交易额约为 1.5 万亿美元。

（28）**问**：谁是外汇市场的主要参与者？

答：外汇市场的参与者主要包括各国的中央银行、商业银行、非银行金融机构、经纪人公司、自营商及大型跨国企业等。它们交易频繁，交易金额巨大，每笔交易均在几百万美元，甚至上千万美元。外汇交易的参与者，按其交易的目的，可以划分为投资者和投机者两类。

（29）**问**：外汇市场是如何产生的？

答：在当代世界经济中，国际经济贸易往来是任何国家都不能离开的。伴随着商品、劳务以及资本在国际间的流动，各种为进行支付而跨越国界的货币运动就不可避免。国际经济交往形成外汇的供给与需求，外汇的供给与需求导致外汇交易，而从事外汇交易的场所，就称为外汇市场。随着世界经济一体化趋势的不断加强，国际外汇市场也日益紧密地联系在一起。

（30）**问**：全球主要有哪些外汇市场？

答：目前，世界上大约有 30 多个主要的外汇市场，它们遍布于世界各大洲的不同国家和地区。根据传统的地域划分，可分为亚洲、欧洲、北美洲等三大部分，其中，最重要的有欧洲的伦敦、法兰克福、苏黎世和巴黎，美洲的纽约和洛杉矶，澳洲的悉尼，亚洲的东京、新加坡和香港等。

每个市场都有其固定和独有的特点，但所有市场都有共性。各市场被距离和时间所隔，它们敏感地相互影响又各自独立。一个中心每天营业结束后，就把订单传递到别的中心，有时就为下一市场的开盘定下了基调。这些外汇市场以其所在的城市为中心，辐射周边的其他国家和地区。由于所处的时区不同，各外汇市场在营业时间上此关彼开，相继挂牌营业，它们相互之间通过先进的通信设备和计算机网络连成一体，市场的参与者可以在世界各地进行交易，外汇资金流动顺畅，市场间的汇率差异极小，形成了全球一体化运作、全天候运行的统一的国际外汇市场。

（31）问：世界最大的外汇交易中心在何处？

答：在伦敦。作为世界上最悠久的国际金融中心，伦敦外汇市场的形成和发展也是全世界最早的。早在一战之前，伦敦外汇市场已初具规模。1979 年 10 月，英国全面取消了外汇管制，伦敦外汇市场迅速发展起来。在伦敦金融城中聚集了约 600 家银行，几乎所有的国际性大银行都在此设有分支机构，大大活跃了伦敦市场的交易。由于伦敦独特的地理位置，地处两大时区交汇处，连接着亚洲和北美市场，亚洲接近收市时伦敦正好开市，而其收市时，纽约正是一个工作日的开始，所以这段时间交投异常活跃，伦敦成为世界上最大的外汇交易中心，对整个外汇市场走势有着重要的影响。

（32）问：为什么银行买入价低于卖出价？

答：银行买入价是指银行买入基准货币的报价。银行卖出价是指银行卖出基准货币的报价。买入价和卖出价的差价代表银行承担风险的收益。交易频繁的欧元、日元、英镑、瑞士法郎等，买卖差价相对较小，而一些交易清淡的币种差价就比较大。

（33）问：国际外汇市场上的汇率有几种表示方法？

答：一般有两种，直接标价法与间接标价法。

（34）问：什么是直接标价法？

答：直接标价法又称价格标价法，是以本国货币来表示一定单位的外国货币的汇率的方法。一般是 1 个单位或 100 个单位的外币能够折合多少本国货币。本国货币越值钱，单位外币所能换到的本国货币就越少，汇率值就越小；反之，本国货币越不值钱，单位外币能换到的本币就越多，汇率值就越大。在直接标价法下，外汇汇率的升降和本国货币的价值变化成反比例关系：本币升值，汇率下降；本币贬值，汇率上升。大多数国家都采取直接标价法，市场上大多数的汇率也是直接标价法下的汇率，如美元兑日元、美元兑港币、美元兑人民币等。

（35）问：决定外汇汇率走向的根本原因是什么？

答：外汇汇率的波动，虽然千变万化，归根到底是由供求关系决定的。在国际外汇市场中，当某种货币的买家多于卖家时，买方争相购买，买方力量大于卖方力量；卖方奇货可居，价格必然上升。反之，当卖家见销路不佳，竞相抛售某种货币，市场卖方力量占了上风，则汇价必然下跌。

（36）**问**：外汇供求是受周期性波动影响吗？

答：是的。外汇的供求矛盾常常存有周期性的循环，不同外汇有不同的周期；就是同一种外汇，在不同的时间过程，也存在不同的周期性趋向，如季节性的周期，汇价便经常由于一国的货币需求量或供应量的季节性变化，表现出循环的波动。

在出口旺季的月份，国外的进口商更需要增加该国的货币去购买产品，生产国的货币在外汇市场出现求大于供，在买方力量的推动下，货币便会升值；同样，在进口旺季时，该国的货币供应量出现大增，造成超额供应，其对外汇价便会下跌。这个因素可从过去的资料，利用统计学的方法去分析。

（37）**问**：国际收支出现逆差时，对本国货币的币值有何影响？

答：国际收支指一国在一定时期内对外国的全部经济交易所引起的收支总额的系统纪录，是影响汇率短期变化的重要因素。

当国际收支出现顺差时，外汇供过于求，外国货币与本国货币的比值就会下降。当国际收支出现逆差时，本国应付货币债务大于应收货币债权，外汇求过于供，外国货币与本国货币的比值就会上升，本国货币就会贬值。

在国际收支中，国际贸易的数据更为重要。如果贸易盈余不断增长，本国货币在国际市场上的信心以及需求都会增加，从而导致汇率上升；相反，庞大的贸易逆差不断增加，市场对货币的信心和需求就会下降，最终导致货币贬值。外贸数字连续逆差或逆差大幅增加，对市场心理的影响最强烈。

（38）**问**：大众的心理预期对外汇市场有何影响？

答：和其他商品一样，一国的货币往往会因为人们的预期而影响其对外汇价的升跌。这种人为因素对汇率的影响力，有时甚至比经济因素所造成的效果还明显。因此，经济学家、金融学家、分析家、交易员和投资者往往根据每天对国际间发生的事，各自做出评论和预测，发表自己对汇率走势的看法。

（39）**问**：政治因素对外汇市场有影响吗？

答：有。政治因素与经济因素是密不可分的。一个国家政局是否稳定，对其经济，特别是货币的汇率会产生重大的影响。无论是军事冲突，还是政治丑闻，都会在外汇市场留下重要的痕迹。

（40）问：中央银行如何干预外汇市场？

答：由于一国货币的汇率水平往往会对该国的国际贸易、经济增长速度、货币供求状况甚至于政治稳定都有重要影响，因此，当外汇市场投机力量使得该国汇率严重偏离正常水平时，该国中央银行往往会入市干预。中央银行在外汇市场上对付投机者的四大法宝是：直接在外汇市场上买卖本国货币或美元或其他货币；提高本国货币的利率；收紧本币信贷，严防本国货币外流；发表有关声明。各国中央银行通过这些措施，使得外汇市场上的投机者的融资成本大幅提高，迫使他们止损平仓，铩羽而归，以使汇率回到合理的水平。

以上四种方法，尤以中央银行干预外汇市场短期效力最为明显，往往是汇率剧烈波动的原因。个人实盘外汇买卖的投资者对此一定要非常注意。

期 货 投 资

期货交易概述

1. 期货交易的概念

期货交易是在现货交易的基础上发展起来的、通过在期货交易所买卖标准化的期货合约而进行的一种有组织的交易方式。

期货交易遵从"公开、公平、公正"的原则。买入期货称"买空"或称"多头",亦即多头交易,卖出期货称"卖空"或"空头",亦即空头交易。期货交易的买卖又称在期货市场上建立交易部位,买空称为建立多头部位,卖空称为建立空头部位。开始买入或卖出期货合约的交易行为称为"开仓"或"建立交易部位",交易者手中持有合约称为"持仓"。交易者了结手中的合约进行反向交易的行为称"平仓"或"对冲",如果到了交割月份,交易者手中的合约仍未对冲,那么,持空头合约者就要备好实货准备提出交割,持多头合约者就要备好资金准备接受实物。一般情况下,大多数合约都在到期前以对冲方式了结,只有极少数要进行实货交割。

期货是一种标准化的合约买卖,有买方合约和卖方合约之分,到交割期如果还持有这两种合约,就要履行相关的义务——交货或接货。如果不想买卖现货,就可以通过合约对冲来实现盈利了。举例如下:

例一,以玉米期货为例,比如后期价格看涨,你以现价买入卖方合约(假设价格2100),后期价格果然涨了(假设2200),这时你再买进一张卖方合约,这样,因为两张合约的义务正好是相反的,因此可以互相抵消,如此一来,你就什么义务都没有了,只有了100个点的差价。如果是后期价格看跌,两张合约的买卖顺序换过来就可以了。

例二,粮油公司于2011年1月在现货市场上预销10000吨大豆,2011年5

月交货，预销价是 4500 元/吨。该公司担心交货时大豆价格会上涨而不能保证实际利润甚至亏损，于是就在期货市场上买进 10000 吨大豆期货合约，价格是 4550元/吨。到 5 月份交货时，大豆价格上涨到 4900 元/吨，每吨比预销价高 400 元，势必引起亏损。由于现货和期货受同一经济因素的影响，二者价格具有趋同性，这时期货价格也上涨到 4950 元/吨，该公司以 4950 元/吨的价格卖出原来买进的全部合约，经过对冲，期货每吨盈利 400 元。

对期货合约所对应的现货，可以是某种商品，如铜或原油，也可以是某个金融工具，如外汇、债券，还可以是某个金融指标，如三个月同业拆借利率或股票指数。期货交易是市场经济发展到一定阶段的必然产物。

在期货市场中，大部分交易者买卖的期货合约在到期前，会以对冲的形式了结。也就是说买进期货合约的人，在合约到期前可以将期货合约卖掉；卖出期货合约的人，在合约到期前可以买进期货合约来平仓。先买后卖或先卖后买都是允许的。一般来说，期货交易中进行实物交割的只是一部分。

期货交易的对象并不是商品（标的物）的实体，而是商品（标的物）的标准化合约。期货交易的目的是为了转移价格风险或获取风险利润。

2. 期货交易的特征

期货交易建立在现货交易的基础上，是一般契约交易的发展。为了使期货合约这种特殊的商品便于在市场中流通，保证期货交易的顺利进行和健康发展，所有交易都是在有组织的期货市场中进行的。因此，期货交易便具有以下一些基本特征。

（1）合约标准化。期货交易具有标准化和简单化的特征。期货交易通过买卖期货合约进行，而期货合约是标准化的合约。这种标准化是指进行期货交易的商品的品级、数量、质量等都是预先规定好的，只有价格是变动的。这是期货交易区别于现货远期交易的一个重要特征。期货合约标准化大大简化了交易手续，降低了交易成本，最大限度地减少了交易双方因对合约条款理解不同而产生的争议与纠纷。

（2）场所固定化。期货交易具有组织化和规范化的特征。期货交易是在依法建立的期货交易所内进行的，一般不允许场外交易，因此期货交易是高度组织化的。期货交易所是买卖双方汇聚并进行期货交易的场所，是非营利组织，旨在提供期货交易的场所与交易设施，制定交易规则，充当交易的组织者，其本身并不介入期货交易活动，也不干预期货价格的形成。

（3）结算统一化。期货交易具有付款方向一致性的特征。期货交易是由结算所专门进行结算的。所有在交易所内达成的交易，必须送到结算所进行结算，经结算处理后才算最后达成，才成为合法交易。交易双方互无关系，都只以结算所作为自己的交易对手，只对结算所负财务责任，即在付款方向上，都只对结算所，而不是交易双方之间互相往来款项。这种付款方向的一致性大大地简化了交易手续和实货交割程序，而且也为交易者在期货合约到期之前通过作"对冲"操作而免除到期交割义务创造了可能。

（4）交割定点化。实物交割只占一定比例，多以对冲了结。期货交易的"对冲"机制免除了交易者必须进行实物交割的责任。国外成熟的期货市场的运行经验表明，由于在期货市场进行实物交割的成本往往要高于直接进行现货交易的成本，包括套期保值者在内的交易者多以对冲了结手中的持仓，最终进行实物交割的只占很小的比例。期货交割必须在指定的交割仓库进行。

（5）交易经纪化。期货交易具有集中性和高效性的特征。这种集中性是指，期货交易不是由实际需要买进和卖出期货合约的买方和卖方在交易所内直接见面进行交易，而是由场内经纪人即出市代表代表所有买方和卖方在期货交易场内进行，交易者通过下达指令的方式进行交易，所有的交易指令最后都由场内出市代表负责执行。交易简便，寻找成交对象十分容易，容易撮合成交，交易效率高，表现出高效性的特征。集中性还表现为一般不允许场外私下交易。

（6）保证金制度化。期货交易具有高信用的特征。这种高信用特征集中表现为期货交易的保证金制度。交易者在进入期货市场开始交易前，必须按照交易所的有关规定交纳一定的履约保证金，并应在交易过程中维持一个最低保证金水平，以便为所买卖的期货合约提供一种保证。保证金制度的实施，不仅使期货交易具有"以小搏大"的杠杆原理，吸收众多交易者参与，而且使得结算所为交易所内达成并经结算后的交易提供履约担保，确保交易者能够履约。

（7）商品特殊化。期货交易对期货商品具有选择性，而期货商品具有特殊性。许多适宜于用现货交易方式进行交易的商品，并不一定适宜于期货交易。这就是期货交易对于期货商品所表现出的选择性特征。一般而言，商品是否能进行期货交易，取决于四个条件：第一，商品是否具有价格风险，即价格是否波动频繁；第二，商品的拥有者和需求者是否渴求避险保护；第三，商品能否耐贮藏并运输；第四，商品的等级、规格、质量等是否比较容易划分。不同等级的，需要升贴水。

这是四个最基本的条件，只有符合这些条件的商品，才有可能作为期货商品进行期货交易。

3. 期货交易和期货市场的功能

（1）回避价格风险的功能。期货市场最突出的功能就是为生产经营者提供回避价格风险的手段，即生产经营者通过在期货市场上进行套期保值业务来回避现货交易中价格波动带来的风险，锁定生产经营成本，实现预期利润。也就是说，期货市场弥补了现货市场的不足。

（2）发现价格的功能。在市场经济条件下，价格是根据市场供求状况形成的。期货市场上来自四面八方的交易者带来了大量的供求信息，标准化合约的转让又增加了市场流动性，期货市场中形成的价格能真实地反映供求状况，同时又为现货市场提供了参考价格，起到了发现价格的功能。

（3）有利于市场供求和价格的稳定。首先，期货市场上交易的是在未来一定时间履约的期货合约。它能在一个生产周期开始之前，就使商品的买卖双方根据期货价格预期商品未来的供求状况，指导商品的生产和需求，起到稳定供求的作用。其次，由于投机者的介入和期货合约的多次转让，使买卖双方应承担的价格风险平均分散到参与交易的众多交易者身上，减少了价格变动的幅度和每个交易者承担的风险。

（4）节约交易成本。期货市场为交易者提供了一个能安全、准确、迅速成交的交易场所，提高了交易效率，不发生"三角债"，有助于市场经济的建立和完善。

（5）期货交易是一种重要的投资工具，有助于合理利用社会闲置资金。

4. 期货交易投资者分类

（1）投机交易者。"投机"一词用于期货、证券交易行为中，并不是贬义词，而是中性词，指根据对市场的判断，把握机会，利用市场出现的价差进行买卖，从中获得利润的交易行为。投机者可以买空，也可以卖空。投机的目的很直接——获得价差利润。但投机是有风险的。

根据持有期货合约时间的长短，投机可分为三类：第一类是长线投机者，此类交易者在买入或卖出期货合约后，通常将合约持有几天、几周甚至几个月，待价格对其有利时才将合约对冲；第二类是短线交易者，一般进行当日或某一交易节的期货合约买卖，其持仓不过夜；第三类是逐小利者，又称"抢帽子者"，他们的技巧是利用价格的微小变动进行交易，来获取微利，一天之内他们可以做多个回合的买卖交易。

投机者是期货市场的重要组成部分，是期货市场必不可少的"润滑剂"。投机交易增强了市场的流动性，承担了套期保值交易转移的风险，是期货市场正常运营的保证。

（2）套期保值者。套期保值就是买入（卖出）与现货市场数量相当但交易方向相反的期货合约，以期在未来某一时间通过卖出（买入）期货合约来补偿现货市场价格变动所带来的实际价格风险。

保值又可分为买入套期保值和卖出套期保值。买入套期保值是指通过期货市场买入期货合约，以防止因现货价格上涨而遭受损失的行为；卖出套期保值则指通过期货市场卖出期货合约，以防止因现货价格下跌而造成损失的行为。上文例子中的粮油公司，就是套期保值者。

套期保值是期货市场产生的原动力。无论是农产品期货市场，还是金属、能源期货市场，其产生都是源于生产经营过程中面临现货价格剧烈波动而带来风险时自发形成的买卖远期合同的交易行为。这种远期合约买卖的交易机制经过不断完善，如将合约标准化、引入对冲机制、建立保证金制度等，从而形成现代意义的期货交易。企业通过期货市场为生产经营买了保险，保证了生产经营活动的可持续发展。可以说，没有套期保值，期货市场也就不是期货市场了。

（3）套利交易者。套利是指利用相关市场或相关合约之间的价差变化，在相关市场或者相关合约上进行方向相反的交易，以期在价差发生有利变化而获利的交易行为。

套利一般可分为三类：跨期套利、跨市套利和跨商品套利。

跨期套利是套利交易中最普遍的一种，是利用同一商品但不同交割月份之间正常价格差距出现异常变化时进行对冲而获利的，又可分为牛市套利（bull spread）和熊市套利（bear spread）两种形式。例如，在进行金属牛市套利时，交易所买入近期交割月份的金属合约，同时卖出远期交割月份的金属合约，希望近期合约价格上涨幅度大于远期合约价格的上涨幅度；而熊市套利则相反，即卖出近期交割月份合约，买入远期交割月份合约，并期望远期合约价格下跌幅度小于近期合约的价格下跌幅度。

跨市套利是在不同交易所之间的套利交易行为。当同一期货商品合约在两个或更多的交易所进行交易时，由于区域间的地理差别，各商品合约间存在一定的价差关系。例如，伦敦金属交易所（LME）与上海期货交易所（SHFE）都进行阴极铜的期货交易，每年两个市场间会出现几次价差超出正常范围的情况，这为交易者的跨市套利提供了机会。例如，当 LME 铜价低于 SHFE 铜价时，交易者可以在买入 LME 铜合约的同时，卖出 SHFE 的铜合约，待两个市场价格关系恢复正常时再将买卖合约对冲平仓并从中获利；反之，亦然。在做跨市套利时应注意影响各市场价格差的几个因素——运费、关税、汇率等。

跨商品套利指的是利用两种不同的但相关联商品之间的价差进行交易。这两种商品之间具有相互替代性或受同一供求因素制约。跨商品套利的交易形式是同时买进和卖出相同交割月份但不同种类的商品期货合约。例如，金属之间、农产品之间、金属与能源之间等都可以进行套利交易。

交易者之所以进行套利交易，主要是因为套利的风险较低，套利交易可以为避免始料未及的或因价格剧烈波动而引起的损失提供某种保护，但套利的盈利能力也较直接交易小。套利的主要作用，一是帮助扭曲的市场价格回复到正常水平，二是增强市场的流动性。

期货交易的风险

1. 经纪委托风险

即投资者在选择和期货经纪公司确立委托过程中产生的风险。投资者在选择期货经纪公司时，应对期货经纪公司的规模、资信、经营状况等对比选择，确立最佳选择后与该公司签订《期货经纪委托合同》。投资者在准备进入期货市场时必须仔细考察、慎重决策，挑选有实力、有信誉的公司。

2. 流动性风险

即由于市场流动性差，期货交易难以迅速、及时、方便地成交所产生的风险。这种风险在投资者建仓与平仓时表现得尤为突出。如建仓时，交易者难以在理想的时机和价位入市建仓，难以按预期构想操作，套期保值者不能建立最佳套期保值组合；平仓时难以用对冲方式进行平仓，尤其是在期货价格呈连续单边走势或临近交割时，市场流动性降低，使交易者不能及时平仓而遭受惨重损失。因此，要避免遭受流动性风险，重要的是投资者要注意市场的容量，研究多空双方的主力构成，以免进入单方面强势主导的单边市。

3. 强行平仓风险

期货交易实行由期货交易所和期货经纪公司分级进行的每日结算制度。在结算环节，由于公司每天都要根据交易所提供的结算结果对交易者的盈亏状况进行结算，所以当期货价格波动较大、保证金不能在规定时间内补足的话，交易者可能面临强行平仓的风险。除了保证金不足造成的强行平仓外，还有当投资者委托的经纪公司的持仓总量超出一定限量时，也会造成经纪公司被强行平仓，进而造成投资者强行平仓的情形。因此，投资者在交易时，要时刻注意自己的资金状况，防止由于保证金不足造成强行平仓，给自己带来重大损失。

4. 交割风险

期货合约都有期限，当合约到期时，所有未平仓合约都必须进行实物交割。因此，不准备进行交割的投资者应在合约到期之前将持有的未平仓合约及时平仓，以免于承担交割责任。这是期货市场与其他投资市场相比较为特殊的一点，新入市的投资者尤其要注意这个环节，尽可能不要将手中的合约持有至临近交割，以避免陷入被"逼仓"的困境。

5. 市场风险

投资者在期货交易中，最大的风险来源于市场价格的波动。这种价格波动给投资者带来交易亏损的风险。因为杠杆原理的作用，这种风险相应的被放大，投资者应时刻注意防范。

期货交易的品种及期货投资注意的事项

1. 期货交易的品种

目前，国内有4家期货交易所，分别是：上海期货交易所、大连商品交易所、郑州商品交易所、中国金融期货交易所。主要的交易品种有大豆、豆粕、小麦、铜、铝、天然橡胶、沪深300股指，如表12-1所示。

表 12-1 各期货交易所交易品种

交易所	交易品种
大连商品交易所	大豆、豆粕、豆油、玉米、棕榈油、聚乙烯、聚氯乙烯
上海期货交易所	铜、铝、天胶、锌、黄金、螺纹钢、线材、燃料油
郑州商品交易所	白糖、小麦、菜子油、棉花、早籼稻、PTA
中国金融期货交易所	沪深300股指

2. 入市前的准备工作

入市进行期货投资很简单，在期货公司开户就可进行投资。但投资者在入市交易之前，还应做些准备工作：

（1）要认识到期货交易也是一种零和游戏，对绝大部分普通投资者来说，没有套期保值需求，是投机行为。要根据自己的风险偏好和风险承受能力来决定是否应该投资期货，如果投资，投资占自己资产多大的比重。

（2）要有心理上的准备。期货价格无时无刻不在波动，必然是判断正确的获利，判断失误的亏损。因此，入市前做好盈亏的心理准备是十分必要的。

（3）知识上的准备。期货交易者应掌握期货交易的基本知识和基本技巧，期货交易的分析方法主要有两种：一种是基本分析法，即分析影响商品供求关系的基本因素，如国家的经济政策、经济环境，替代品的状况乃至气候等，据此判断价格的可能走势。另一种是技术分析法，即根据期货价格历史数据在图表上的反映，通过归纳分析，以预测未来的价格趋势。

对期货交易进行分析、制定合适的策略，了解所参与交易的商品的交易规律，正确下达交易指令，使自己在期货市场上处于赢家地位。

（4）市场信息上的准备。在期货市场这个完全由供求法则决定的自由竞争的市场上，信息显得异常重要。谁能及时、准确、全面地掌握市场信息，谁就能在竞争激烈的期货交易中获胜。

（5）拟订交易计划。为了将损失控制到最小，使盈利更大，就要有节制地进行交易。入市前有必要拟订一个包含止损方案在内的交易计划，作为参加交易的行为准则。

怎样让自己的钱再生钱
——投资规划

第 13 章

收藏、民间借贷投资

收 藏 投 资

收藏投资概述

收藏品分为自然历史、艺术历史、人文历史和科普历史四类，具体分为文物类、珠宝、名石和观赏石类，钱币类、邮票类、文献类、票券类、商标类、徽章类、标本类、陶瓷类、玉器类、绘画类。

收藏品一般包括艺术品。艺术品笼统地可分为中国书画、瓷器、工艺品、油画、雕塑、当代艺术、影像艺术、古籍善本、碑帖法书、邮品、钱币、铜镜、珠宝翡翠、钟表等。根据估算，现在收藏品的种类已经超过了 2000 种。在拍卖市场上，其拍卖标的有文物，也有艺术品，也有既不是文物也不是艺术品的。

观复博物馆馆长马未都认为："我国历史上有过多次收藏热，统计起来大约有五次：第一次是北宋时期；第二次是晚明时期；第三次是大家熟知的康乾盛世；第四次是晚清到民国初期；第五次就是今天。今天的收藏热，我们每一个人都可以感受到它给我们带来的愉悦。"

根据不完全统计，1990 年以来，国内已有千余种收藏类图书公开出版，数十种收藏类期刊公开发行，百余种综合性报纸开辟了收藏类专版。

关于收藏品市场迅猛发展的另一个间接证据是，中央电视台"经济频道"的"鉴宝"节目。这个在非黄金时段播出的节目，从第 1 期开播就创下了 0.33% 的收视率（收看人数超过 40 万人，仅次于当时"经济频道"收视率最高的节目"非常 6 + 1"）。"鉴宝"节目在中央电视台"经济频道"的收视率也一直稳居前三位。

所谓"乱世藏金银，盛世兴收藏"。近年来，收藏品已经成为继证券和房产之后的第三大投资热点。事实上，国外的许多银行都将收藏品作为资产配置的重要组成部分，借此规避金融市场风险。例如，德意志银行（Deutsche Bank）的收藏规模就蔚为壮观，甚至比许多专业美术馆的收藏品数量还要多。德意志银行花了 30 多年的时间收藏了以当代艺术为主的 56000 余件收藏品，并将这些收藏品陈列在德意志银行遍布 65 个国家的 850 家分行。在位于德国法兰克福的德意志银行总部，总部办公大楼 55 层楼中的每一层都以一位艺术家的名字命名。在位于英国伦敦的德意志银行办事处的 60 间会议室也都以弗洛伊德（Freud）、里希特（Richter）等英国和德国艺术家的名字命名，墙上展示的则是他们的作品。此外，瑞士银行（Swiss Bank）、英国富林明投资银行（Robert Fleming Group）、意大利圣保罗银行（San Paolo Imi）、澳大利亚西太平洋银行（West Pacific Bank），以及亚洲地区的新加坡大华银行（United Overseas Bank）、泰国泰华农民银行（Kasikorn Bank）、中国台湾玉山银行（R. SunBank）等金融机构也一直都在进行着收藏品投资。不仅如此，包括瑞士联合银行集团（Union Bank of Switzerland）、德意志银行（Deutsche Bank）、荷兰银行（ABN Amro）、摩根大通银行（JPMorgan Chase & Co.）、花旗集团（Citi Group）和摩根士丹利集团（Morgan Stanley Group）在内的世界重要金融机构都先后推出了收藏品投资的咨询服务，并且为投资者提供相应的金融支持。总的来看，收藏品的投资收益率确实非常可观。

随着中国经济持续高速增长，民间收藏在不断升温。据不完全统计，全国涉足收藏的人数多达 8000 万人。2010 年全年共有 20 件中国艺术品拍卖价格超过 1 亿元人民币，几乎全部刷新了中国艺术品前十名的价格纪录。

目前收藏热的原因主要有以下几点：

第一，经济的持续发展，社会财富的快速增长，人民的富裕程度提高。

第二，中国收藏品市场如文物与艺术品市场恢复和兴起。

第三，货币流动性泛滥，一些资金转移到收藏品市场中来，使收藏品投资成为一种新的投资形式，从而将收藏品市场开拓成为投资市场中的又一重要阵地。

有的人从事收藏是出于兴趣爱好，但更多的人加入收藏大军主要还是为了投资获利。对此，许多收藏者并不忌讳或否认。一些从股市转战到收藏品领域的人干脆把名人字画称为"挂在墙上的股票"。把金融投资的理念移植到收藏品领域，是二战后兴起的一种国际化趋势。中国的文物与艺术品市场恢复晚，起点低，潜力大，自然是资本运作的较好场所。在收藏品拍卖市场上，不断刷新的"天价"近年来几乎就没有断过，较高回报率令许多投资者怦然心动。

影响收藏品价格的因素

1. 政治因素和社会环境

收藏品并不是生活必需品，艺术品的消费群体有限，消费弹性很大。因此，中国自古就有"盛世收古董，乱世藏黄金"的古训。当社会政治稳定、天下太平时，富裕起来的一部分人就开始玩起了陶冶性情、修身养性的艺术品。玩的人多了，社会相沿成风，收藏品价格节节攀升。反之，兵荒马乱的灾难社会，黎民百姓性命不保，衣食无着，即使喜爱古玩字画，也不会有心情附庸风雅。而且，他们会把手中不易保存的古玩字画快速变现，折成金银，窖藏起来。

近些年，在一些地方多次发现金银或铜钱的窖藏，大抵是在兵荒马乱之中，主人把数代积蓄深藏于地下，由于时代久远，地貌变迁，藏窖的主人和嫡亲后人相继辞世，巨大的财富就永远深藏于地下，只是近年来城市建筑大兴土木，才见天日。有些无法变现而易窖藏的瓷器玉器被深埋于地下，很多甚至永远失去出土套现的机会，就更难论其价格了。因此，盛世收藏，乱世窖藏，成为中国古代的社会现象之一。

战争是对和平的毁灭，连同毁灭的是与和平相连的时尚。第二次世界大战使欧洲多数国家陷入炮火。为了逃避战乱，一大批艺术家、收藏家携带着古玩艺术品进入了偏安一隅的瑞士，并以最低廉的价格售出，瑞士随即出现了多家专营艺术品的拍卖公司，现在瑞士巴塞尔仍然有许多来自德国和其他欧洲国家的艺术品。

二战期间，特别是法国被占领以后，严重地削弱了巴黎长期以来作为世界艺术之都的地位，法国及欧洲国家一大批艺术家随着难民潮移居美洲大陆，特别是以移民为主体的美国。当时欧洲最流行的超现实主义团体几乎都来到了美国，大批的欧洲现代艺术品以极低廉的价格流落美国，成为美洲大陆第一次全民的艺术启蒙。战后活跃于二十世纪五六十年代的抽象表现主义艺术，就是在这样的基础上发展起来的。抽象表现主义的出现，不仅使美国成为战后西方艺术运动的"领头羊"，而且颠覆了长期以来欧洲作为世界艺术中心的地位。

除战争之外，对艺术品最大的摧残当数集权统治者、宗教极端势力和法西斯政权。20 世纪 30 年代，随着德国希特勒和纳粹党的兴起，德国以及欧洲的现代主义艺术遭受劫难。他们视现代主义艺术为颓废、堕落的艺术，大肆损毁现代主义艺术作品，残酷迫害所有不支持纳粹的艺术家，艺术家们有的被送进了纳粹集中营，有的被迫逃离德国。1937 年，德国慕尼黑首次举办了堕落艺术画展，梵高、毕加索、马蒂斯的作品被从画框中取出，和精神病院的病人图画随意挂在一起，到德国各地巡回展出，吸引了数以百万计的观众。德国表现主义运动的核心人物，著名画家埃内斯·基尔希纳被视为堕落艺术的代表人物而于 1938 年自杀身亡。当时价值连城的表现主义艺术作品不仅无人问津，且难逃被损毁的命运。

与地震、水灾、瘟疫等自然灾害相比，战争、暴政、极端势力才是艺术创作和艺术品市场发展的主要障碍，也是影响艺术品价格的重要因素。

2. 生产量

例如珍珠在古代极为稀少，价格极高，只有身份尊贵的人才能佩戴得起，而在近代，由于珍珠养殖技术的发展，产量大增，现在的珍珠被大量地买卖，价格也大大降低了。

3. 存世量、储藏量或再生速度

在收藏中，孤品的价格往往高得令人咂舌，就是因为它的存世量太小，导致的供求关系极度的不平衡。

宝石因为储量极少而使价格极高，而且矿物质不可再生，全世界的供应量都很有限，随着经济发展，价格仍有上涨趋势。有些可再生收藏品，由于生长周期很长，也几乎等同于不可再生资源，如黄花梨木、红珊瑚等。这些收藏品如果没有意外事件发生，在今后很多年内看不到有降价的可能。收藏品之所以能够保值升值，就是因为其稀缺性，清代有"一两田黄三两金"之说。但是有些宝石因为炒作等因素，价格涨到离奇，投资这种宝石的风险很大。

实际上对于想通过投资收藏品保值增值的人来说，并不希望收藏品供应量增加，只有稀缺的东西才有收藏价值。对于收藏品来说，最大的威胁来自技术高超的仿制品。

4. 经济发展状况

古代陶朱公有句名言："荒年米贵，丰年玉贵。"意思是说荒年人们连饭都吃不饱，于是抛售玉石、绸缎等贵重物品，以换取食物，造成米贵玉贱。而丰年食物充足并有余，人们不为生活忧虑，有精力追求精神生活，玉帛等精美物品受到追捧，因而玉帛价格大涨。可见，经济状况越好，收藏品市场会越兴旺。

收藏品市场是最能直接体现经济景况的"晴雨表"。当一个国家的经济收入达到一定标准，人们有剩余财富的时候，收藏品市场才会兴旺稳定地发展。有资料表明，通常人均年收入达到 8000 美元时，才有可能形成艺术品收藏兴趣。

5. 社会观点、习俗和审美观点

人是一种社会性动物，社会上流行的观点影响人们的价值观点和取舍行为。例如，在"文革"时，人们都以无产为光荣，以勤俭朴素为光荣，以奢侈享乐为可耻。这种观点走上了极端，很多精美的收藏品、古董、古建筑被当作"四旧"遭到毁坏。百货商场根本没有黄金珠宝柜台，人们不敢追求美，怕被当做小资或修正主义而遭批判。那时很多珠宝玉石、古董都不值钱，也没有市场。

而改革开放后，收藏品市场从逐渐恢复走向火爆，百货商场往往有大面积柜台陈列着标价几千元、几万元甚至几十万元一块的翡翠、和田玉、钻石等珠宝。很多宝石产地面临过度开采而造成资源枯竭，宝石价格更是涨到离谱。

又如，梵高的画作在生前卖不出去，而后来又卖出天价。这也和社会审美观点有一定关系。

6. 金融资本对收藏品市场的介入程度

中国民生银行在 2007 年争取到第一个"艺术基金"的招牌，也就是说银行将介入艺术基金的发行。2010 年 12 月 16 日，刚刚完成募集的国内首只"书画投资信托基金"进入深圳文化产权交易所。"中信文道·中国书画投资基金"是国内首只针对中国书画类艺术品实物投资的信托产品。2010 年 11 月 22 日，天津文化艺术品交易所正式启动并正式投入运营，这标志着在中国投资领域，除股票、基金、期货等常规金融产品之外，崭新的艺术投资产品诞生。

让中国的金融资本介入中国收藏品市场，让中国收藏品市场有充足的资本保障，这对中国收藏品市场有很大的扶持作用，有利于收藏品市场的后续发展。

7. 加工技术

精湛的加工技术能大幅提高宝石的精美程度和艺术价值，激发人们的收藏欲望。

收藏品投资的风险

1. 假货、仿制品的风险

假货风险是投资收藏品中最主要的一条。在有待规范的市场行为中，一个困扰中国收藏界的问题就是假拍卖。一些拍卖公司、画廊、博物馆、经纪人为利益驱使，不断制造虚假拍卖，虚假"天价"，虚假繁荣，甚至出现了拍卖公司雇托、委托人雇托、画家雇托的怪现状。如沈阳出现的天价"第一"拍闹剧，委托人和购买人同为一人，遭到世人的批评。又如，2002 年 3 月，德国人约翰在徐悲鸿纪念馆文之杰中心花 9 万元买下画家徐悲鸿、袁江、陈少梅、马晋和刘奎龄的 5 幅画，后发现全部为赝品。他愤而要求退款，该中心答应调换，但经鉴定，换回的 3 幅画仍是仿制品。

2005 年 3 月，珠海市博物馆举行的"国之瑰宝——黎雄才关山月作品展"突然遭遇尴尬一幕：两位艺术家的后人在现场指认，参展的 38 幅作品全部为赝品。

在高额利润的刺激下，文物与艺术品市场的造假行为愈演愈烈。

中国收藏品造假已经形成了相对完整的产业链，这是一个不争的事实，尤其是近年来，随着中国收藏热潮的兴起，收藏品造假在全国"遍地开花"，越来越多的假收藏品源源不断地流入到全国各大收藏品市场，造成假货泛滥，收藏业遭遇诚信危机。

很多收藏品贩子专门到这些地方以极低的价格收购甚至是定制高仿文物、仿制收藏品，然后流通到大城市的收藏品市场，以假乱真。目前在大城市收藏品市场上有几个类别的仿制文物、仿制收藏品渠道：一是由仿制文物、仿制收藏品的地方厂家直接在该市设立销售点，这些销售点往往直接标明自己出售的是仿制文物、仿制收藏品；二是将这些仿制的文物出售给该市的文物、收藏品代销店；三是进入拍卖公司，通过高价拍卖的方式得到收藏和流传。

2. 品相风险

收藏品的品相，好比是人的相貌，在市场交易中，品相好的收藏品可以卖出大价钱，品相差的收藏品价钱就会相对很低，如刚刚退出流通领域的第三套人民币中的第一版一角券，挺版、无污迹、无折痕的价钱就比一张六七成新、品相差些的贵 2~3 倍。其他收藏品也一样，一定要注意收藏品的品相好坏，收藏品的品相好坏会使价格相差很大。因此，规避品相风险相当重要。

3. 价格风险

各种收藏品的价格不像股票行情一样能够一目了然，不同的地区受不同地域的影响，同一种收藏品也会有不同的价格，比如你手中持有一枚"建国十五周年"纪念币，在你所在的地区能卖到七八十元，或许在其他地区就能卖到 100 多元，甚至更高。因此，作为一名收藏者，一定要读懂全国各地收藏市场的行情，更需要积累关于收藏的相关经验，否则，你就会交不应该交的学费。

4. 保管风险

受气候及一些人为因素的影响，各种收藏品都会面临保管风险，一些收藏品不仅不能受潮，也不能受热，尤其是邮票、纸币、字画等还要防折皱、虫蛀和各种水和化学物品浸湿或腐蚀，也要禁止用手摸。投资者对自己的收藏品一定要小心保管，经常加以查看，否则，品相可能就会大打折扣，甚至变得一文不值。不注重保管方式是收藏者经常所忽略的。许多收藏品所要求的苛刻的温度、湿度等收藏条件，是收藏中的较大的风险。

5. 流动性风险

有的收藏品种易投资，而变现能力难。在收藏时也要注意交割能力风险，在收藏时要注意投资收藏市场上走俏的品种，对收藏市场上不容易变现的收藏品尽量少收藏或不收藏。遇到收藏市场行情低迷时，流动性差的收藏品就更不容易找到接盘人，一旦烂在自己手中，会造成资金积压，想及时抛出再投资其他收藏品，就会有困难。有一些收藏品种被人为炒起来做"击鼓传花"的游戏时，收藏者尤其要警惕此类风险。

收藏品投资注意事项

1. 专业知识必不可少

要认识到，收藏品投资是一件非常复杂的事情，需要非常专业的知识。没有一定的知识和经验积累，根本不适合进入收藏品投资市场。而知识和经验积累的时间，短则几年，长则数十年。

投身股市，比的是看谁慧眼识"真股"，倘若你总能发现蓝筹股和黑马，钞票就会流向你的口袋。收藏品市场也一样，比的是"眼力"，你的眼力好，奇货珍品经常走进你的宝库；否则，你会与珍品永世无缘。因此，古玩市场里到处是"捡漏"与"走眼"的故事。

曾有一位邮票收藏界的老手王先生，在初入邮市的前5年，几乎年年亏损。当时有家机构坐庄，他们用低价慢慢吸筹一种邮票后，再在一个地区大量收购这种邮票，拉高价格，然后在另一个地方高价出货，王先生就上了当。当时他守着满箱的邮票哭都哭不出来。先不说挑选邮票品种的专业，就连收藏都有很多门道，不能太干，不能太潮，不是一般人能伺候得了的。

作为一个成功的收藏者，系统的历史、民俗、文学、考古、工艺美术和社会知识是必不可少的。收藏需要具备"慧眼"，这种"慧眼"不是一朝一夕炼成的，而是日积月累，不断学习、不断总结经验后才可能具备的。只有虚心学习，不耻下问，才能不断提高鉴藏水平。

从事收藏应做到眼勤，多看多学；腿勤，多跑多问；脑勤，多思多想。

首先，要学会取经于典籍，以书为师。大量阅读收藏类书籍、报刊和浏览收藏类网站，尤其是要选择一些权威性著作精读、细读。

其次，要取经于真品，学会以物为师。不少收藏专家指出，仅仅只是学习相关理论是不够的，练就一双鉴宝的慧眼还需和真品古玩"亲密接触"——经常到博物馆、文物商店、古玩店、画廊、地摊和拍卖会接触实物，增加感性认识，把书上抽象的文字转化成形象鲜活的内容，牢记在脑海里。

最后，还要加强与藏友和专家的交流，做到以友为师。共同分享收藏知识和心得非常重要，藏友不论年龄长幼，职位高低，能者为师，有疑虑和不懂的地方，虚心向朋友求教。文博专家对收藏知识的系统性掌握，古玩商贩对藏品的识别能力和对行情的把握，藏友对某项收藏的知识经验，都是值得我们学习的内容。

这些专业知识的积累是一个循序渐进、逐步提升的过程，它没有捷径可走。真正有心从事收藏活动的人士，只有潜心研究鉴赏知识，了解市场动态、行情，才能懂得对繁杂的古旧物品有所甄别、取舍，才能少花冤枉的学费。

收藏品投资要求投资者自身必须具有较高的专业性、技术性和雄厚的资金支持，对每一件投资品有鉴别能力，清晰了解该投资品的市场情况、价格水平，还要有能力把握运作时机等。只有这样，才能在收藏品市场上淘到"金子"。

2. 选择具有潜在吸引力的收藏品

选择具有潜在吸引力的收藏品时，一定要坚持"真、精、新"的收藏理念，不要捡到篮子里的都是"菜"。

"真"和"精"很容易理解，"新"，指作品品相的完好如新。

如果一个人想要投资收藏品，那么，在他购买收藏品时，就不得不认真考虑这些收藏品的市场评价、交割能力、存世数量、品质高低和品相好坏等，以便能在日后顺利转让，获得令人满意的收益。套用英国著名经济学家凯恩斯的一句话，我们可以将收藏与投资的重要区别概括为：收藏是购买自己喜欢的东西，而投资则是购买别人感兴趣的东西。

从某种意义上讲，收藏者的投资对象实际上是收藏品的未来。换句话说，收藏者投资成败的关键，在很大程度上取决于这些收藏品所具有的潜在吸引力。

基于以上的投资理念，收藏者在选择收藏品的时候，应该购买那些能够在不久的将来获得足够吸引力的收藏品。以抗日战争题材期刊和连环画在 2005 年的市场表现为例，由于其题材备受关注，加之史料价值明显、群众基础广泛、市场价格偏低等原因，成为收藏者追捧的热点。2005 年 5 月，在北京海王村拍卖公司主办的拍卖会上，抗战题材的期刊火爆异常，无论是竞买者的人数，还是最终成交的价格总额，较之以往拍卖会都有明显增长。例如，邹韬奋主编的《抗战》杂志（共 56 册）和日文版的《满洲事变号外及画报》（3 册）就分别以 11000 元和 5500 元的价格成交。

对于收藏者而言，选择真正具有潜在吸引力的收藏品并非易事。美国一位画商曾经透露，他每年都会从大约 1000 多位画家中筛选出 50 位，但是，在逐一走访完这些画家之后，他通常只会展出 5 位画家的作品，而最终能够真正建立起业务合作关系的，可能只有 1 人。因此，选择具有潜在吸引力的收藏品是非常难的。当然，选择具有潜在吸引力的收藏品，实际上也有不少技巧。以书画投资为例，关键之一在于选择获得吸引力的书画家。这些书画家不仅具有一定的艺术实力，还应该具有商业上的运作意识。

3. 学会在收藏中找到快乐，从而提高自己的收藏投资水平

孔子曰："知之者不如好之者，好之者不如乐之者。"兴趣是最好的老师，它使投资者不知疲倦地能学习很多收藏方面的知识，从而提高自己的鉴赏水平。

其实，收藏本身的过程赋予了投资者最大的幸福和快乐，所以投资者做收藏应该更多的从兴趣出发，学会把收藏与兴趣相结合，这样才会乐此不疲，心情愉快。

4. 注意保持良好的心态

所谓的良好心态，就是积极的、理性的投资心态。在投资中，投资者要理性地分析要投资的项目，如它的可行性分析、投资中的风险等。那些侥幸的、盲目乐观或过于谨慎的做法都是不可取的投资心理。从客观上说，投资收藏品只能以自己的财力、精力、爱好为出发点进行，以平常心待之，有取有舍，量力而行。

投资者要看重藏品的收藏价值和艺术品美的意韵，而不能仅仅只强调其市价值，把收藏品当成"一夜暴富"的提款机。近年来拍卖市场的泡沫已经出现，假拍、流拍事件时有发生，价格虚高的现象严重，入场交易须当心风险。

另外，不要以检漏的心态去收藏，漏往往也是大陷阱。应多看、多听、多思考，少动手、慢动手、看准了再动手，避免盲目与冲动。

5. 防范收藏品投资中的风险

收藏市场纷繁复杂，有淘宝的机会，也有重重的陷阱，是一个高风险的市场，投资者必须加深收藏品投资中的风险的了解。这包括政策法规的风险、操作失误的风险和套利的风险。

（1）政策法规的风险。文物商品是特殊商品，我国为此制定了相关的法律《文物保护法》。它对馆藏文物、民俗文物、革命文物都有具体的界定，尤其是对文物的收藏和流通所作出的相关具体规定，应引起市场参与者的重视。例如，《文物保护法》明令禁止买卖出土文物，地下出土文物归国家所有。但这一条被许多人视而不见。尽管有的出土文物的经济价值不大，买卖价钱相当低廉，但这事情是非常严肃的，不属于经济范畴，而是属于法律的范畴。

（2）操作失误的风险。就一般的收藏品投资者而言，操作失误是指以真品的价格买了仿造品，或是以高出市场的价格买了真品。二者的区别在于后者有可能随着需求的变化，获得某些补偿、回报；而前者却只能使你亏损，回本无望。以收藏作为理财手段，即便由专业人士操作，在操作正确无误的情况下，都难免受到社会经济环境和供需要求等客观因素的影响导致回报预期无法兑现，更何况是不具有专业鉴赏知识、对市场操作认识肤浅的爱好者，参与买卖古玩操作失误的风险就尤其明显了。

（3）小圈子炒作设套的风险。客观地讲，古玩市场毕竟是一个不健全的、有待完善的交易市场。买与卖之间能否做到公平、公正地交易，较大程度上取决于参与者对市场的参与和认知程度。搞小圈子收藏，容易遇到设套，杀熟等高成本支出。

在投资前，参与者必须提前对这些风险有足够的了解和认识，切忌盲目进入市场。

6. 确立自己的收藏目的

制定投资计划，不三心二意，半途而废，不跟风追风，确保收藏周期的可控性及资金的延续性。

7. 认识到收藏品投资是一种非常特殊的投资

收藏品投资的风险非常高，门槛也非常高。因为需要收藏者或投资者有相当的经济实力和浓厚的兴趣爱好，需要有相当的知识修养和审美能力，或者有可以利用的社会知识文化的背景和资源。所以，一般的社会群体、普通投资者是不大可能也不适合去进行真正意义的收藏品投资的。

收藏要考验"三力"，即眼力、财力和魄力，不但需要辨伪、断代以及根据国内外拍卖行情估价，还要通过理论和实践的积累，从历史价值、艺术价值及科学价值方面判断收藏品的好坏。

我们经常见到一些虔诚的艺术品爱好者拿着一件十分粗俗的赝品当至美的珍品把玩，也经常看到颇具实力的企业家一掷千金收藏的"国宝"只是一件低档的仿制品。

市场的低端部分则主要是一些有一定的经济收入，又有强烈的兴趣爱好，并有一定的艺术鉴赏能力的人。一般的爱好者由于经济实力和艺术鉴赏能力的不足，要想涉足艺术品收藏和投资是很困难的事情。即便涉足也很容易因为走眼或缺乏专业知识而血本无归，被市场残酷地淘汰。

随着高端投资者对收藏品的偏好比重在增加，部分收藏品在升温。收藏品实际上具有小众投资属性，它面对的是高端人群，而随着高端消费群体的增多，收藏品市场的空间也在逐渐打开。在通胀预期下，收藏品投资是比较稳妥的；是一种可以长线持有的投资品种。

随着中国富人群体的快速增加，对收藏品市场的影响和需求日益凸显。此外，对通胀预期的担忧，也在一定程度上推动了收藏品市场持续升温。

从资本属性来看，收藏品作为一个投资品种，与资本市场的关联度远低于股票、基金等。因此，对较富有且有足够艺术鉴赏能力、适合投资收藏品的投资者而言，将收藏品配置为自己投资组合中的一部分，有助于对冲资本市场投资标的风险，从而降低整个投资组合的风险。

收藏投资看似利润丰厚，但其风险也很高，且需要长线投资，流动性较低，所以即便是较富有且有足够艺术鉴赏能力、适合投资收藏品的投资者，在收藏品上的投资比例也不宜过高，控制在家庭总资产的 10% 之内较为适宜。

大多数投资者不具备专业知识和鉴赏能力，但如果想进入收藏品市场，选择收藏品投资基金，通过信托的形式间接参与收藏品投资，也是一个不错的选择。

这种类似基金的形式，既能让投资者参与到收藏品市场，又能弱化投资的风险。只是，在降低风险的同时，投资者的收益也相对较低。

收藏品投资并不是所有人都能参与的，这个市场和股票市场有很大的不同。某种程度上，收藏品更具有高端人群的专属性，当收藏品有更高的市场价值时，背后需要足够的资本支撑。从趋势上可以看到，富裕人群更热衷于收藏品，这和他们的经济实力、风险承受能力以及追求长期投资价值有关。

如果选择收藏品投资基金，则要甄别管理团队以往的运作经验和能力，因为团队的能力对投资人的收益影响非常大。

另外要认识到，在制度层面尚有待完善。收藏品投资基金不同于股票、基金等有证监会机构进行监管、指导，有些民间的收藏品投资基金是缺乏制度约束和监管的。尽管来自于金融机构，比如银行发行的以收藏为主的理财产品由银监会监管，但市场上还存在大量的非金融机构以外的投资基金，并没有明确的监管主体和游戏规则。所以，还是尽量选择银行等金融机构发行的以收藏为主的理财产品，或者可靠的非金融机构以外的投资基金，来间接投资收藏品。

当然，普通投资者也可以根据自己的爱好兴趣，选择收藏价值不高、冷门的收藏品，因为这些收藏品也可能会在若干年后变成热门，价格扶摇直上。这种收藏行为主要和兴趣有关，且无法有预期收益率，所以它近似于消费行为，不在投资的范畴了，在此不再赘述。

2

民间借贷投资

民间借贷概述

1. 民间借贷的概念

民间借贷是指公民之间、公民与法人之间、公民与其他组织之间借贷。只要双方当事人意见表示真实即可认定有效，借贷产生的抵押相应有效，但利率不得超过人民银行规定的相关利率。根据《合同法》第 211 条规定："自然人之间的借款合同约定支付利息的，借款的利率不得违反国家有关限制借款利率的规定。"同时根据 1991 年《最高人民法院关于人民法院审理借贷案件的若干意见》的有关规定：民间借贷的利息可适当高于银行利率，但最高不得超过同期银行贷款利率的 4 倍，超出部分的利息法律不予保护。

民间借贷是一种直接融资渠道，它是民间资本的一种投资渠道，是民间金融的一种形式。

中国经济的问题之一就是宏观价格扭曲。一个例子就是利率偏低，即资金的价格偏低，其结果是老百姓补贴银行和企业。这里可以算一笔很简单的账：目前中国的居民存款余额已经约为 30 万亿元人民币。2011 年 5 月一年期的存款利率是 3.25%，最新的通货膨胀率是 5.5%，真实利率是 −2.25%。官方的通货膨胀率数据一向是偏低的，真实的通货膨胀率可能会在 9% 左右，也就是说，真实利率可能在 −5.75% 左右。

换句话说，30 万亿元存一年，中国的老百姓实际意义上至少要损失 5700 亿元人民币，可能会损失在 15000 亿元左右。这还不是事情的全部。中国的资本回报率其实是相当高的，根据测算，一年真实的回报率在 10% 左右是可以保证的，因此 30 万亿元变成贷款放出去，一年产生 3 万亿元的真实回报没有太大问题。只是，老百姓不仅没有看到 3 万亿元，还要损失 6750 亿 ~17250 亿元，这一里一外可能就是 36750 亿 ~47250 亿元人民币，人均 2800 ~3600 元一年。从这里就不难理解中国的很多企业和银行效益为什么那么好了。这些企业和银行一年拿着老百姓36750亿～47250亿元的隐性补贴，这些钱中的不少最后又流进了很少一部分人的口袋。

因此，民间借贷从某种程度上讲，是对银行体系利率偏低的一种纠正，是正规金融渠道的一种补充。

近年来，我国市场经济逐步完善且迅猛发展，创造了大量的社会财富，聚集了大量的民间资本。与此同时，民间借贷等民间金融日渐活跃，已经成为一种普遍存在的经济现象。作为一种资源丰富、操作简捷灵便的融资手段和正规金融的有益补充，民间借贷已成为中小企业及"三农"经济获得资金支持的重要渠道，成为我国经济发展中不可或缺的因素。

2. 网络借贷的概念

网络借贷就是个人或企业通过互联网进行的投融资活动，是民间借贷活动的一种。

随着经济发展以及收入水平提高，人们的物质需求也相应提高，对资金的需求逐步增加，比如租房、装修、买电脑、旅游等，已经出现了一个庞大的资金需求群体。这一群体以注重生活品质和消费但积蓄不多的白领为主，他们收入较高、工作较稳定、有信用观念，是小额融资的优质客户。但是一般传统的银行却因为种种原因，无法满足这一群体对小额资金的需求。

另外，中小企业融资由于具有额度小、频度高、用款时间急等特点，随着经济发展，在现有的金融结构和体制下，融资难的现象也愈演愈烈。

在此背景下，近年来多家小额贷款公司应运而生并逐步壮大，如渣打银行推出了"现贷派"无担保个人贷款业务，平安保险推出了"易贷险"。

借鉴国外的网络借贷公司，国内又出现了数家做得较好的网络借贷公司，如宜信、拍拍贷、融资城、红岭创投等。众多机构染指这一领域，也从侧面反映出其市场潜力较大。

国内几家网络借贷业务平台的简介

1. 宜信

总部北京，总裁是号称"尤努斯的中国门徒"的唐宁。

宜信是一种类似银行模式的运营模式，像一家没有执照的银行，它既可以提供高于银行收益的理财产品（年收益一般不低于12%）吸引一部分投资者，又经营起了银行的放贷业务。

从资金借出者的角度看，它的特点是低风险、低收益，但高于银行收益。

它的盈利模式较强。目前宜信已把它的模式复制到全国数十家大中小城市，建立了全国性的服务网络。2010年5月已获得风投机构凯鹏华盈的投资。

网址：http：//www. creditease. cn/

2. 拍拍贷

总部在上海。

运营模式是只作为为投融资双方服务的一个第三方平台。它的特点是独立出来，抛开交易的任何一个环节，蜕变成一个孤零零的平台，借出者与借入者自行完全交易。

它的盈利模式较弱，但风险承受能力较强。

网址：http：//www. ppdai. com/

3. 红岭创投

总部深圳。

红岭创投的特点是深度介入投融资双方的投融资活动中去，如果融资者逾期还款，它代偿本金。

它的盈利模式一般，但风险承受能力较弱。

和众多新兴的平台一样，红岭创投还处于摸索的阶段。

对资金借出者而言，代偿本金是个有吸引力的措施，但并不等于因此就没有风险了，原本借出者关心的是借入者身上的风险，现在变成了关心网站本身的风险，如果坏账大规模爆发，再大的网站也会被拖垮。只要网站不出现大规模的坏账，红岭的运营就不会出现大的问题。

网址：http：//www. my089. com/

4. 融资城

总部深圳。

融资城的融资方主要是中小企业，并且金额较大，单笔金额有的可达到数千万元。

它平台上有的业务是把借款方的需求打成融资包，由投资者申购。

网址：http：//www. 352. cn/

网络借贷业务非常有发展潜力。在互联网上，号称"私人金融领域的淘宝"的新型融资模式——P2P（即"peer – to – peer"或"person – to – person"，指个人对个人）的金融服务，正在给传统商业银行造成冲击和影响。在欧美乃至亚洲，已经出现一批这样的 P2P 借贷公司，足有几十家之多，部分企业已经有了上市的计划。其中，名气较大的是成立于 2006 年 2 月的繁荣市场（Prosper Marketplace Inc）虽然是一家只有 2 岁的新生企业，但是却凭着一亿美元以上的交易额，吸引了全世界的关注。

2008 年，由于美国证券交易委员会（SEC）决定将一些 P2P 融资工具当作证券来管理，使得这种业务的前景突然暗淡下来，很多 P2P 贷款公司都关闭了，Prosper 也关闭了自己的贷款平台 6 个月左右。不过，加州要开明些，向 Prosper 开了绿灯，允许该公司重新开业，并允许其经营最新的被称为 Open Market（开放市场）的服务，该服务可让任何金融机构证券化贷款组合并转售给 P2P 贷款公司。

随着中国的金融管制逐步放

13 收藏·民间借贷投资

国外比较著名的P2P借贷网站

Lendingclub http://www.lendingclub.com （Facebook出身）

Zopa http://www.zopa.com （英国最大的p2plending网站）

Prosper http://www.prosper.com （美国最大的p2plending网站）

MicroPlace http://www.microplace.com （ebay的小额信贷网站）

Kiva http://www.kiva.org全球小额信贷标杆网站

开，在中国巨大的人口基数、日渐旺盛的融资需求、落后的传统银行服务状况下，这种网络借贷新型金融业务有望在中国推广开来，获得爆发式增长和长足发展。

目前，网络借贷还处在发展阶段，模式还尚待进一步成熟完善，发展成成熟的理财投资渠道尚需时日，所以仅适合部分风险承受能力较强的投资者尝试投资，或者是普通投资者将其作为传统投资渠道的有益补充。

投资民间借贷中的注意事项

1. 要考虑借款人的信誉和偿还能力

如果是个人，不但要看对方的固定资产、经济收入等情况如何，还要看对方平时为人怎样，信誉如何。如果借款人有过赖账的劣迹，就要坚决拒绝。切莫因碍于面子、听信花言巧语或贪图高息而盲目出借。应主要考虑借给办厂（产品销路好）、经商（生意兴隆）的个体户、小企业以及一时资金周转出现困难的人。

如果是通过借贷平台来进行民间借贷，要考量该平台的盈利模式是否较强、风险承受能力是否较强、信用是否良好。另外，还要看借款人的相应情况。

2. 借款手续必须完备

俗话说，"亲兄弟，明算账"，这样才能避免将来可能发生的争议。首先，最好能采取书面形式，由借款一方立借据，交给债权人保管。如果实在要采取口头方式，则最好请两个以上无利害关系的人到场作证；其次，借据一般应详细载明双方的姓名、借款金额（大小写均应清楚明确）、期限、利息、还款时间等基本条款；再次，同一借款如遇须顺延的情形，应立新借据，不要嫌麻烦。另外，夫妻或家庭中以一人的名义借款给别人使用，一定要注明其用途，并署上夫妻双方、家庭成员的姓名。

如果是企业，也要办理完备的借款手续。

3. 善于使用担保和抵押，降低风险

如果借款金额较大，而借款人的偿还能力或信用又有疑问，最好能用借款人的财产作抵押，如房产、有价证券、车辆等（以上须到有关部门办理登记手续方始有效），或者请第三人作保证。这样就避免了借款人无力还债，债权人血本无归的可能。

4. 要看借款用途是否合法

我国《民法通则》第90条规定，合法的借贷关系受法律保护。对于明知借款人是为了赌博、贩毒、吸毒、嫖娼或贩卖枪支等非法活动而借款的，法律不予保护。即使起诉到法院，债权人的诉讼请求不仅会被驳回，借款也有可能被没收。

5. 不能收取高额利息

《合同法》第211条规定，自然人之间的借款合同约定支付利息的，借款的利率不得违反国家有关限制借款利率的规定。《最高人民法院关于审理借贷案件的若干意见》规定，民间借贷的利率可适当高于银行利率，但最高不得超过同期银行贷款利率的4倍。同时，利息不得计入本金计算复利，也就是通常所说的"利滚利"、"驴打滚"，超出部分的利息和复利不受法律保护。

6. 注意"诉讼时效"的规定

我国《民法通则》规定了诉讼时效期为2年，即如果借款期限届满，债务人不履行，而债权人却不闻不问超过2年，该债权将不受法律保护。因此，一旦债务到期，债权人应及时追索，要求还债，或者重新开具借据，注明新的时间以延长时效，延长后的时效仍为 2 年，但不能无限期地延长，累计最多不超过 20 年。

7. 情势发生重大变化时，债权人应立即采取相应措施，避免损失

当债务人重病、失踪、死亡，或分家析产、离婚，或经营失败，故意转移、隐匿财产来逃避债务时，债权人应密切关注动态，调查核实真实情况，掌握财产线索，及时要求其履行债务。如果其拒绝，应及时向法院提起民事诉讼。

8. 追讨欠款要依法

如果借款人不讲信誉，逃账赖账，债权人切莫采取扣押人质、强抢货物等过激方式，要正确运用法律武器来维护自己的合法权益。依照《民事诉讼法》的规定，对于事实比较清楚、数额不大的债权债务关系，债权人可以向法院申请支付令，直接要求债务人偿还债务，必要时，法院可以施行强制执行措施。如果债务人对债务提出异议，债权人应及时向人民法院起诉，起诉时最好一并申请财产保全，防止债务人转移、隐匿、变卖财产，避免将来官司打赢后无财产可供执行，最终落个"竹篮打水一场空"。

总起来讲，部分个人投资者可以把民间借贷作为重要的投资方式，民间借贷的回报较高，但其潜在的风险也很大，所以一定要谨慎，注意选择有实力的借款者和可靠的借贷平台。

如果自己的风险偏好更保守，则可以考虑分散化投资，关注以下两种和借贷有关的投资标的：委托贷款是很接近民间借贷的一种贷款方式，即借贷双方协商利率，然后到银行办理相关手续，银行负责对这笔借款的催收等事宜，因为有银行的见证和介入，风险相对会小一些。有些信托产品其实也与借贷有关，某一个项目要融资，这个项目的所在单位可以委托信托公司开发信托产品，然后通过银行募集资金。对购买信托产品的投资者来说，会得到比银行存款利率要高的收益；对于项目标的单位来说，则能拿到比银行贷款要低的利率。因此，如果有合适的信托产品，个人投资者也可以适当关注。

如何进行教育、退休
养老、财产分配与
传承规划

第 14 章

教 育 金 规 划

为什么要进行教育金规划及特点

教育金规划的理由

子女教育金规划是指为支付子女教育费用而预先制定的计划，在家庭支出计划中占有重要地位。

市场对高素质劳动力的需求增大，接受良好的教育成为提高自身本领和适应市场变化的重要条件。有数据表明，文化程度越高的就业者，薪资水平越高，就业收入的增长也越快，很多人希望通过接受更高水平的教育来获取政治、经济、文化与社会利益。人才市场的激烈竞争使得人们在教育方面不断增加投入。教育费用的持续上升，家长在为子女筹备未来教育经费时，需要进行教育金规划。父母把独生子女视为掌上明珠，强烈的择校愿望和日渐增加的教育支出的矛盾，使得教育金规划成为个人理财规划的重要内容。如事先进行了子女教育金规划，带给孩子的将是一个光明的未来。

教育投资规划的好处有以下几点：

• 帮助投资者在未来的日子里，不用担心子女因支付不起学费而无法上大学；

• 使投资者不会因为要为教育筹资而被迫推迟退休；

• 减少投资者因子女的教育费用而负债的可能性；

• 使得投资者子女不必在就学期间因考虑还贷等问题而对自己的学业、课程选择造成大的影响；

• 使得投资者子女不必在就业初期为偿还大学费用贷款而拼命工作。

教育金规划的特点

教育投资相对一般的物力投资，具有期限长、回收慢、额度大、效益难以测定且不够明显等特点。作为家庭这种特殊人际关系氛围中的教育投资，又有自身的鲜明特色。

1. 期限长

一般的物力资本投资，少则几日、数月，多则数年，即可使其营运获益，收回投资，并有明显收益。人力投资则不同，将一名婴幼儿从零岁（或负1岁，即胎儿期开始）培育为初级劳动力，需要10多年时间，再令其继续深造到高中、中专毕业到从事就业，需要近20年时间，若培养到大学、研究生毕业，成长为一名高级劳动力，则需要20多年，时间漫长。

2. 金额大

子女的培养、抚育乃至教育费用，是一笔巨额开销，根据今天的生活水平，人均年消费支出以8000元计，20年即是16万元，若再培养到大学、研究生毕业就业，数额还得再翻一番。这还只是直接费用，若再考虑父母为抚养教育子女所花费的劳动、时间、精力及情感的巨大付出，考虑这笔巨额费用历经20余年的货币时间价值，成本更高。在深圳流行一种说法，某人生养了一个孩子，亲朋好友纷纷祝贺，有一句贺词是"恭喜，负债100万元"。这就是说，小孩出生，父母即对孩子未来的成长、培育、教育等欠负了100万元的债务。难怪众多的白领人士选择做丁克族。

3. 回收期长，回收速度慢

人力投资的期限很长，且愈易剧增的投入，并无相应产出，故回收期也很长。且大学生初始毕业就业后，工资收入还只能处于较低状态，工作多年后，薪酬才会有较大增长。故将全部投资完全得以收回时，常需就业后10多年间，或还会因各种原因，投资终生也难以完全收回。

4. 父母投资，子女受益

作为一般的投资事项，谁投资谁受益、多投资多受益是天经地义，投资人也就是受益人。家庭教育投资则因其投资额度大、期限长、回收慢，且被投资人在被投资的过程中，从始至终完全无经济能力，必须有他人代为其投资。投资人投入巨额款项，却很少会有回报，至少是很难有等额回报并取得投资收益。父母投资，儿女受益。这种"赔本"事项只有在父母子女这种特殊的人际关系中出现，这就是广大经济学家和社会学家广泛称道的"家庭内的利他主义"。

5. 具有时间刚性，时间弹性很小

子女到了一定年龄就要念中学，就要念大学，不像购房规划，若财力不足可延后几年，或是退休规划，若储备养老金不足也可以延后几年退休。目前大学学位已经变成在社会工作的重要门槛，也成为父母必须提供给子女的基本教育。因没有时间弹性，更有必要做提早准备。

6. 具有费用刚性，费用弹性较小

与退休规划生活水平或购房规划房价水平的选择弹性比较，退休规划若财力不足，降低退休后生活水平还熬得过去；购房规划若财力不足，选择偏远一点、房价较低地区位也还可将就。但高等教育的学费相对固定，这些费用对每个学生来说都是相同的，不会因为家庭富有与否而有差异。另外，教育产业化后学校可能提供的奖学金、助学金的金额与名额，远远不足以满足所有无财力入学的家长和学生的心愿。国家助学贷款虽然可以救急，但仍要在毕业后数年内还本并负担利息。因此，为子女准备足额的高等教育基金，一定要早做打算。

7. 子女的资质无法事先预测

在子女教育方面，最后需要多少财务资源，相比由自己完全把握的退休与购房规划更难掌握。子女出生时很难知道在经济独立前会花掉父母多少钱，这与子女的资质、注意力与学习能力有关。父母希望子女能考上师资较好、学费也较便宜的重点大学，但不一定考得上。不太上进的子女，在求学期间所花费的家教、补习甚至陪读费用也差距甚大，这些都不是父母可以事先控制的。另外，有些小孩在音乐、美术方面有天分，父母为了不埋没其天分，若计划送读专门才艺学院深造则花费更为惊人。不管资质太高或太差，都无法事先完全准确预期，但都要花更多的钱，所以应该从宽（至少以普通大学学费和住宿费为准）规划子女的教育经费。

教育金规划的原则

目标合理原则

父母的期望与子女的兴趣能力可能会有差距，而且在人生的不同阶段，其兴趣爱好也在发生变化。因此，在为子女设定最终教育目标时，应该充分考虑孩子自身的特点，并结合家庭实际经济情况、风险承担能力设定教育金规划目标。

提前规划原则

子女教育金规划的金额和时间几乎没有弹性，对教育投资准备的时间越长，给家庭带来的财务压力越小，实现教育投资的目标也更加容易（见表 14 – 1）。

表 14 – 1　　　　　　　　教育投资准备时间不同的比较

投资者	甲（孩子刚出生时进行大学教育大学教育金规划）	乙（孩子上小学时进行大学教育金规划）	丙（孩子上中学时进行大学教育金规划）
每月投资金额（元）	150	225	450
投资时间（年）	18	12	6
投资收益率（%）	5	5	5
投资总额（元）	32400	32400	32400
孩子上大学时的投资总价值（元）	52380	44272	37694

资金充裕原则

子女教育具体需要多少资金很难准确估算，除父母对子女的期望外，还在很大程度上取决于子女的资质、学习能力和兴趣爱好。而教育费用几乎没有弹性，教育费用的准备宁多勿少。首先，充裕的经费是保证孩子良好教育的财务支持；其次，教育投资规划往往与退休规划同时进行，当小孩大学毕业，父母也就即将或已经迈入退休年龄了，因此多余的子女教育金可以划入退休账户，以备退休养老之用。

定期定额原则

通常情况下，人们不易坚持按月存款，因而利用定期定额计划，用实际数字量化教育金规划目标，对定期储蓄自制力差的人采取强制储蓄措施，通常可以奏效。每月存入一部分，虽然单次存入不多，但坚持习惯性储蓄计划，才能为子女教育金打下坚实的基础。

稳健投资原则

为子女教育准备的资金如果因为选择了高风险的投资工具而导致本金遭受损失，会严重影响子女教育金规划的实施，所以投资必须以稳健为原则。储备教育金既不能为了高收益冒太大的风险，也不能单纯追求本金安全都放在利率很低的储蓄账户上，这样容易遭受通货膨胀的侵蚀。如果距离使用教育金的时间还比较长，就适合中长线投资，追求资金的长期稳健增值。

教育金规划的步骤

第一步，确定自己对子女的教育目标

比如上什么样的大学、是否出国留学等。学校类型不同，如专业型大学与综合性大学的教育费用有较大差别，公立学校和私立学校的学费也不同。

投资者不能仅从财务角度来选择学校，一般情况下并非学校的费用越高，其教育质量就越好。选择学校需要从多方面来考量，最重要的是根据子女的实际情况来选择。要考虑的因素有：学校的特点和地理位置，师资力量、学费标准，子女兴趣爱好、学习能力等。此外，还需要考虑子女目前的年龄。如该子女目前只有5岁，教育投资规划的时间是13年（假设子女读大学是18岁）；如该子女现在已经是14岁，则只有4年的时间来实施这一规划。时间不同，对投资者需要投资的金额和方式都有重要影响。

第二步，估算所需的教育费用

在此步骤中要设定一个合理的通货膨胀率，按预计的通货膨胀率计算所需要的最终的费用。

大学教育的费用会有很大的不同，这取决于所在的国家或地方。你自然想为你的孩子选择最好的学校，但重要的是你的预算要在你的收入的范围之内。在作预算的时候，不要忘记了你其他的理财目标。有时你可能需要放弃你的一些梦想。不管你放弃什么目标，都不要放弃你的退休计划。如果你用自己的退休储蓄来为孩子的教育支付学费，到了晚年，你可能不得不依靠孩子生活。尽管看到他们在你晚年的时候供养你是件高兴的事，但最好不要指望这种办法。

一旦你决定了在哪读书、读哪一类的学校，就可以估算大学教育的全部费用。你应该找出打算让孩子学的大学课程的目前费用，然后为孩子将来上大学做出计划。提到大学教育费用，大多数父母马上会想到学费和膳宿费。而往往忽视旅行开支、学习资料费用和长途电话费以及孩子的零用钱。如投资者希望子女能够到国外去留学，交通费支出就更大。由于每年交通费用都在不断变化，其具体数额比学费本身更难确定。对这些也要作出预算。但是这些还不是全部，你还需要考虑到通货膨胀。人们往往低估通货膨胀的影响。其实通货膨胀所造成的损失非常严重，应该考虑到这一点。

要准确地预测未来的通货膨胀率并不容易，一般情况下，该数据每年都会产生变化。但教育投资规划并不需要非常精确的数值，因为进行该计划的目标只是保证投资的收益能够保证子女未来的教育支出就可以了。可以把近年来的通货膨胀率进行平均，再结合未来的经济发展趋势，对未来教育投资规划期内的通胀率做出合理的预测。近几年来，随着经济的发展，各国的大学教育费用也在不断提高，涨幅通常都高于通胀率，所以，在做计算时，应该在通胀率的基础上再加上2~3个百分点。如果你预测未来的一般通胀率为每年5%，则估计大学的费用至少每年应该增加7%或8%。根据各个国家和学校的不同，这一数值也会有所差异。总的来说，对大学费用增长率的预测越高，子女的教育投资就越有保障。当然，过高的预测也不适宜，因为那会增加投资者的负担，从而使得整个教育投资规划变得不切实际。

虽然对通货膨胀率的预测并不需要十分精确，但从个人财务规划的合理性出发，对大学费用增长率的预测却是越准确越好。当无法决定时，我们建议采用保守的估计值，以避免出现无法支付费用的情况。如子女上大学后，投资者发现教育投资规划筹集的资金大于实际支付额，则可将多余部分用做其他计划。

一个简单的例子是，投资者的子女10年后接受大学教育的费用为25万元，而投资者目前的经济状况显示，他10年后能够提供的资金只有15万元。如不进行教育投资规划，10万元的差额无疑将导致该子女无法在10年后接受大学教育。如投资者在10年前就开始进行教育投资计划，在这段时间内能够筹集到一笔10万元的资金，就可以实现让子女上大学的目标。只要合理投资，这一目标的实现并不困难。但如投资者等到子女上大学的前一年才开始筹集这额外资金，那就需要承担很高的投资风险才有可能实现。

据调查显示，在孩子的总经济成本中，教育成本占子女费用的平均比重为21%。自子女读高中起，教育费用在子女总支出中的比重超过饮食费用，比重为34%，大学阶段为41%。现在培养一个大学生，每月生活费不低于600元，每年的学杂费少则六七千元，多则上万元。普通高校四年下来总共的费用在 5 万到 8 万元之间。除此之外，有调查表明，国内有 36% 的家长愿意送子女出国留学，而出国留学费用是一笔不小的负担，要以 50 万至近 100 万元来计算。

　　假设，目前四年制大学的费用是每年 2.5 万元（学年初付款），孩子开始上大学是在 13 年以后。如果钱在银行每年赚取 4%，而通货膨胀率是 5%，到孩子上大学时，你将面对着大约 19.1 万元的大学教育费用的账单。如果通货膨胀率是 6%，这个数字将攀升到差不多 22 万元。数字本身就能说明问题。如果你不知道通货膨胀该假设为多少的话，请教一下有经验的教育顾问，他们也许能够更好地就一个合理的通货膨胀设想提出建议。如果还有疑问，那就用比别人告诉你的稍高一点的通货膨胀率来计算。

　　首先要估算目前能够用于将来教育费用的经济来源。将你用于这一目标的资产列出个单子。假设你目前拿出的现金、债券、股票和养老保险，总价值是 6 万元，你预计这个投资组合的税后回报是每年 7%。13 年后，当孩子上大学的时候，它应该值 14.5 万元。

　　其次要估算资金缺口。假设 22 万元是将来大学教育费用的一个合理估算数字。因为你用于大学教育的资金的终值只是 14.5 万元，所以你有 7.5 万元的资金缺口。

**　　第三步，构建投资组合，制定储备教育基金、填补资金缺口的投资规划**

如何制定储备教育金的投资规划

教育投资规划工具

1. 储蓄

在所有传统的教育投资工具中，个人储蓄是回报率最高的一种。投资者每期储蓄一定的资金，当子女上大学的时候，就能有一笔资金支付其费用。如果年利率为 5%。则投资者每年只需要储蓄约 300 元，以复利计算，就可以在 18 年以后获得 10000 元的教育投资基金。

个人储蓄的方式要求投资者能自觉、定期地进行储蓄，这对于大多数投资者来说有一定难度，尤其是在有其他需要时，常常会将这一储蓄挪用他处。如投资者在其子女上大学前不幸去世，则教育投资规划就会搁浅，其子女将难以完成学业。

2. 子女教育保险

子女教育保险是用保险的办法协助父母为其子女积累教育费用的一种保险，是一种既有保险保障，又有储蓄作用的双重性质的人寿保险。子女教育保险相当于将短时间急需的大笔资金分散开，逐年储蓄，投资年限通常最高为 18 年，所以越早投保，家庭的缴费压力越小，领取的教育金越多。

参与保险可视为一种投资，投资者也将人寿保险作为教育投资规划的工具之一。

子女教育保险的功能有如下几点：

第一，"保费豁免"功能。所谓"保费豁免"功能，就是一旦投保的家长遭受不幸、身故或者全残，保险公司将豁免所有未交保费，子女还可以继续得到保障和资助。

第二，强制储蓄的功能。父母可以根据自己的预期和孩子未来受教育水平的高低，来为孩子选择险种和金额，一旦为孩子建立了教育保险计划，就必须每年存入约定的金额，从而保证这个储蓄计划一定能够完成。

第三，教育金保险具有保险的保障功能。可以为投保人和被保险人提供疾病和意外伤害以及高度残疾等方面的保障，所以一旦投保人发生疾病或意外身故及高残等风险，不能进行孩子的教育金储备计划，则保险公司则会豁免投保人以后应交的保险费，相当于保险公司为投保人交纳保费，而保单原应享有的权益不变，仍然能够给孩子提供以后受教育的费用。

第四，教育保险同时也具有理财分红功能。能够在一定程度上抵御通货膨胀的影响，它一般分多次给付，回报期相对较长。

这一做法的缺点是资金缺乏流动性，要 10 多年后才可以提取。优点是对子女有一定的保障，即使自己英年早逝，也可以为子女留下一笔教育基金，以尽为人父母之责任。如果存款在银行，人在身故时取回的钱只会是自己的钱，并不会额外多取一分一毫。如果选择每月供款到银行零存整付，如果中途夭折，只能取回已供的结余。如果供款额微小，父母便不幸与世长辞，子女的未来就十分坎坷。但若教育基金是由保险公司负责的话，就可以平稳保障子女未来的教育经费。虽然会有部分供款用作保费之用，但可保证未来一定有一笔钱在手。这是任何接受存款机构未能提供的。如投资者健在而又希望提前获得资金，可以将保单作为抵押进行贷款，还不需要交纳所得税。同样，投资者也可以终止保险，将返还的资金用于子女的教育费用。但是在这种情况下，返还的收入是必须纳税的，纳税额等同于投资者保险单上的保险总额与实际收回金额之间的差额。这种方式的缺点是投资成本较高。

总体来讲，子女教育保险重在保障功能，投资收益率比较低，并非最有效的资金增值手段。此外，一旦加入了保险计划，中途退出往往拿到较低的现金价值，相对而言，变现能力较低。因此，教育保险并非多多益善，而应当同其他投资品种组合使用。

3. 政府债券

此类债券一般由所在国中央或者地方政府发行，其收益的稳定性和安全性使其成为教育投资规划的主要投资工具。国库券可分为短期、中期和长期三种，具有无违约风险、易于出售转让和流动性高的特点，十分适合教育投资规划。一方面，在债券价格发生变动时，可以及时调整计划；另一方面，可以利用组合将投资的收回期固定在需要支付大学学费之前，保证投资收益的最大化。

4. 股票与公司债券

一般而言，教育投资规划并不鼓励投资者采用风险太高的投资工具，比如股票与债券，但如果教育投资规划的期限长于 7 年，这些工具也是可以采用的。它们相对较高的回报率可以帮助投资者更早地完成教育投资规划。

需要强调的是，在选择这两种投资工具的同时，投资者也将面对更大的投资风险。随着投资计划时间的缩短，投资回收额的不确定性也在加大，很可能会给计划带来负面的影响。所以，如果投资者选择了股票或者债券的投资方式，最好采用若干债券进行组合，尽量选择成长性的股票以保证收益的稳定性。并且，在投资之后，要注意组合中债券或者股票的价格走势，不断对组合进行调整，降低风险。随着子女上大学日期的接近，投资者应将有关的资金转移到收益更加稳定的流动性更强的投资上来。教育投资规划的目的不是赚取利润，而是保证投资者的子女能在将来接受理想的大学教育。所以，投资必须保证其收益的稳定性和流动性。

5. 基金

这种投资方式的最大优点，是投资的多样化和灵活性，可以在需要时将资金在不同基金间随意转换，如随着子女年龄增长和税收政策的变化而变化。子女的年龄越小，投资者承受风险的能力越强，选择基金就可以偏向收益较高但风险较大的激进型基金。使用这种投资方式，需要了解投资者的风险承受能力和投资期间的长短。距离投资者子女上大学的时间越近，投资者的风险承受就越低，因此应该转向收益较低但风险较低的基金品种。

如投资的时间长于 10 年，可以多选择一些激进型的基金或者股权收益类投资。在子女接受大学教育前夕，再将投资转向稳健型基金、债权收益类投资，而且应该将大学教育第一年的费用投资转移到货币市场基金。

6. 贷款

如大学生教育金规划进行得较晚，在短期内就需要一笔资金来支付子女的教育费用，这可以通过贷款来实现目标。采用贷款这种方式很容易占用到投资者的退休计划资金，投资者在做决定前应慎重考虑，并确保不会影响退休计划和其他安排。一般情况下，投资者可以考虑让子女就读学费较低的学校，将债务置于子女名下，自己作为债务的担保人或者第三方，当子女的财务状况显示其无法偿还债务时，投资者需要为其承担此义务。

贷款可分为住房抵押贷款、助学贷款等。

当然，除以上提及的工具外，信托产品等也可以作为教育投资规划的工具。

如何构建并管理投资组合

在确定了投资者教育投资规划的基本数据，即该计划所需的资金总额、投资计划时间、投资者可以承受的每月投资额、通货膨胀率和基本利率之后，就可以选择投资标的，制定教育投资规划了。

一般而言，在教育费用不变时，如果投资标的回报率越高，每期所需的投资金额就越少；如果回报率越低，则所需的投资金额就越高。当然，回报率越高的投资工具，通常风险也会越大。投资者的财务情况如果只能承担较低的每期投资额度，则必须选择回报率较高的投资工具。在进行该投资的风险管理时，就要投入更大的精力和时间。

可以构建包括债券、基金、股票等投资标的的在内的投资组合作为教育金，比如建立债券基金10%、指数基金30%、股票基金30%、股票30%的投资组合。

投资组合不是一成不变的，而是要根据宏观经济的变化、距离资金使用时间的缩短而不断调整的。在子女小的时候，投资组合中较高收益、较高风险的股票或是股票基金的比重应该大些，待到子女快上大学时，可以分期分批将资金从股票转移到债券，以防止要用钱时股市下跌。子女进入大学后，所有的教育准备金都应该撤离股市，投到安全第一的债券、货币基金等投资标的上去。投资者可以将第一年的预计开支用于购买即时到期的债券，将第二年的预计开支用于购买下一年到期的债券，以此类推。

表14－2的投资组合可供计划子女教育经费时参考。需要说明的是，各类投资收益率以美国1964～1994年为期。股票收益率以标准普尔500指数为准，债券收益率以为期5年的美国国库券为准货币市场收益率以为期30天的美国国库券为准（因为中国的证券市场建立时间较短，市场不成熟，并且各种投资标的的长期收益率数据缺乏，所以以成熟市场美国的数据作参考）。

表14－2　　　　　　根据子女年龄调整的投资组合一览表

孩子年龄	投资组合	投资组合收益率比较
0～8岁	股票100%	年均收益率9.9%
		最佳的一年32.4%
		最差的一年 -26.5%

孩子年龄	投资组合	投资组合收益率比较
9~12 岁	股票80% 债券20%	年均收益率9.5%
		最佳的一年31.32%
		最差的一年 – 20.06%
13~15 岁	股票60% 债券30% 货币市场10%	年均收益率9%
		最佳的一年26.18%
		最差的一年 – 13.39%
16~18 岁	股票20% 债券30% 货币市场基金50%	年均收益率7.7%
		最佳的一年18.26%
		最差的一年0.41%

资料来源：唐庆华：《如何理财——现代家庭理财规划》，上海人民出版社2005年版。

中国的各类金融工具的收益率需要计算和预测，然后根据这里的组合计算相应的投资组合的收益率。

投资时可以用定期定额、分批投资等方式进行。并且，在资产配置的过程中，要注意根据市场变化，及时进行投资组合的再平衡。

总而言之，子女教育支出在家庭开支中占的比例较大，对于有子女的家庭而言，子女教育投资规划应是一项长远、稳健的投资规划。越来越多的家庭开始注重这一方面的规划，并且采取切实的行动。在投资标的、投资方式上也越来越多样化，但不能偏离稳健投资的基本原则。在选择的时候，一定要认清投资标的特点，构建合理的投资组合并科学管理，以成功实现教育投资规划的目标。

5

教育金规划案例

【案例1】

家庭月收入共 10000 元，所在城市是苏州，女儿 8 岁，每月平均开销 3500 元，保姆费 900 元，结余 5600 元，有存款 17 万元。夫妻双方均为公务员，在医疗保险上有保障，有住房无需还贷，不懂投资，对炒股等一窍不通。如何进行教育金规划？

假设：

（1）投资者的女儿将在 18 岁上大学，目前费用需要 70000 元；

（2）每年大学教育费用的预计增长率约为 6%（包括通货膨胀率和大学学费的实际增长率），而且保持不变。

理财分析：

目前读大学费用 7 万元，假设每年大学教育费用的预计增长率约为 6%，可以算出，10 年后费用为：$70000 \times 1.06^{10} = 125359$ 元。

由于不懂投资，所以可以采用基金定额定投的方式进行投资。

投资规划：

由于预计每年大学教育费用的预计增长率约为 6%，目前 70000 元的教育费用届时会上升到 125359 元。

基金定额定投预期平均每月收益为 0.75%，可以算出，每个月定投 650 元，10 年后本金收益合计 126727 元，大于 125359 元，可以覆盖教育费用。且每月结余是 5600 元，每月定投 650 元，占比不大，是可行的。

当然，以上金额不是固定不变的，如果通货膨胀率或投资收益率发生变化，情况也将相应发生变化，要根据实际情况进行调整。

【案例2】

基本情况：年龄35岁，大学本科，信息管理专业，在二线城市从事专业技术工作；家庭月工资收入13000元左右，其他收入1000元；无负担，父母为公务员，每个月有近10000元的工资加奖金，无需供养；儿子目前9岁。

记账就只包括水、电、天然气以及购买的东西。没有什么投资产品，风险偏好属于中庸型。

主要支出：每个月水、电、天然气大概120元，每周采购食物、蔬菜80~100元不等，合计400元，手机费两人每个月共200元，交通共200元；餐饮两人中午合计400元/月。

目前有银行活期存款20万元，自住房屋一套，市价150万元。

理财目标：给孩子上大学储备教育金。

假设：

（1）投资者的儿子将在18岁上大学，目前费用需要70000元；

（2）每年大学教育费用的预计增长率约为6%（包括通货膨胀率和大学学费的实际增长率），而且保持不变。

理财分析：

目前读大学费用7万元，假设每年大学教育费用的预计增长率约为6%，可以算出，9年后费用为：$70000 \times 1.06^9 = 118263$元。

由于目前孩子9岁，离孩子读大学还有9年时间。可以根据距离读大学时间的长短，把时间分为三个三年，来构建投资组合。

第一个三年，股票基金80%，债券20%，预期年收益率9%。

第二个三年，股票基金60%、债券30%、货币市场基金10%，预期年收益率8%。

第三个三年，股票基金20%、债券30%、货币市场基金50%，预期年收益率7%。

初始投资60000元，第一个三年后，本金收益合计为$60000 \times 1.09^3 = 77701$元；第二个三年后，本金收益合计$77701 \times 1.08^3 = 97880$元；第三个三年后，本金收益合计为$97880 \times 1.07^3 = 119907$元。大于预计所需的教育费用118263元，可以完全覆盖预计所需的教育费用。

如何进行教育、退休
养老、财产分配与
传承规划

第 15 章

退休养老规划

退休养老规划的原因及其原则

退休规划的目的与意义

1. 预期寿命越来越长

2007 年，中国男女寿命分别为 71 岁及 74 岁。中国人口平均预期寿命，从 1950 年的 49 岁提高到目前的水平，增加了 20 多岁。2009 年日本全国人口女性平均寿命达到 86.44 岁，男性则为 79.59 岁。2009 年香港女性平均寿命为 86.1 岁，而男性平均寿命为 79.8 岁。在 2011 年 "两会" 上，温家宝总理提出，5 年内让中国人均预期寿命提高 1 岁。由此可见，随着生活水平的提高、医疗技术的进步、医疗保障制度的完善，中国的人均寿命还有较大的提升空间。

2. 退休生活费用越来越高

随着社会发展，生活水平的提高，退休生活费用越来越高，旅游、医疗等费用会大幅上升。近年来医疗费用有了较大上升，这种上升的幅度远非前些年所能想到。比如看护费用，随着工资的增长，有了较大增幅，所以老人每月的看护费是一笔不小的开支。整个社会的工资水平在增长，未来医疗费用上涨的速度可能会远超过通货膨胀的速度，而且远超过正常工资增长的速度。

3. 子女负担能力越来越差

中国虽然有养儿防老的传统观念，但由于中国的计划生育政策，独生子女数量已经占到较大比例，一个小家庭赡养四位老人，压力非常大。子女的负担越来越重，在赡养父母方面逐渐变得力不从心。

4. 社保养老金数额既少也不可靠

社保只能帮我们解决最基本的生活，能领到的社保退休金一般是当时社会平均工资的 35% ~45%。也就是相当于现在每月领取 1000 多元。这或许可以满足最基本的生活，但绝对无法让我们保持在职时的生活水平。我们需要参加社保，但有品质的退休生活还得另做规划。

我国的养老金缺口目前也很大。2010年7月，全国社保基金理事会理事长戴相龙表示，现在退休的人，很多过去就没有缴过养老金，当时是企业开支养老金。现在，这些人也要领养老金，但个人账户没有或很少有养老金，统筹账户也不足，就出现国家占用个人账户资金支付已退休人员养老金，出现了现在面临的个人养老空账1.3万亿元的问题。也就是说，现在社保养老金"寅吃卯粮"的现象已经较为严重，几十年后会怎样，非常难说，所以，社保养老金是不一定能靠得住的。

5. 其他不确定性因素

比如通货膨胀的加剧，或是生活观念发生变化。现在越来越多的人对旅游的需求增加，相应的费用肯定会增加。

总之，如果想在退休后仍保持理想的生活水平，通过除社保、企业年金之外的其他方式补充和储备充足的养老金就显得格外必要。若在退休以后过上经济独立、财务自主、资金有保障、生活有品质的晚年生活，退休养老规划很有必要。

退休养老规划的原则

1. 及早规划原则

要使退休后的生活过得丰富且有意义，就要未雨绸缪，预做规划与安排。准备养老基金，就好比攀登山峰一样，同样一笔养老费用，如果25岁就开始准备，好比轻装登峰，不觉有负担，一路轻松愉快地直上顶峰；要是40岁才开始，可能就吃力的，犹如背负背包，气喘吁吁才能登上顶峰；若是到50岁才想到准备的话，就好像扛着沉重负担去攀登悬崖一样，非常辛苦，甚至会力不从心。例如，王某22~27岁（年底）之间每年拿出2000元用于投资，假设投资年收益率为12%，这12000元的投资额到62岁时可以增值到856957元。但李某错过了这6年的投资，28岁时才开始投资的话，那么要达到同样的退休养老金额，他必须连续投资35年，直到他62岁，共70000元。再如，吴先生20岁起每月定投500元，假设年平均收益为10%，他投资7年就不再投入，然后让本金与获利一路成长，到了60岁要养老时，本利和已经达到141万元；而张先生则27岁才开始投资，每月同样定投500元，10%的年收益率，但他整整花了32年持续投入，到59岁才累积到140万元。相比之下，吴先生的日子过得舒服得多，这就好比两个参加等距离竞走的人，提早出发的，就可以轻松散步，而后出发的人只能辛苦追赶。所以，准备养老计划，早些更好。

2. 弹性化原则

退休养老规划的制定，应当视个人的身心需求及实践能力而定，若发现拟定的目标难行，那么可以适当地调整一下，代之以可行的策略与目标。同时，在规划未来退休生涯的目标时，可能会遇到一些未定的事件，比如，很可能未来十几年或者更长时间的经济不景气导致投资收益率下降，或者由于所在工作单位效益不佳导致收入水平下降，等等。因此，退休养老规划应具有弹性或缓冲性，以确保能根据环境的变动而做出相应调整，以增加其适应性。

3. 退休基金使用的收益化原则

为了保证退休后的生活，比较传统的思想就是增加储蓄。事实上，在增加储蓄的时候，应当注意这部分储蓄的收益大小，因为任何资金都是有时间价值的。准备的退休基金在投资中应遵循稳健性原则，但是这不意味着要放弃退休基金进行投资的收益。通常，投资者总是在稳健性和收益性之间寻求一个折中，在保持稳健性的前提下，寻求收益的最大化。

4. 保证给付的资金满足基本支出，收益较高的其他投资满足生活品质支出原则

一般来说，保证给付的资金通常是基本养老保险、企业年金和个人商业保险，这些资金的优点是能够保证按期支付，缺点是投资收益率低；收益较高的基金等可以有较高的投资收益率，缺点是风险较大，一旦投资失败就面临赔本的风险。一个可行的办法就是将这两种性质不同的资金用于两种性质的支出。对于保证给付的资金，将其用于退休养老规划中的基本支出，即用于日常生活中的基本的衣、食、住、行。对于收益率较高的其他投资，将其用于提高生活品质的支出，如用于退休后旅游的支出。

5. 谨慎性原则

一些人对自己退休后的经济状况过于乐观，他们或者高估了退休后的收入，或者低估了退休后的开支，在退休养老规划过程中过于吝啬，不愿动用太多的财务资源。造成这种乐观估计的原因有多种，例如，他们认为退休后的社会保障、企业年金和储蓄足以保障自己的养老生活，认为退休后的开支会显著下降，认为医疗保障会承担所有的医疗费用，等等。当然，人们在退休计划上的吝啬表现也可能是因为别的原因，比如，家庭负担过重或者个人的生活方式不同（有些人崇尚及时行乐，而较少考虑未来）。总之，在制定退休养老规划的过程中，应当本着谨慎性原则，多估计些支出，少估计些收入，使退休后的生活有更多的财务资源。

2

退休养老规划的步骤

退休养老规划的影响因素

1. 月生活标准

每月退休生活费用越高，退休金筹备压力越大。但降低退休后每月生活支出不是积极的策略，应尽量在退休前提高资产增值效率，来保障退休后的生活品质。

2. 资金收入来源

每月退休生活费用若有固定收入支持，则退休金筹备压力减小。一般每月固定收入来源包括月退休金、年金保险给付、房租收入、资产变卖现金收入等，要通过各种渠道来保障固定收入来源。

3. 通货膨胀影响

通货膨胀率越高，退休金筹备压力越大。退休计划的第一条原则就是必须能够战胜通货膨胀，否则将没有任何保障用处。在进行退休理财规划时，一定要充分考虑到通货膨胀及其他外界因素的影响。

4. 生存期间长短

退休后生活的期间越长，所需的退休总费用越高，退休金筹备压力越大。虽然寿命的长短不是个人所能预料的，但根据健康状况及家族遗传等各方面因素的判断，再考虑中国人的平均寿命，是可以有一个大概的预期的。一般在进行退休理财规划时，要注意在此基础上加上 5~10 岁作为规划的目标，以防长寿而资金不足。

5. 养老金的储备时间，即目前距退休时间的长短

离退休日越短，累积工作收入的期间越短，退休金筹备压力越大。应该尽早考虑和规划自己的退休生活。

6. 资产积累

退休前资产累积越多，退休后每月生活费越宽裕。如资产积累富足或退休金

优厚，可提早退休，趁年轻力壮，完成人生的其他愿望。

7. 需求标准

退休规划应以自己及配偶的需求为优先考虑，在退休前通过省吃俭用提高储蓄率来增加资产，以保障退休后生活费用的方式是消极的。应在保证生活质量的前提下，通过尽早的科学合理的规划来保障退休后的生活费用。

退休养老规划的步骤

第一步，设定退休时间、退休后的生活水平等目标，预估退休后的需求

在这个阶段时，我们要先想一想："我要过得有多舒服"、"打算何时要退休"、"未来需要谁来照顾我"、"退休想要住在哪里"，或是"会不会常常去旅行"。

这个阶段是要确定你退休后的生活水平。一般来说，订在目前的70%~80%即可，当然要考虑通胀和人们生活水平提高速度的影响。除此之外，如果你还有其他目标计划，都应该算出每一项的预估花费是多少。

假设：每年通胀率为3%；退休后夫妇两人合计每月开支5000元（现值）；预期寿命85岁。

表15-3　　　　　　　　　　到60岁时需要准备多少钱才能养老

现在年龄	需要的养老金
30 岁	364 万元
35 岁	314 万元
40 岁	271 万元
45 岁	234 万元
50 岁	202 万元

避免退休金需求的低估。赵本山有一个小品——《不差钱》，里面讲"最悲惨的事情是人活着钱没了"，很有道理。根据经验，大多数人严重低估其退休需求的原因，不外是未考虑通货膨胀的影响、低估医疗费用需求的额度、未考虑雇主恶性倒闭的风险，以及未考虑社会保险清偿能力的风险等。因此，记得用年通胀率概念，计算需求及收入的金钱价值。当你在计算金钱的时间价值时，也要同时考虑通货膨胀的因素，才能正确算出该准备多少退休金。

第二步，预估到退休时你能有多少资金用来养老

退休金的来源非常多，因此，这阶段要计算出你的各项社会保险收入、员工福利，以及任何其他意外收入（如遗产等），可以用来做退休养老之用；现有净资产中可用于为退休养老投资的有多少；等等。

第三步，计算出已准备的退休金和所需要的退休金之间的资金缺口

利用通货膨胀调整收益率折现，计算出年度资金缺口。这个数字就等于你该另外准备的退休金的总额。

计算退休金资金缺口公式为：

退休金资金缺口 = 退休生活总需求资金 - 已有退休准备金

第四步，构建投资组合，制定储备养老基金、填补资金缺口的投资规划

3

如何制定退休养老金的投资规划

退休养老规划的工具

1. 社保中的养老保险

年轻时有一份稳当的工作，就算没有工作但只要缴纳了社保，到了退休年龄，就可以享受到养老保险。养老保险是社保中最基本的保障之一，虽然金额较小，不能完全指望它来满足退休生活的需要。

其优势：成本不高。

需注意的事项：只能满足最基本的生活。

2. 商业养老保险

其优势：保障较高，能有效提升生活质量。

需注意事项：对购买商业保险来辅助养老的人来说，要具备一定的强制储蓄定力，同时要认同保险理念。

3. 企业年金

有企业年金是再好不过的事情，但前提条件是，要有一个愿意支付给你企业年金的公司，而且工作年限达到其缴纳费用的标准。

其优势：额外收获。

需注意的事项：如果企业运行不力或倒闭时，企业年金就存在丧失的可能。

4. 股票

5. 基金

6. 债券、信托产品等

7. 房产

在房价上升趋势中，如果已购得一处房产，那么晚年生活除在高峰期售出房子转手赚钱外，留着不卖，每月固定收取出租费也是不错的一份收入。

其优势：能抵消来自通货膨胀的压力。

需注意的事项：买房需要一大笔投入，而且出售和出租都是麻烦事儿。

8. 房产倒按揭

倒按揭，又称"住房反向抵押贷款"，是西方发达国家采用的主流模式。在中国，"倒按揭"这一概念于 2003 年首次提出。目前有部分保险公司推出的倒按揭，是专为以房养老设计的险种。该险种投保人要求是 62 岁以上的老年人。投保人将房屋产权抵押给保险公司，保险公司按月向投保人支付给付金，直至投保人亡故，保险公司收回该房屋，进行销售、出租或拍卖。给付金的计算是按其房屋的评估价值减去预期折损和预支利息，并按平均寿命计算，分摊到投保人的预期寿命年限中，即：

每月给付金额 =（房屋现值 + 房屋增值预期 + 保险公司预支贴现利息 − 房屋折损）/［（预期寿命 − 投保时寿命）×12］

值得注意的是，按我国现行的利率，定期存单利率扣掉利息税和通货膨胀率后，能提供的实质收益很少，若单用定期存款累积退休金，所获收益有限，如果要满足退休金的需求，要将收入的大半部分用于储蓄，则退休前的生活水平会大幅度降低。所以，储蓄不是太适合养老金的投资标的，尤其是不适合在距离养老金使用时间较远时的长期投资。当然，养老金已经很快要取用，可以配置在储蓄上，以降低风险，又另当别论。

构建并管理投资组合及人生各个阶段的养老金储备计划

可以将退休后的需求分为两部分，一是必要的基本生活支出，这是需要有保障的，因为一旦退休后的收入低于基本生活支出水平，就需要依赖他人救济才能维生。这一部分可以通过投资债券、债券基金、养老保险或退休年金来满足；二是额外的生活品质支出，是为实现退休后理想生活所需，有较大的弹性。这一部分可以通过投资股票或基金等高收益、高风险的投资工具来满足，实现一种可以兼顾老年安养保障和充分发展退休后兴趣爱好的资产配置方式。

例如，假设工作期为 40 年，退休后养老期为 20 年，退休后基本生活支出占工作期收入的 40%，那么在 40 年的工作期间，如果储蓄率为 40%，则需将收入的 20% 配置在债券、债券基金、养老保险或退休年金上，这一部分一定要保证。另外的 20% 可进行较高回报但有风险的基金定期定额投资等上面，若投资绩效较好，退休后的可用支出可能比工作期还多，那么环球旅行等梦想就可以实现了；若投资绩效不好，也不会影响退休后的基本生活标准，一般经过多年的运作都会有一个理想的回报的。

人生各个阶段的养老金储备计划如下。

1. 20～29 岁

这个年龄段的人面临的是金钱的挑战：大学毕业前，是花父母钱的消费者，毕业后要自己挣钱养活自己，只能在不超出收入的水准上进行消费。需要根据现有的经济实力，形成自己能承受的生活方式。

从这一年龄阶段起，年轻人就应该考虑最遥远的问题：退休。在大多数年轻人的意识中，退休是很久以后的事，现在考虑为时过早。但是，假如自己期望能有一个美好、稳定、富裕的晚年，那么就必须从现在做起，及早做好准备将受益匪浅。投资者明确自己的投资项目至关重要，确定自己的储蓄额或投资额更加重要，从现在起退休金投资只需很少的一部分，一般拿出个人收入的 4% 即可，只要坚持下来，将来就是一笔可观的数字了。

这个阶段，可以选择建立养老金投资组合，选择指数基金进行基金定投。假设从 20 岁到 29 岁这 10 年间，每月定投基金 100 元，每年投 1200 元的话，年回报率按 7% 计算，10 年后可得 17370 元。

这个结果可能让你吃惊！每月区区 100 元，相当于出去吃一顿饭。一定要注意到，复利在财富积累过程中，随着时间的推移，发挥着令人惊奇的作用。同时，如果能在中长期保持较高的投资回报率，复利的力量就会创造出致富的奇迹。指数基金长期定投风险不大，4% 这个比例一般人都能做到，关键是投资意识和贵在坚持。

2. 30～39 岁

这个年龄段的人需要面对不同的心理、人际关系、工作和财务的挑战，投资者必须用正确的态度正视现实。尽管在这 10 年中的支出相当繁重，要买房子、家具、孩子的教育投资等，但仍需要继续考虑为退休金进行投资，忽视这一点，自己的晚年生活将没有保障。这个时期，投资者需要投资的部分要提高 6%，即从上一阶段的 4% 提升到 10%。可以适当地承担一些较高风险的投资，选择增长最大的投资项目。

投资组合中可以配置 70% 指数基金、30% 混合基金。另外，还可以根据市场

资产保卫战

及自身情况，配置部分以收租金回报为主的房产等投资标的。

3. 40~49 岁

这个年龄段的人一般面临的情况是，孩子已经进入大学，父母已经退休，高消费期已经过去。进入这个年龄段后，投资者就更加关注退休问题了，他们期望自己的晚年有足够的退休金，开始着重考虑建立储备方案。这个时期，投资者每年至少拿出收入的 12% 用于退休金投资，如果期望有更多的储备，就考虑 15%。如果从 40 岁开始增加投资，20 年以后的收益将是一笔大的财富。投资者不必过多担忧风险问题，可以选择配置 60% 的指数基金，其余 40% 配置为混合基金。

4. 50~59 岁

这个年龄段的人已经意识到，工资和资金不会像前两个阶段那样不断提高，薪资开始趋于平衡。人们开始严肃地考虑何时退休，是否有足够退休养老金来安度晚年。如果年轻时就开始明智地为退休金做准备，就会发现自己的晚年生活将井然有序。这个时期建议投资者把收入的 15% 用于退休金储备，假如至今还没有一点储备，则应该考虑 20% 或更多，但过多会影响目前的生活。

在 55 岁前投资者可以考虑 40% 配置为指数基金、40% 配置为混合基金、30% 配置为债券基金。55 岁以后的几年，则要逐步减小指数基金和混合基金的比重，把资金逐步配置为货币基金、债券基金。到 60 岁左右，把资金全部配置在债券基金、货币基金上。

当然，在资产配置的过程中，要注意根据市场变化，及时进行投资组合的再平衡。

如何进行教育、退休
养老、财产分配与
传承规划

| 第 16 章 |

财产分配与传承规划

1

为什么要进行财产分配与传承规划

　　财产分配规划是指为了将家庭财产在家庭成员之间进行合理分配而制定的财务计划。而财产传承规划是指当事人在其健在的时候通过选择遗产管理工具和制定遗产分配方案，将拥有或控制的各种遗产或负债进行安排，确保在自己去世或丧失行为能力时能够实现家庭财产的代际相传或安全让渡等特定目标。

　　财产分配与传承规划是个人理财规划中不可或缺的部分。从形式上看，制定财产分配和传承规划能够对个人及家庭财产进行合理合法的配置；从更深层次的角度看，财产分配与传承规划为个人和家庭提供了一种规避风险的保障机制，当个人及家庭在遭遇到现实中存在的风险时，这种规划能够帮助你隔离风险或降低风险带来的损失。在实际生活中，个人及家庭可能遭遇的风险主要有以下几类：

　　第一，家庭经营风险。对于其成员共同从事商业经营的家庭来讲，经营收益是该家庭的主要收入来源，维持着整个家庭的正常生活，而一旦该经营实体受到商业风险的冲击，如果没有隔离风险的措施，整个家庭的经济状况就有可能急转直下，严重的甚至威胁到家庭成员的正常生活、教育、工作等。

　　第二，夫妻中一方或双方丧失劳动能力或经济能力的风险。夫妻是家庭组织的核心，如果其中一方或者双方均丧失了劳动能力，如工伤、意外事故，造成身体残疾；或者丧失了经济能力，如对外欠债导致被追索等情形，如果没有隔离风险的措施，都会导致家庭经济支付能力的下降，影响家庭的正常生活。

　　第三，离婚或者再婚风险。离婚意味着夫妻关系的结束和一个家庭的解体，无论对家庭还是夫妻任何一方，都会产生重大的影响，其中最突出的就体现在对家庭财产如何分割上。现实生活中经常会发生这样的情况，即离婚时，夫妻其中一方有转移、隐匿、变卖财产侵害另一方财产权益的行为，导致出现受害一方的生活质量下降及经济能力减弱等不良结果。

　　再婚是离异或丧偶的男女重新组建家庭的开始，很多再婚人士，特别是曾经有过离异经历且事业处于鼎盛时期的一些人，在再婚前都会在私人财产保护和个人安全感上有所考虑，对对方与自己的结婚动机产生怀疑，有孩子的还会担心再婚伴侣对前伴侣子女的影响。事实上，也确有一些人企图借婚姻达到一些特定目的。因此，再婚本身也存在风险。

第四，家庭成员的去世。家庭成员去世后，其遗留财产的分配会使得家庭其他成员个人的财产增加或者减少，对整个家庭财产也会产生影响。同时，由于多数家庭没有事先立遗嘱的意识，遗产分割很容易在家庭内部产生纠纷，即使有的立了遗嘱，也会因为遗嘱内容表述不清，而在执行过程中出现财产被恶意侵吞或者不按照遗嘱人意愿进行分配等情况。

以上种种家庭及个人遭遇的风险都是不确定的、不可预测的，这些风险一旦发生，就会对个人及家庭的经济能力产生不利影响。如果能够在风险发生之前采取相应措施，就可以最大限度地消除或减少其可能造成的不利影响。

财产分配和传承规划就具有这样的风险隔离、减少损失的功能。根据自己具体的家庭及个人状况，制定财务方案，选择避险工具，进行有针对性的风险规避安排，能够最大限度地消除上述风险带给个人及家庭的不利影响。

我们看到很多名人去世后产生的遗产纠纷。

例如，著名画家陈逸飞的遗产案就是一个没能安排好身后事的典型：2005年底，陈逸飞去世7个月之后，陈逸飞的遗孀宋美英终于将家庭矛盾呈现在公众面前。由于陈逸飞去世非常突然，没有留下任何遗嘱，围绕着他遗留下的巨额财产，遗孀宋美英以及年幼儿子与陈逸飞的长子陈凛之间展开了一场争夺。

这样的例子比比皆是，王永庆、龚如心等富豪身后家人也有争夺财产的大战。2011年春节前夕，一代赌王何鸿燊尚健在，自己的"四房十七杰"（指他的四房太太和17个子女）导演的家产分配争夺大戏先期上演，豪门恩怨博尽世人眼球。

如果预先进行财产分配与传承规划，这些问题就能很快地按照事先约定的方式得以解决。而且分配遗留财产等是需要费用的，一般的费用包括支付给遗嘱执行人的费用、法律费用、会计费用、评估费用等。没有一个正确的财产分配与传承规划，遗产分配可能会比在通常状况下要交更多的遗产税和管理费。所以，制定财产分配与传承计划不但可以帮助当事人实现遗产的合理分配，还可以减少亲人在面对其死亡时的不安情绪和财务负担，还能最大限度地降低遗产税和遗产处置费用，减少其税收支出和增加遗产的价值，制定合理的财产分配与传承计划就是对所爱的人的一份深沉的爱。

2008 年，人称香港演艺圈"教母"的沈殿霞黯然辞世。众所周知，"肥肥"早已决定死后将财产全数留给自己唯一的女儿郑欣宜。因此，在悲痛之余，公众还对她年仅 20 岁的独女郑欣宜能否打理好母亲留下的近亿资产十分关心。这时人们发现，沈殿霞在 2007 年已经为自己名下的财产秘密设立了财产信托，并交由合法的信托人管理。据悉，首席信托人为其前夫、欣宜的父亲郑少秋，而整个财产信托管理人团队其他成员还包括"肥肥"生前好友陈淑芬、张彻的太太等人。根据信托合同约定，一旦她不在人世，她的全部资产将转到其女郑欣宜的名下，但郑欣宜在需要动用大额资产时，需经过郑少秋等信托人审批，并协助使用。这样就可以避免阅世未深的女儿被骗，为欣宜未来漫长的人生道路保驾护航。

中国目前已经有数量庞大的人积累了大量财富，对于这些积累了大量财富的富人来讲，如何防范风险，如何将奋斗一生辛苦积累的财富用来保证自己的晚年生活，保障家庭及子女将来的生活、教育和创业，并进而使所创基业持久传承都成为他们所面临的困扰。

现在有很多"钻石王老五"，一说到结婚就感到很头疼，他们担心对方是因为钱而爱上自己，对于这部分人来讲，在婚前婚后如何做财产公证、财产约定，在今后的生活中如何防范资产被侵占，或者是不幸离婚了，子女的资产如何解决等等，都成为需要考虑的问题。

财产分配与传承规划并非富人或老人才需要，无论是百万富翁还是资产量稍大的工薪阶层，它都是有意义的。

2

财产分配与传承规划的工具

财产分配与传承规划的主要工具有：婚前财产公证、夫妻财产协议、离婚财产协议、遗嘱、遗产委任书、遗产信托、人寿保险和赠与。下面重点讲述后四种。

遗嘱

遗产规划的最重要工具就是遗嘱。应依照一定的程序在合法的文件上明确如何分配自己的遗产，然后签字认可，遗嘱即可生效。一般来说，需要在遗嘱中指明各项遗产的受益人。

遗嘱给了你很大的遗产分配权力，你可以通过遗嘱来分配自己独立拥有的遗产，多数人的遗产规划目标都是通过遗嘱来实现的。在遗嘱中详细地说明遗产怎么分配，以便于遗产受益人能够按照你的意愿得到应有的财产。如果没有留下遗嘱，就需要经过漫长的法庭裁决来确定遗产的分配，这要支付一笔法律裁决的费用。遗嘱不仅可以保证遗产按照立遗嘱人的意愿进行分配，而且也可以缩短法庭裁决的过程，并降低相关的管理费用和法律费用。

遗嘱可以分为正式遗嘱、手写遗嘱和口述遗嘱三种。其中，正式遗嘱最为常用，法律效力也最强；手写遗嘱和口述遗嘱由于容易被仿造和见证人问题，多数国家都不认可。为了确保遗嘱的有效性，应该采用正式遗嘱的形式，并及早拟订有关的文件。

另外，应该在遗嘱中列出必要的补遗条款，以便在希望改变其遗嘱内容时不需要制定新的遗嘱文件。在遗嘱的最后，还需要签署剩余财产条款声明，否则该遗嘱文件将不具有法律效力。

遗产委任书

制定遗产规划的另一个重要工具就是遗嘱委任书。它授权当事人中指定一个可靠的遗嘱执行人（或代理人），并把遗嘱执行人写入遗嘱当中。遗嘱执行人要处理下列一系列事情：

- 安排遗嘱认证，取得法院授权，成为遗嘱执行人；
- 公示一份合同，以便忠实地履行遗嘱；
- 将银行账户转为遗产账户；
- 监管有人证券，并收回所有保险金；
- 查清并保护所有属于遗产的财产，编制财产清单，并对所有财产进行评估；
- 计算出所有必须的费用，如遗产税等；
- 列出出售财产的清单；
- 支付应由遗产承担的所有法定债务，并记录所有的数据、交易事项和支付金额；
- 将逝者的最后所得税申报表归档；
- 按照遗嘱的要求支付遗赠款项；
- 编制决算，并将与此有关的情况汇报给相关的人。

遗产信托

遗产信托是一种法律上的契约，当事人通过它指定自己或他人来管理自己的部分或全部遗产，从而实现各种与遗产规划有关的目标。采用遗产信托进行分配的遗产称为遗产信托基金，被指定为受益人管理遗产信托基金的个人或机构称为托管人。根据遗产信托的制定方式，可分为生命信托和遗嘱信托。

遗产信托优势表现在以下方面。

在科学传承财富方面，由于遗产始终是一个整体，家族企业既不会因为分家而变小或终止，也不会因为代代传递而被逐渐分割成若干个部分，可以发挥规模优势，获得更好的经济效益。美国的卡耐基、肯尼迪、洛克菲勒家族等，均历经百年弥新，不仅没有因为创始人的让位和辞世而分崩离析，反而日益壮大，最重要的原因就是运用了遗产信托这一有效工具。

在保障继承人生活方面，遗产信托可以破除"富不过三代"的魔咒。在遗产信托中，遗产由管理机构进行专业管理，不受继承人直接控制，继承人无法随意挥霍，同时信托基金所产生的收益或部分本金可以按遗嘱规定定期支付给继承人，可以保障他们的生活。例如，香港巨星梅艳芳知道自己的母亲不善理财且喜挥霍，如果把财产一下子全给母亲，她担忧母亲会很快把遗产花尽，或被别有居心的人骗走。因此，她在去世前订立了一份遗嘱，将自己的遗产委托给信托公司管理。自己去世后，信托公司将每月拨出7万港元生活费给梅妈，直到梅妈去世后剩余遗产捐赠与慈善事业。美国洛克菲勒家族从1934年开始为后人设立了一系列遗产信托，家族中有能力的人可以参与企业管理，凭自己的实力担任一定的职务，但大部分人只能定期从信托基金获得一笔生活保障金。

在避免内斗方面，因为遗产信托明确了继承人的利益分配，避免了继承人因具体财产的分割问题而起纷争，同时也通过遗产的整体运作把家族利益统一起来。继承人可以参与或监督信托管理，但谁也不能从其他继承人手里多抢走什么东西，有效地避免了家族内斗。例如，香港郭氏家族的新鸿基基金，对于郭炳湘三兄弟而言，由新鸿基基金持股的新鸿基地产无论由谁掌舵，都不能改变自己的基金份额，大家想从中获得更多财富的结果只有共同让企业健康发展这一条路。

在避免未来债务方面，遗产信托有"破产隔离"的作用。遗产交给受托人独立管理并由受益人享有，即使遗嘱人或者继承人将来有债务问题，也不能解除信托把资金直接用于偿还债务。美国第三任总统托马斯杰斐逊去世时，他的女婿债务缠身，为了保障女儿的幸福生活，他特别订立了一条遗嘱，把遗产委托给信托组织，使他的遗产能够由女儿和后代受益，而女婿的债权人则无法将遗产拿来偿债。

在专业管理方面，从理财的角度看，受托人一般是由律师、会计师和投资经理组成的管理团队，能弥补继承人理财能力匮乏的缺陷，使财产得以稳健增值。

在风险隔离方面，主要指信托财产独立于受托人，受托人解散、撤销或者破产时，信托财产不作为清算财产，不会因此受到损害。

在隐藏财富方面，由于遗产信托无须在政府登记，亦不可公开查询，法律上也没有进行披露的规定，遗产信托一旦成立，资产就转移至受托人名下，而根据信托协议，这些信息都是绝对保密的。因此，遗产信托可以实现隐藏当事人财富的目的。

在避免配偶再婚影响方面，遗产信托避免了遗嘱人的配偶将来再婚时，把和其他继承人共有的遗产与再婚后的财产进行混同的可能性，保护了未成年子女的权益。

在避免非法侵占方面，遗产信托能让那些为了财产而与家庭成员结婚之人没有可乘之机，避免家族财产落入外人手中。同时，由专业人士管理的信托财产，其运营和支配受家族成员和信托公司的双重监督，其他别有用心的人无法逾越法律而侵占这些资产。

在合理避税方面，遗产信托中，继承人因未直接接受遗产而不必缴纳高额遗产税。例如，台湾新光集团创始人吴火狮先生去世时留下数百亿遗产，因为进行了遗产信托，继承人仅缴纳了2亿元遗产税；而台湾纸业大王何传先生去世时留有20亿元资产，由于没有规划，继承人缴纳了约10亿元遗产税。更有甚者，台湾某房产商去世时留下一个楼盘，需要缴纳1.4亿元税款，由于拿不出那么多现金，继承人只得将遗产捐了出去。尽管目前我国尚未开征遗产税，但推出呼声颇大，而且从历史发展看遗产税具有必然性，高资产人士对此应当予以重视。

在慈善方面，相比直接捐赠遗产，把遗产受益权交给慈善机构是最佳的慈善方案。慈善机构享有受益权，企业或遗产仍由专业机构管理，可以源源不断地为慈善事业服务。享誉全球的诺贝尔奖到今天已经颁发了100多年，这一伟大公益事业的高明之处正是遗产信托。通过滚动增长，诺贝尔基金从当初的920万美元发展到今天的2亿多美元，每年仅奖金就达到140万美元。

总之，遗产信托有科学传承财富、保障继承人生活、避免继承人内斗、避免未来债务、专业管理、风险隔离、隐藏财富、避免配偶再婚影响、避免非法侵占、合理避税、利于慈善等诸多优势。

人寿保险

人寿保险产品在遗产规划中受到重视，因为购买人寿保险的人在去世时可以获得一大笔保险赔偿金，且以现金形式支付，能够增加遗产的流动性。但人寿保险赔偿金和其他遗产一样，也要支付税金。

赠与

赠与是指当事人为了实现某种目标将某项财产作为礼物赠送给受益人，而使该项财产不再出现在遗嘱条款中。在许多国家，对赠与财产的征税要远远低于对遗产的征税，所以不少人往往采取这种方式来减少税收支出，而且它有可能还会带来家庭所得税支出的下降。但财产一旦赠与他人，当事人就失去对该财产的控制，将来也无法将其收回。

3

财产分配与传承规划的步骤及需要注意的问题

财产分配与传承规划的步骤

财产分配与传承规划一般包含以下步骤：

第一步，分析财产状况。列出所拥有的全部资产，并确定每份资产的所有权，对拥有所有权的资产进行评估定价。

第二步，分析财产分配和财产传承需求。

第三步，制定财产分配、传承方案，如有需要，可以根据具体情况调整方案。

财产分配与传承规划中的常见问题

1. 离婚时财产分配的原则

● 合情合理原则。

● 照顾弱势妇女儿童原则。

离婚时，如一方困难，另一方应从其住房等个人财产中给予适当帮助。

离婚后子女的抚养：哺乳期间的子女，以随哺乳的母亲抚养为原则；哺乳期后的子女，应从有利于子女的身心健康、保障子女的合法权益出发，结合抚养能力、条件决定。

抚养费给付的期限，一般到子女满 18 周岁时止。

● 有利方便原则；

● 不得损害国家、集体和他人利益的原则；

2. 遗产分配原则

● 原则：同一顺序继承人之间平等继承。

例外之一：同一顺序继承人之间不平等

● 对生活特殊困难的、缺乏劳动能力的继承人，分配遗产时，应当予以照顾。

● 对继承人尽了主要抚养义务或者与被继承人共同生活的继承人，在分配遗

16

财产分配与传承规划

产时，可以多分。

- 有抚养能力和有抚养条件的继承人，不尽抚养义务的，分配遗产时，应当不分或者少分。

- 继承人协商同意不均分。

例外之二：法定继承人以外之人分得遗产

- 依靠被继承人抚养的缺乏劳动能力又没有生活来源的人。

- 对被继承人抚养较多的人。

注意：养子女对其亲生父母若尽了主要赡养义务的，可以依据这一规定适当分得其亲生父母的遗产。

3. 法定继承人的范围和继承顺序

第一，第一顺序法定继承人。

配偶。指有合法婚姻关系的夫或者妻。已经离婚的或者尚未结婚的，不是配偶，不享有继承权；依据婚姻法的规定构成事实婚姻的，相互享有继承权。

子女。包括：婚生子女、非婚生子女、养子女和相互之间形成抚养关系的继子女；养子女与其亲生父母相互之间由于没有法律关系，所以不具有继承权；继子女与其继父母之间由于形成抚养关系而相互具有继承权的，不影响与其亲生父母之间的继承权。

父母与子女相对应：丧偶儿媳对公、婆，丧偶女婿对岳父母，尽了主要赡养义务的，作为第一顺序继承人。养孙子女与养祖父母之间互为第一顺序继承人。这里所谓的养孙子女，是指由其养祖父母直接收养为孙子女的情形，而不是指由养祖父母的子女收养为子女从而形成祖父母与孙子女之关系的情形。

第二，第二顺序法定继承人。

兄弟姐妹。兄弟姐妹包括同父母的兄弟姐妹、同父异母或者同母异父的兄弟姐妹、养兄弟姐妹、有扶养关系的继兄弟姐妹。

祖父母、外祖父母。注意：孙子女与外孙子女不是祖父母与外祖父母的第二顺序继承人，他们只能通过代位继承取得其祖父母或者外祖父母的遗产。

第三，法定继承顺序的意义。

有第一顺序继承人的，第二顺序继承人不得继承；没有第一顺序继承人或者第一顺序继承人均丧失了继承权或者放弃了继承权的，由第二顺序继承人继承；

同一顺序继承人之间继承权平等，除了例外情形均平等地分配遗产；

4. 有关遗产分配要注意几个问题

（1）法律虽然没有规定遗嘱必须经过公证，但是，为避免日后产生遗嘱有效性的纠纷，在签订遗嘱时，及时到公证机关办理公证，若生命垂危时立嘱，应有两个以上无利害关系的公证人证明。

（2）遗产仅包括公民个人合法财产，对于公民生前已经分家析产、已经确定归他人所有的财产，以及公民生前已经合法处分的财产都不能再视为遗产，如果生前处分的财产不合法，则可转变成为遗产。

（3）财产传承给已婚子女，除非遗嘱写明只传承给自己的子女，否则，子女继承后该笔财产将作为夫妻共有财产。

（4）死亡赔偿金不属于遗产的范畴，但司法实践中一般参照遗产的分配原则来处理。

附录　理财规划案例

以下是我在 2009 年 10 月所做的一份理财规划，仅供读者参考。

一、客户情况和理财目标

基本情况

姓　　名	谢女士	性　　别	女
年　　龄	44 岁	婚姻状况	已婚
职　　业	IT 企业研发管理	老公年龄	43 岁
老公职业	IT 行业	孩子性别	男
孩子年龄	7 岁	孩子教育状况	小学一年级在读

财务状况

基于谢女士家庭的基本信息，通过整理、分析和假设，对谢女士家庭年收支及存款进行了细分，展示出目前谢女士家庭的日常收支情况和资产负债全貌，然后以它为基础开始理财计划。

谢女士家庭的每月可支配收入为 17700 元，即这 11700 元为扣税、社保等正常扣减后的实际到账收入。据此，可列出家庭的月度收支情况表（表1）；年度收入在此也暂按净收入计算，可得年度收支情况表（表2）。

表1　　　　　　　　　　　月度收支情况表　　　　　　　　单位：元

收入项目	金　额	支出项目	金　额	
谢女士工资	6000		伙食费	1500
老公工资	5700	基本生活费	交通费	600
退休金	1750		老公消费	1500
			儿子消费	200

收入项目	金　额	支出项目	金　额	
		基本生活费	保健品	600
			电话、水、电、物管	500
			周　末	500
			其　他	300
合　计	13450	合　计	5700	
月度结余	7750			

表2　　　　　　　　　　　年度收支情况表　　　　　　　　单位：元

收入项目	金　额	支出项目	金　额
薪资收入	140400	生活费	68400
年终奖	19000	孩子教育培训费	10000
房屋出租收入	4200	保险支出	17160
退休金	21000	其他支出（旅游、过节）	12500
合　计	184600	合　计	108060
年度结余	76540		

注：旅游支出 5000～10000 元，取中间值 7500 元。

表3　　　　　　　　　　　家庭资产负债表　　　　　　　　单位：元

资　产		负　债	
现　金	11000	信用卡欠款	3300
活期存款		负债小计	3300
流动资产小计	11000		
定期存款	10000		
基　金	75000		
储蓄型保险	10860		
金融资产小计	95860		
房产（自住）	620000		
房产（投资）	250000		
实物资产	870000		
总资产	976860	总负债	3300
净资产	973560		

理财目标

谢女士的理财问题主要有以下几个：

- 那栋出租房目前收益非常差，是该出售用于投资，还是继续出租等待拆迁？
- 家庭一个月开销5000元是否太大？
- 每月的钱除了生活日常开销外应该如何支配？
- 购买的保险额度是否合适？
- 何时能实现财务自由？

首先，结合谢女士的个人情况对其面临的理财问题进行简单分析。

从日常消费来看，谢女士家庭月度基本花销为5700元，占其月收入的比例处于合理范围内，根据他们所在城市的基本生活费用水平计算，这5700元的月花销还有适量压缩的空间。

保险规划是一项中长期规划，在家庭风险管理方面非常重要，应该进行合理规划，同时还要根据家庭情况的变化定期进行检查调整。目前她的投保额度占其年收入的比例较为合适，但是投保品种应进行适当调整。

投资方面，谢女士家庭仅有基金定投，且不知道目前持有基金的表现、收益的做法不可取，应对投资进行重新规划。

关于财务自由，财务自由＝被动收入＞花销，即投资收益能完全覆盖消费。由于谢女士家庭目前绝大部分收入都是主动性收入，家庭投资收入非常低（如果目前持有的基金亏损4200元以上，则投资收益是负值），目前看来达到财务自由，需要一个长期的过程，只能通过理财规划，逐步增加家庭财务自由度，加速达到财务自由所需要的时间。

综合以上分析，谢女士的理财目标可以总结为以下两点：

目标一：合理安排消费和投资支出，保证当前生活质量的同时建立安全、稳定的投资组合；

目标二：通过合理安排投资和保险，提升财务自由度，做到对退休时幸福生活的基本保障。

这两个理财目标简单明确，基本符合谢女士家庭的情况，通过合理的理财规划是可以实现的。

二、客户财务状况分析诊断

家庭资产结构分析

1. 收入结构情况

目前，谢女士家庭的收入主要分为四部分：工资薪金类收入，占其全部收入的76.06%；年终奖金，占其全部收入的10.29%；三为房产出租收入，占其全部收入的2.28%；四为退休金，占其全部收入的11.38%。收入结构如图1。

2. 资产结构情况

目前，谢女士家庭的资产主要为：流动资产，包括现金和活期存款，占其总资产的1.13%；金融资产，占其总资产的9.81%；实物资产，指家庭的房产，占其总资产的89.06%。如图2。

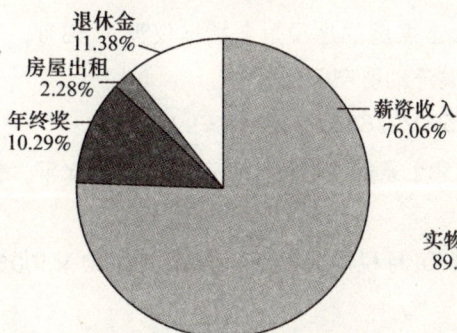

图1　家庭收入结构图　　　　　图2　家庭资产结构图

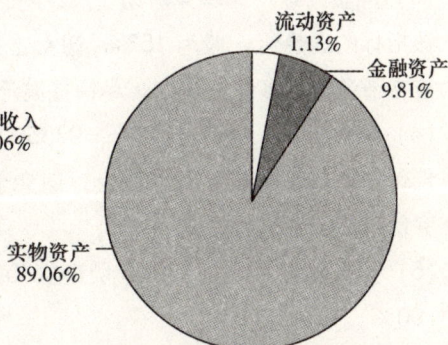

家庭财务比率情况分析

从两个图中，可以看到谢女士家庭的收入76.06%来自于固定的工资薪金收入，年终奖、退休金实际上还是与工作有关，房屋出租的收益仅占总收入的2.28%，基本无其他投资收入。所以在投资方面，谢女士家庭需要优化的空间较大。

家庭资产结构上，家庭实物资产在整个家庭资产中的占比达到89.06%，偏高了一些；金融资产（95860元）在家庭收入中的占比仅为9.81%左右，与理想经验数值的差距较大，今后有待改善。

下面结合谢女士家庭财务量化指标来做具体分析。

（1）节余比例 = 当期节余/净收入 = 7750/13450 × 100% = 57.62%

该比例在60%左右比较合适，谢女士家庭结余比例是比较合理的，但也应适当在消费支出方面多做些计划，控制不必要的花费。

（2）流动性比率 = 流动性资产/每月支出 = 11000/5700 × 100% = 1.93

流动性比率反映家庭的流动性资产仅能满足其2个月左右的开支，相对较低。一般流动性比率应控制在3～6个月比较适宜，即应安排3～6个月的日常支出资金作为应急金。由于目前谢女士家庭的月收入较为稳定，另有常用额度为9000元的信用卡消费，因此该比率提高到3即可，以家庭的月度消费水平算，保留15000～20000元的应急流动资金是很有必要的，这部分资金可以配置为货币基金或现金、活期存款。

（3）净资产流动比率 = 流动资产/净资产 = 11000/973560 × 100% = 1.13%

该指标的理想值一般为15%，谢女士家庭的这项财务指标仅为1.13%，短期内应在节流方面多做些规划，尽快提高流动资产比例。

（4）偿付比率：净资产/资产 = 973560/976860 × 100% = 99.67%

偿付比率一般标准为50%以上，谢女士家庭的偿付比率远高于标准水平，表明家庭偿还债务的能力很强。

（5）财务偿还率 = 每月债务偿还额/每月税后收入额 = 1600/13450 × 100% = 11.90%

目前家庭的负债是信用卡欠款，这是一笔短期小额债务，并未给家庭造成现金压力，但同时也看到谢女士家庭在使用个人信用卡方面偏向保守。

（6）投资与净资产比率 = 投资资产/净资产 = 335000/973560 × 100% = 34.41%

一般认为投资与净资产的比率应保持在50%以上，才能保证其净资产有较为合理的增长率，谢女士家庭的这个财务指标偏低，除去25万元收益率非常低的房产投资后，此比率仅有8.73%，应适当增加投资。

（7）财务自由度 = 投资性收入/消费支出 = 4200/97200 × 100% = 4.32%

谢女士家庭的投资性收入主要为房屋租金收入4200元；自2007年7月陆续开始的基金定投收益目前不详，因此暂不计入。财务自由度的理想值在20%～

100%，从谢女士家庭的情况来看，财务自由度非常低。

家庭财务状况特点分析

综合以上分析，谢女士的家庭财务状况有着以下几个特点：

（1）现金储蓄能力较弱。

（2）偿债能力较强，财务状况很安全。

（3）金融资产结构不合理，投资收入少，流动性资产比例较小。

三、理财规划建议

理财规划基本假设

本理财规划时段暂定为 2009 年 10 月至 2019 年 10 月，由于所掌握的基础信息不够完整、未来国内外经济环境的不确定性等因素影响，为了便于做出数据翔实的理财规划，对以下内容进行了合理的预测。

1. 预期通货膨胀率

受经济危机影响，2009 年上半年我国国民经济触底反弹，GDP 降幅明显，相对于 2008 年全年 5.9% 的 CPI 涨幅，2009 年 CPI 显著回落，1～9 月份均为负值。虽然 CPI 为负值，但降幅逐渐收窄，预计四季度将转正值。由于包括中国政府在内的各国政府为应对经济危机，向市场注入大量流动性资金，目前通货膨胀预期较大，不排除未来 2～3 年出现较严重的通胀的可能。因此预测长期的平均通货膨胀率为 4% 左右。历年 CPI 指数见表 4。

表 4　　　　　　　　　　　　历年 CPI 指数

年份	CPI 指数	年份	CPI 指数	年份	CPI 指数	年份	CPI 指数	年份	CPI 指数
1980	6.0	1986	6.5	1992	6.4	1998	-0.8	2004	3.9
1981	2.4	1987	7.3	1993	14.7	1999	-1.4	2005	1.8
1982	1.9	1988	18.8	1994	24.1	2000	0.4	2006	1
1983	1.5	1989	18	1995	17.1	2001	0.7	2007	4.8
1984	2.8	1990	3.1	1996	8.3	2002	-0.8	2008	5.9
1985	9.3	1991	3.4	1997	2.8	2003	1.2	2009	—

2. 利率水平

受经济危机影响，2008 年央行多次降息，现行一年期人民币存款利率已达 2.25%，但随着刺激经济政策的逐步实施，经济逐步回暖，虽然通胀仍然强烈，但经济恢复基础还不稳固，预计到 2010 年一季度央行不会加息，预计未来人民币利率水平不会有大幅的波动。

3. 预测收入增长率

IT 企业研发管理是一个高收入职位，收入相对稳定可靠。另外谢女士的老公工作也较为稳定，预测谢女士家庭未来收入年增长率平均为 1.5%。

4. 最低现金持有量

一般而言，从财务安全和投资稳定性角度考虑，一个家庭应当持有可以满足其 3~4 个月开支的最低现金储备，以备不时之需。根据谢女士家庭的收支情况，建议的最低现金持有量为 1.5 万元。

5. 最高现金持有量

一般而言，从投资角度考虑，一个家庭应当设置一个最高现金持有额，超出这个额度的部分应该考虑采用合理的投资方式，以增加这部分资金的收益。建议谢女士家庭的最高现金持有量为 2.5 万元。

6. 风险偏好测试

经过风险调查问卷自测，谢女士为轻度进取型投资者。

理财建议

根据以上对谢女士家庭的财务状况分析及一些基本假设，针对她的理财目标，我们认为可从短期到中长期分步骤实施理财规划。

1. 消费支出规划

我认为，谢女士家庭在短期内应尽快提高流动资产比例，适当压缩月支出额。根据她生活的城市的生活消费水平，像谢女士这样的家庭，交通、清洁、日用和伙食等方面的基本消费应控制在 3300 元左右。再加上提高生活质量的娱乐等花费 1000 元，月平均消费支出可维持在 4300 元左右，在交流中了解到，谢女士老公近期将去另一个城市工作，另外增加 400 元开支，则每月可多结余 1000 元。在短期内可提高其现金流，补充其应急资金。

另外，未来计划支出的 2.28 万元的教育培训费用金额较高，并且需要一次性支出，如果现在支出，将给家庭带来较大的经济压力，建议利用年终奖解决。

（2）资产配置和投资规划

在资产配置和投资方面做好规划对谢女士今后的财务自由度提升非常重要，应在了解国内金融理财产品的基础上，对其投资和资产配置进行调整。

目前国内主要的金融理财产品（除股票外）如表5所示。

表5　　　　　　　　　　　国内金融机构投资的金融产品

投资品种	收益来源	可能年收益率	主要风险	流动性	安全性
活期储蓄	利息	0.36%	很小	好	高
定期储蓄	利息	2.25%	利率波动	一般	高
人民币理财产品	利息	3%	利率波动	一般	高
国债	利息	3%	利率波动	一般	高
储蓄型分红保险	分红	3%～5%	短期内流动性差	较差	较高
保本基金	分红、价差	根据信托合同	违约风险	较差	较低
债券基金	分红、价差	4%	利率波动、政策	较好	较高
货币基金	分红、价差	3%	利率波动、政策	好	高
股票基金	分红、价差	12%	市场风险	较好	较低

接下来，谢女士应从以下几个方面梳理并进行投资产品调整。

（1）尽快理清目前持有基金的具体情况。只有理清目前持有基金的具体情况，才能对这部分投资进行更有针对性的规划。

（2）理清投资性房产的相关信息，以家庭利益最大化为标准，是卖是留，早做决断。目前谢女士家庭有一套投资性房产，市场价25万元，租金每年仅有4200元，年租金收益率只有1.68%，非常低，一般要高于3%才算正常值。建议尽快搞清此房大概什么时候能拆迁，补偿大致能得到多少，以及此房升值的潜力。如果最近几年不能拆迁、升值潜力不大，或者拆迁补偿不高，宜早做打算，卖掉后收回资金，投资于回报高的投资标的。

（3）调整投资配置及具体品种。具体如下：

第一，1万元定期存款配置为货币基金。和定期存款相比，货币基金收益较高，流动性好。

第二，重新开始基金定投。目前看来，谢女士不具备股票投资方面的知识，也不具备股票投资的时间和能力，在证券投资方面不宜太激进，不宜投资股票，更不能贷款炒股；应在稳健基础上为以后不工作时无忧的生活进行长期投资，追求长期稳定的投资收益。所以基金定投、长期投资比较适合谢女士。

根据消费规划，谢女士家庭月度结余可增加到8750元，建议每月基金定投的金额为4000元，在最近两个月内，可结余9500元，加上原来的11000元现金，15000元最低现金持有量目标可实现。今后再多结余现金，可通过货币基金、短期人民币理财产品等变现能力较强的投资方式，既保持了资产的流动性，又能抵御通货膨胀风险。

若以后结束储蓄型保险，则每月再相应增加900元左右的基金定投。

第三，理清目前持有基金的具体情况后，调整投资配置的具体品种。从谢女士持有的招商基金公司旗下的一只基金看，该基金表现平平，算不上是优质基金。由于谢女士持有多只基金，不排除持有的其他基金中也有一些非优质基金。因此，应该在理清目前持有基金的具体情况后，调整投资配置的具体品种。

由于谢女士缺乏基金投资知识，以往投资的基金很可能都是股票型基金，等理清目前持有基金的具体情况后，对现有的基金投资结构做适当的调整，合理配置股票型、债券型、货币型基金。

建议投资组合：60%股票型基金，25%债券型基金，15%货币型基金或短期人民币理财产品。结合前述这几种理财产品的预期收益率，该组合长期预期收益率可达到8%以上。该预期收益率高于预期通货膨胀率4%，且以长期来看，到谢女士退休时应能为她带来一笔不小的收益，见图3。

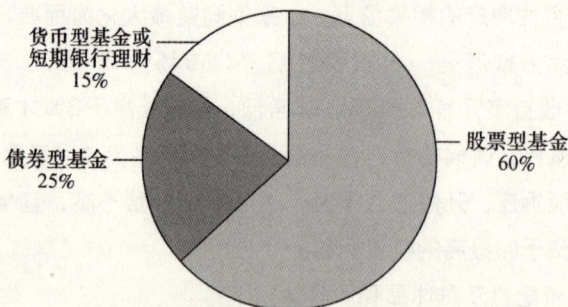

图3　金融资产投资组合示意图

（4）学习理财基本知识，树立正确的投资理念。中国股市在2007年10月到达 6124 点的顶部后，进入一波较大幅度的调整行情，直至 2008 年 10 月份 1664 点的最低点，才开始较大的反弹。

谢女士在 2007 年下半年开始基金定投，开始定投的时间是在一个 10 年难遇的大牛市的末期，选的开始时间不对。然后由于流动资金紧张，在熊市时又停止定投，这暴露出三个问题：其一，对基金定投的基本特点没有正确的认识，缺乏理财方面的基本知识；其二，长期投资的理念不够强；其三，消费规划不合理或者没有消费规划。

在后续的跟踪服务中，针对以上问题，将会逐步进行相关应对工作。

风险管理与保险规划

目前谢女士家庭年度收入 184600 元，20 年定期寿险、家庭意外险等共计 6300 元，虽然偏低，但由于无私家车等风险较大的因素，家庭面临的风险因素较少，所以是基本合理的；但新购买的储蓄型保险不太合理。在保险策略方面的建议是：

第一，尽量取消新购买的储蓄型保险。理由如下：

①新购买储蓄型保险的目的是为孩子将来的教育金做准备，由于谢女士准备重新开始进行基金定投，而基金定投的长期年收益率在 8% 以上，高于储蓄型保险。

②谢女士风险偏好为轻度进取型，更适合基金定投。

③孩子面临的风险因素很小，对储蓄型保险附加险的需求不大。

第二，老公近期去别的城市工作，可能将来的很长一段时间都在外地工作，并且收入有所增加。评估一下，看是否需要适量增加老公的寿险、意外险的额度。

第三，所有保费控制在 1.8 万元之内，不超过年收入的 10%。以后再根据整个家庭收入和保障需要来调整。

四、理财规划的预期效果分析

现在对规划后第一年后的财务状况进行简要分析。如每月消费支出削减到 4700 元，且基金定投为 4000 元，加上停止投资储蓄型保险后每月增加的基金定投 900 元，基金定投共计 4900 元；以现金、活期存款、货币基金等形式持有的应急准备金为 15000 元，年终节余再作为货币市场基金、短期人民币理财产品等流动性较高的投资方式持有，这些投资收益率一般可抵消通货膨胀的影响，经过组合配置，投资年收益能达到 8% 以上。可得规划后谢女士家庭的收支情况如表6、表7、表8。

表6   **规划后月度收支情况表**   单位：元

收入项目	金 额	支出项目		金 额
谢女士工资	6000		伙食费	
老公工资	5700		交通费	
退休金	1750		老公消费	
		基本生活费	儿子消费	
			保健品	
			电话水电物管	
			周末	
			其他	
合　计	13450	合　计		4700
月度结余		8750 （结余款中 4900 元用作基金定投，其余用作补充流动资金和投资流动性高的投资产品）		

表7   **规划后当年收支情况表**   单位：元

收入项目	金 额	支出项目	金 额
薪资收入	140400	生活费	56400
年终奖	19000	孩子教育培训费	10000
房屋出租收入	4200	保险支出	6300
退休金	21000	其他支出（旅游、过节）	12500
合计	184600	合　计	85200
年度结余		99400 结余款中 58800 元为基金定投，4000 元加上原有的 11000 元现金，补足 15000 元的最低现金持有量，其余 36600 元为其他流动性好的资产	

注：计算当年收支情况表时，考虑到原有基金投资负收益及改变投资组合的年收益有可能相互抵消，暂不计算投资收入。

表8　　　　　　　　　　**规划后当年家庭资产负债表**　　　　　　单位：元

资　产		负　债	
现　金	15000	负　债	0
活期存款		负债小计	0
流动资产小计	15000		
货币基金	10000		
基　金	133800		
银行理财产品、货币基金等	33300		
金融资产小计	177100		
房产（自住）	620000		
房产（投资）	250000		
实物资产	870000		
总资产	1062100	总负债	0
净资产	1062100		

注：1. 期初投资的货币基金收益也用于弥补原有基金投资负收益，暂不计算投资收入。

2. 投资性房产前景未明，暂时按持有计算。

3. 银行理财产品、货币基金等33300元，原为36600元，支付信用卡欠款3300元后为33300元。

可以看到，规划后预计财务自由度：（4200＋177100×8%）/85200×100%=21.56%，比规划前有很大提高，年度结余能达到99400元。此外，只要保持合理的基本配置，退休时这笔积累将带来不菲的收益，再加上保险方面的合理规划，退休无忧的生活是可以得到保障的。

因此，这份理财规划可行。

五、未来家庭理财安排原则

理财是一个贯穿人生各个阶段的长期过程，切忌操之过急，应持之以恒。在未来的家庭理财安排上，我们需把握的原则是：

（1）关注国家通货膨胀情况和利率变动情况，及时调整投资组合；

（2）根据家庭情况的变化不断调整和修正理财规划，并持之以恒地遵照执行；

(3) 如遇其他特殊情况，资金趋紧，可将积累的投资组合（债券、基金、股票）变现。

六、定期检视计划

以上理财分析规划建议是建立在谢女士提供的家庭信息、历史数据和一定假设的基础之上的。而谢女士的理财目标、人生目标、财务收支状况和国家相关法规以及金融市场都会随着时间的推移而发生变化，无法精确地考虑未来诸多的不确定因素，所以家庭理财规划是一个持续的动态过程。理财规划具有一定的时效性，可能仅在若干年内具有相应的参考价值（如财务收支方面的规划 1~5 年，保险方面的规划 1~10 年）。